JN059613

# 拡大する
# 文化財・文化遺産
## 博物館資料新論

富岡直人・松岡智子・德澤啓一 編

# 刊行にあたって

　博物館では、永続的な資料保存・展示・研究を目的とし、専門人材の持続的な関与を可能にするため、文化財や標本といった実物を時には現地から切り離し、模写・模型・映像といった二次資料も収集して博物館資料とし、総合的に保管・育成・展示に取り組んできました。

　また、社会的に見ると、博物館は、学芸員が関わりを有する動産・不動産の様々な資料のオーセンティシティを維持するため、あるいは、他者からオーセンティックと見做されるための役割を果たしてきました。

　近年では、世界遺産、日本遺産などの選定に見られるとおり、自然や文化、技術などに関する学術上あるいは保全上の価値観の拡大から、様々な対象を遺産として扱い、また現地性を尊重した域内保全が重視されるようになってきています。さらに、域内の文化財・遺産などを相互に連繫させるための文脈が整えられ、有形と無形、そして、これらを生み出した人間や周辺環境などの多面的な情報との統合が進められるようになりました。シリアル・ノミネーションに加えて、無形の文化財や情報などが積み増しされることで、文化財や遺産などが多様化、複合化してきている現状があります。

　また、改正文化財保護法のとおり、文化財・遺産などの保存と活用が推進される中で、これらが活用されるための再生が試みられ、伝統的な模造などの製作資料、写真や映像などの記録資料とともに、高精度測定

データを用いたデジタルモックや高精細映像などのニューメディアが重要なストックやフローとしての役割を担いつつあります。

　一方、それぞれの博物館資料、文化財、遺産などに目を向けると、その価値を十分に引き出せているとはいえません。例えば、形態や系統分類などの示準とされてきた自然史標本については、これらが帰属する文化的脈絡の中に新たな価値を見出すことができます。わが国の狩猟伝統の中で育まれた剥製の芸術性や剥製師の技や意識、あるいは、自然を記録する中で発達してきた博物画の技法などがあげられるとおり、これまで注目されなかった側面を掘り下げることで、これらに内在する多面的な価値を見い出すことができます。また、こうした多面的なアプローチによって、資料価値のインテグリティを高めていくことこそが豊かな博物館活動を保証することに繋がっていくことになります。

　本書は、改正博物館法の施行にあわせて、こうした博物館資料・標本、文化財・遺産などの概念や価値などに対する新しい考え方や最新事情をキャッチアップし、博物館資料論などの博物館学芸員課程の研究教育に資することを目的としています。

2024 年 2 月

富 岡 直 人
松 岡 智 子
德 澤 啓 一

拡大する文化財・文化遺産 — 博物館資料新論 —●目次

# 第1章　拡大する博物館資料

# 第2章　多様化する文化遺産

# 第3章　文化財としての自然史資料

# 第4章　記録と展示のメディア

総論

# 改正博物館法と博物館資料の新概念

中尾智行

## はじめに

　本のない図書館がないように、資料のない博物館は存在しない。博物館の基本的機能と活動としての収集保管、調査研究、展示や教育は、所蔵する資料を基盤として成る。博物館が国民の教育、学術及び文化の発展に寄与するために設置、運営されるものである以上、博物館資料はその目的のために在ることを強く意識する必要がある。あらゆる人々が博物館資料の価値と魅力に触れ、自らの目的に応じて利用できるように、適切な管理の下で多様な方法による機会提供を行わなければならない。

　博物館資料は、我が国の博物館法において、「歴史、芸術、民俗、産業、自然科学等に関する」「実物、標本、模写、模型、文献、図表、写真、フィルム、レコード等」として例示されている[1]。ただし、「等」が付されていることからもわかるように、法の条文は博物館資料を限定的に規定しようとするものではない。実際に、近年多様性を増す博物館活動の中では、上記の例に収まらないような対象も博物館資料として扱われ、地域における博物館活動の中で大きな意味を持つようになってきている[2]。また、情報通信技術の急速な発達により、実体を持たない（無形の）博物館資料が急速に増える[3]とともに、その保管や継承のために、これまでにない知識や技術を要するようになってきた。資料概念の変化に伴い、その収集や保管、活用の在り方があらためて見直されるべき時に来ている。

　2008（平成20）年に社会教育法の改正に伴って行われた博物館法の改正では、博物館資料には「電磁的記録（電子的方式、磁気的方式その他人の知覚によっては認識することができない方式で作られた記録をいう。）を含む」ことが追記された[4]。これには一次資料をデジタル化したもののほか、「図書館であれば市場動向や統計

情報等のデータ等」と示されるように、最初からデジタルデータとして作られた記録類、いわゆるボーンデジタルな資料も想定されている[5]。今後、例えばデジタル製作された映像資料や音楽、科学館やプラネタリウムのプログラムなど、ボーンデジタルな資料の割合が増していくことが予想される。これらの取り扱いや保管の在り方について、具体的な検討を進めていかなければならない。

　また、2022（令和4）年4月15日に公布された改正博物館法では、第3条第1項で定める博物館の事業のひとつに「電磁的記録の作成と公開」が加わった。これは、個人用端末と通信回線の発達普及により、インターネットを通じた情報収集が一般的になったことを背景として、博物館資料の価値と魅力をより広く発信するとともに、来館を前提としない資料と情報の利用・共有を進めるための法整備である。博物館資料の利用がインターネットというグローバルメディアを通じて行われることは、博物館利用者が来館者という限定的な枠を超えて大きく広がり得ることを意味している。今後の博物館活動は、こうした新しい利用者概念を踏まえたうえで行われる必要があろう。

　以上のように、博物館資料については、近年の博物館活動の多様化と新しい役割に伴う対象の拡大、情報通信技術の発達による電磁的記録の追加、インターネット社会に対応した利用機会・方法の拡大がみられる。博物館現場においては、事業活動の基盤である博物館資料の対象拡大や利用方法の変化に対応し、自らの使命と目的の下で経営計画を立て、評価と検証を行いながら資料の収集と保管管理、そして活用を図っていく必要がある。それは、博物館の持続的な活動と、未来へと資料を継承する目的を果たしていくために欠かせない。明治期における我が国の近代博物館の興り以来、博物館の活動とその領域は変化し続けてきた。そして、いままた新しい転換期を迎えている。

# 1　約70年ぶりの法改正

　先述したように、2022年4月に「博物館法の　部を改正する法律（令和4年法律第24号）」が公布された。1951（昭和26）年に成立した博物館法は、これまでおよそ20回に及ぶ改正を経ているが、そのほとんどが社会教育法など周辺法の改正に伴う、いわゆるハネ改正であり、単独での博物館法改正は、人文系、自然系学芸員の統合や博物館相当施設の規定を置いた1955年以来、行われていなかった。約70年ぶりの大幅改正が成立した背景には、2017年の文化

芸術基本法の制定[6]、2018 年の文部科学省設置法の改正による博物館事務の文化庁への一括移管[7]、2019 年の ICOM 京都大会の開催を受けた気運の高まりなどがある。文化芸術が社会にもたらす価値、その拠点としての博物館に期待される役割・機能の多様化、ICOM 京都大会で示された「文化をつなぐミュージアム」としての理念は博物館政策に大きな影響を与えている。また、インターネットを中心とする情報インフラの発達、1951 年の博物館法の制定以降に約 30 倍の数[8]となった博物館の設置者の多様化に対応する必要も出てきた。大きく変化する社会の中でこれからの博物館の振興を図るために、博物館法制度の現代化が求められたのである。

　改正に向けた議論は、2019 年 11 月に文化審議会に設置された博物館部会、2021 年 1 月に部会の下に設置された「法制度の在り方に関するワーキンググループ」による検討を経て進められた。議論の下敷きには、2008 年に社会教育法の改正に伴って行われた博物館法の改正に先だって、博物館制度について検討された議論がまとめられた「これからの博物館の在り方に関する検討協力者会議」による報告[9]、2017 年 7 月と 2020 年 8 月に、日本学術会議の博物館・美術館等の組織運営に関する分科会が発出した「21 世紀の博物館・美術館のあるべき姿—博物館法の改正へ向けて」[10]、及び「博物館法改正へ向けての更なる提言〜2017 年提言を踏まえて〜」[11]等がある。

　今回の議論の結果は、「博物館法制度の今後の在り方について」（答申）」として、2021 年 12 月に文部科学大臣に提出された[12]。答申においては、「底上げ」と「盛り立て」をキーワードとした博物館振興策のほか、現状にあわせた博物館登録制度の見直し、学芸員その他の専門的職員の確保と養成・資質向上の必要性が示されたほか、博物館の現状や課題への対応、これからの博物館に求められる役割として、①守り、受け継ぐ、②わかち合う、③育む、④つなぐ、向き合う、⑤営む、の 5 つの方向性が示された。このうち、①、②の方向性では、下記のように博物館資料について直接言及されている。

①資料の収集・保存と文化の継承（「守り、受け継ぐ」）
　　博物館は、自然と人類に関する有形・無形の遺産を、関連する事項を含めて地域や社会から資料として収集し、損失のリスクから確実に守るとともに、調査研究によって資料の価値を高め、未来へと継承する。
②資料の展示、情報の発信と文化の共有（「わかち合う」）

博物館は、資料を系統的に展示し、デジタル化し、来場者のみならず広く情報を発信することにより、共感と共通理解を醸成するなど人びとと文化を共有する。

　資料の収集と未来への継承（①）は、博物館の基本的活動として当然であるが、②においては、近年の博物館の在り方についての議論が反映されたものとなっている。すなわち、広く人々との共感と共通理解を得ること、資料を通じた文化の共有の重要性が示されているところであるが、それを「来場者のみならず広く」行うことが明記され、その手段としてデジタル化が示されている。近年多くの博物館で行われているアウトリーチ活動もそうだが、自らの意思のほかに、なんらかの事情で来館できない人にも博物館の活動と資料にふれる機会を提供することは重要だ。ICT の発達と普及は館外にも容易に博物館の活動とその資料の情報を届けることができるようになった。これにより、来館を前提とした利用者像はすでに過去のものとなっている。もちろん実物に触れる感動を否定するものではないが、デジタル技術を用いた情報発信や新しい鑑賞方法は、博物館体験をより拡大し、充実させるものである。実物資料の鑑賞や利用と相克するものではなく、相互補完し、より豊かに発展させるものであることを認識する必要があろう。

　博物館での知的な刺激や楽しみを広く市民とわかち合い、新しい価値を共創する視点は、文部省（当時）の委嘱を受けて調査研究を実施した日本博物館協会が 2000 年にまとめた報告書「対話と連携の博物館」で明確に示され、その後、2003 年に発行された『博物館の望ましい姿　市民とともに創る新時代博物館』（日本博物館協会 2003）でも強調されてきたところである。急速に変化する社会の中で新たな在り方を模索する博物館における重要な視点として、全ての博物館が強く意識し、今後の活動や実践に繋げていかなければならない。

# 2　博物館資料の拡大とミッション

## （1）博物館資料の多様性と拡大

　博物館現場における博物館資料についての概念の拡大についても捉えておきたい。「博物館行き」と言えば、なにか古めかしいものが想起される。博物館が収集する資料に対する一般的なイメージは、古い史資料や前時代の民具などの歴史性のあるもの、または珍品や逸品、優れた芸術作品など、いわゆる「お

宝」にあるかもしれない。しかし、動物園や植物園、水族館が集めて育成し、展示する動植物はもちろん、科学館やプラネタリウムで紹介する科学現象や気象、天文のデータなども博物館資料と捉えることが可能である。2008年改正の際に「資料の育成」や「電磁的記録を含む」と定義したことで、これらへの目配りが行われている。博物館の多様性に対応して博物館資料の対象も多岐にわたるわけだが、さらに掘り下げてみれば、芸術作品を主な収蔵資料とする美術館においても、収集の対象は作品のみに限らない。例えば亡くなった作家のアトリエに残された画材のほか、椅子や机などの家具類、愛用した帽子や衣服、取材時に使った鞄やカメラ、取っておいた切符や知人からの手紙、映像や音声記録など、作家を取り巻くあらゆるものが、作品が生み出された背景や文脈を語るものとして博物館資料となり得る。

　また、近年の新型コロナウイルス感染症の世界的な拡大は、社会の在り方に大きな変化をもたらした。本稿を執筆している現在もそのただ中にあるとは言え、2019年12月に最初の感染者が確認されて以降、めまぐるしく変わる感染状況や都度打ち出される感染対策は、地域社会やコミュニケーションの在り方に大きな影響をもたらし、国や地域の歴史にドラスティックな1ページを記し続けている。他方で急速な変化は、人々の記憶から容易に日々の歴史を押し流してしまう。大きな社会変化をもたらしたコロナ禍という事象を、地域の記録として留めて将来に伝えるために関連資料の収集に乗り出す博物館が出てきた。浦幌町立博物館、吹田市立博物館、小松市博物館、山梨県立博物館などは、コロナ禍においてイベントの中止を伝えるチラシや、政府が配布したマスク、所在する街の風景写真などを幅広く収集して展示した。これらは現代資料であるがゆえに、意識して残さなければ廃棄されてしまう。また体系的に整理して残しておかなければ、その意味も失われてしまう。100年に一度と言われる感染症の拡大と、それに対する社会や地域への影響と変化の記録を後世に伝える。地域博物館としての在り方や使命を捉えた活動と言えよう。

## (2) 地域の記憶

　博物館資料にみられる記録性だけでなく、その背景となる記憶を伝え残すための活動を始めた博物館も増えてきた（小林2020）。京都府の舞鶴引揚記念館では、収蔵資料がユネスコ世界記憶遺産へ登録（「舞鶴への生還」、2015年10月10日）

されたことを機に、抑留の歴史を通じた国際交流事業や国内の巡回展のほか、地域の語り部との取組を活発化させ、地域の記憶を伝えるための活動を進めている。また、東京都の墨田区郷土博物館では、太平洋戦争末期に起こった東京大空襲に関する証言や絵画資料の収集を進めている。現在の東京の街並みからは想像も付かない凄惨な戦争体験、強く記憶に残るその光景を表現する資料の収集は、新しい開発によって埋没し、塗りかえられていく地域の記憶を後世に伝えるうえで大きな意味を持つ。

　収集された記憶は、歴史を伝えるだけのものではない。これからの未来に向けて、大切な語りや問いかけをしてくれるものでもある。東日本大震災により壊滅的な被害を受けた宮城県南三陸町に 2022 年 10 月にオープンした「南三陸 311 メモリアル」は、「自然災害の記憶から自らと向き合い、語らい、学び合うみんなの広場」[13] として、ラーニング、アーカイブ、フィールドワークを軸とした活動を行う。人知の及ばない巨大な災害に驚き、被害の悲しみに共感するだけではなく、いつか直面するかもしれない災禍に真摯に向き合い、自分事として考えてもらうために、災害当時の映像や罹災者の証言を構成した動画を使ったラーニングプログラムを常設で実施するほか、クリスチャン・ボルタンスキーの現代アート "Memorial" によって、「自然とは、人間とは、生きるとは」という大きな問いかけを行っている。

　熊本県の水俣病考証館では、1950 年代以降の公害被害にまつわる史資料を収集して展示している。多くの人にとっては、水俣病は歴史や教科書の中にある過去の事件かもしれない。しかし、地域の人々にとってはいまだ続く根深い問題であり、現在も健康被害の訴えとその認定を巡る活動が続いている。その歴史の中で生まれた地域社会での争いや差別の記憶を伝える資料は、地域を超えて私たちの社会の在り方や、いま起こっている様々な対立や分断、これからの未来と向き合うための多くの示唆を与えてくれている[14]。

　ともすれば日常のくらしの中で消費され、時とともに失われてしまう有形無形のものの中にも、地域の文化や歴史を物語る重要な資料がある。地域の記憶を留める資料を収集し、体系的な資料整理や調査研究によって意義づけしながら保存していくことは、現在の利用者にとってだけでなく、将来の地域社会に文化を継承する博物館の重要な役割と言える。

## （3）コレクションをともに創る

　地域資料を収集する博物館が、その活動を通じて築く地域や市民との関係性にも注目しておきたい。博物館の所蔵資料群（コレクション）の形成の主体が博物館にあることは間違いないが、市民の関与や介在の度合いが多くなればなるほどコレクションの意義と公共性は高まる。寄贈品や寄託品もその一種だが、前述した地域の記憶の収集活動では、くらしの中で日常的に使用され消費される多様な生活資料の収集や、映像や音、オーラルヒストリーの記録等を通して、より多くの市民が介在する。自分たち自身の映像や声などが資料化されることにより、コレクションへの親しみと愛着が深くなるだけでなく、収集作業を通じて行われるコミュニケーションが博物館との心理的距離を近づける。

　自然科学を対象とする博物館では、館外の研究者や市民とともに資料や研究データを収集（採集）することも多い。大阪市立自然史博物館では、1970 年代頃から「サークル活動」として立ち上げられた有志の研究者による採集活動やフィールド調査を行う中で、博物館資料の収集も進めてきた（瀧端 2003）。初期の頃こそ内外の研究者による研究グループの様相が強かったものの、参加の呼びかけは徐々に友の会を中心とした市民に向けた広いものになっていったという。セミの発生数や分布の経年調査のための「セミのぬけがら調査」などは、1993 年から 20 年以上にわたって続く市民との共働成果として有名だ（初宿 2016）。子供から老人まで誰でも参加できる簡単な調査でありながら、大量発生のメカニズムや自然環境の変化などを経時的なデータとして確認することができ、その調査成果は博物館で行われる特別展示等で披露されている。

　二次資料としての資料写真の撮影や 3D モデルデータの取得を、市民とともに進めて広く活用する例もある。飛騨みやがわ考古民俗館では、同館が 1,000 本以上所蔵する縄文時代の石棒（男性器を模した祭祀遺物と言われる）の写真撮影を市民とともに行い SNS で発信するほか、3D モデルデータの作成について子供を含めた一般参加者が行う「3D 合宿」を開催している（三好 2022）。取得された 3D モデルデータは、オープンデータとして公開されており自由に利用できる[15]。データ取得のためのワークショップでは、参加者の中に資料への愛着が生まれたという。展示室のガラス越しに観る資料ではなく、自分たちが主体的に働きかける（撮影する、3D モデルを作る）ものとして資料を扱うことで、一見すると単なる棒状の石にみえる石棒への関心を深めたようだ。公開された

データも、「自分が作ったもの」として思い入れのあるものになる。また、デジタル技術の導入においては、子供を含める若年層の理解が早く、活用においても柔軟な発想を持つことが多い。多様な年齢層が参加しやすい取組であり、世代間交流や若年層の社会参画の面からも意義深い活動と言えるだろう。博物館にとっても、これからの社会を担う子供たちを新しい担い手として獲得する良い機会になる。

　地域住民が博物館のコレクションの形成と充実化に関わることは、博物館と収蔵資料の公共性とその意義を強化する。

### （4）ミッションとの有機的関係性

　将来世代が「いま」を振り返ることができるように現代資料を収集したり、過去の地域の記憶を現代や未来の社会に繋げたりするための取組は、それぞれの博物館のミッションと有機的な関係性を持つ[16]。博物館の館種や特色、中長期的なマネジメントの中で策定されるミッションは、博物館の設置目的や果たすべき使命を明文化することで、博物館事業の方向性や指針を内外に示すとともに、その活動の意義と成果を社会に約束する重要なものだ（中尾 2021）。しかしながら、これを備えている博物館が約半数しかないというデータがある（日本博物館協会 2020）。また、備えてはいても利用者のみならず、館員すらその内容をよく知らないという現状も聞く。

　これからの博物館においては、活動の成果や価値を社会に発信、還元することにあわせ、地域からの期待や求められる役割を果たすことで持続的な活動を担保するマネジメントの観点が一層重要性を増す。当然ながら、博物館の持続的な活動がなければ博物館資料の確実な継承も難しくなるため、ミッションの策定は必須のものと言えよう[17]。次節で述べるコレクションポリシーとともに策定し、両者を博物館活動の指針とすることが強く求められる。

## 3　コレクションの持続的な充実

### （1）コレクションポリシー

　前節で記憶を留める博物館とその活動について少し触れたように、多様な記録と記憶を継承するための博物館活動の中では、いま存在するあらゆる有形無形のものが博物館資料になり得る。しかしながら博物館の収蔵庫の容量や管理

体制にも制限があり、なにもかもを集めるというわけにはいかない。調査研究や経営の方針などにあわせて、収集されるべき博物館資料が選ばれることになる。その選択基準も含めた博物館資料の体系的な収集と管理を行うための指針（コレクションポリシー）が求められるところだが、国内の博物館でコレクションポリシーを備えているのは、25.8％に過ぎないという調査結果がある（日本博物館協会 2020）。同調査では、57.2％の博物館で収蔵庫が満杯状態という状況も確認されており、多くの博物館が明確な指針や基準のないまま博物館資料を収集している中で、新しい資料の収蔵に課題を抱えていることが想定される。これまで収集された資料を守るために、寄贈の申し出を断らざるを得ないという話も聞く。寄贈が叶わなかった資料の中には地域における重要な資料も含まれていたかもしれないが、これらはどうなってしまうのだろうか。博物館にとってのコレクション形成と管理は、既存の資料を守ることだけではないはずだ。地域の文化拠点として高い視座に立って将来にわたる収集方針を設計し、体系的な資料管理の下で地域資料としての価値付けを基盤としたコレクションの充実を図っていくことが求められる。

## (2) 資料の処分

　栃木県立博物館では収蔵資料の増加と管理に対応するため、収蔵庫の増設を行ったが、設置の前提条件として新たな収集方針を整備し、収蔵資料のマネジメント体制を整えた。その中で定められた「収集、保管、活用等に関する要項」の中には、資料の購入、寄贈、採集、寄託などの収集に関する手続きのほか、除籍に関する手続きまでが含まれている（林 2022）。

　資料の除籍・処分（廃棄・譲渡・売却）には、大きな抵抗感を持つ学芸員が多い。実際それは資料の保管を重要な基本的機能とする博物館にとって、最も難しい取組と言えるだろう。2018 年に鳥取県の北栄みらい伝承館（北条歴史民俗資料館）では、所蔵しきれなくなった民具を除籍し、有効な活用の見込まれる教育関係機関、団体、個人に譲渡するための「お別れ展示」が実施され、実際に 562 点の除籍予定資料のうち 473 点が譲渡された。北栄町はこの除籍を内々に行うのではなく、世間に公開することでその是非を問うとして、マスコミ関係者に取材要請を行っており、報道を受けて民俗学者や博物館関係者を中心に大きな議論が巻き起こった。博物館資料の除籍という思い切った判断に伴う反

応としては当然のものであるが、北栄町は実施にあたり丁寧な作業と議論を重ねている（樫村 2019ab・2020）。「お別れ展示」の開催にあたって制定された北栄町歴史民俗資料館資料収集方針（平成 30 年 7 月制定）の前文には、「明確な方針もないまま数多くの資料を受け入れていた経過」を省みながら、「郷土文化の理解と未来への伝承」「学術研究・教育に活用すべき重要な資料を継承」するためにこれを定めたことが示され、除籍については、著しい劣化や同種同等以上の資料の重複が認められた場合のほか、「他の機関へ譲渡することにより学術的な価値がさらに高まり、広域的な研究の推進につながる場合や教育普及活動等に活用される場合」にこれを行うことになっている（樫村 2019b）。

　収蔵庫を増やし続けることはできない。やむにやまれぬ状態になってから十分な準備なく処分を行うことは避けるべきである。将来を見据えた体系的な資料管理を進めるうえでは、資料の譲渡や売却、廃棄が現実的な選択肢としてあり得ることを認識しなくてはならない。理念を掲げ不都合な現実から目を逸らしていても将来世代に課題を先送りするだけだ。イギリスでは、早くから廃棄や売却を伴うルール作りの必要性が叫ばれてきた。これは、収蔵資料の処分がコレクションの持続可能な充実化を図るために欠かせない手段であるとの認識に基づいている。イングランド芸術評議会（Arts Council England）による「博物館認証制度」では、認証基準のひとつとして「コレクション拡充方針（Collection development policy）」を求めており、その中には「合理化・処分のテーマと優先順位」がある（金山 2022）。こうしたコレクション管理の標準化を図るものとして、コレクショントラストが公表する「Spectrum」という手引き書が整備されている。国内においても、日本博物館協会が活用の見込みのない資料や劣化の著しい資料について「再評価」を行う必要性を示しているが（日本博物館協会 2004）、あまり浸透していない。

　現状のコレクションを維持するというだけでなく、将来に向けた充実化を各館が真摯に考える中で、収蔵庫の増設と並行して資料の処分についても向き合うことが必要になる。行き過ぎた処分がやみくもに行われないためにも、理想論や曖昧な方向性だけではなく、具体的かつ実効的な収集方針の策定を真摯に検討しなければならない。

# 4　コレクションの公共化と価値共創

## (1) 一般公衆の利用

　博物館法第2条に「資料を収集し、保管（育成を含む。以下同じ。）し、展示して教育的配慮の下に一般公衆の利用に供」することが定められているように、博物館の収蔵資料は広く公共性を有しており、その積極的な利活用の促進が望まれる。しかしながら、資料の適切な保管と未来への継承を実現するためには、ある程度の制限やルールに則った利用が求められるのも事実である。多くの博物館で、展示鑑賞以外の資料の利用に「特別利用の申請」などの手続きが必要になるのは、資料保存の観点からやむを得ない。ただし、その適用範囲について検討するほか、手続きの周知や簡素化を図るなど、資料利用の一層の促進を図る観点が求められる。

　大阪市立自然史博物館の収蔵庫や研究室では、外部研究者による標本資料の利用が活発に行われ、館との協働も進んでいる（和田 2018）。文化財や芸術作品と違って、自然史標本はやや利用しやすいという側面もあろうが、ミッションや中期的目標に、アマチュア研究活動への支援や、市民とのパートナーシップを掲げていることも背景にあろう[18]。また、外部研究者だけでなく、友の会などに加入する一般市民にも標本の作製やコレクション整理に関わってもらうこともある。博物館における教育活動は、決して一方通行のものではない。資料を共有するだけでなく、その収集や記録の作成などの整理作業、分析、研究活動など、利用者とともに進めることで、支え手や担い手の裾野を広げるだけでなく、新しい発見や気づきが生まれることもある。博物館資料の利用促進は、市民との対話と連携をより深く、より基盤の部分で進めるために欠かせない取組と言える。

## (2) 博物館 DX（デジタルトランスフォーメーション）

　先述したように、文化財や芸術作品、希少な動植物など、頻繁な利用によって保存に支障をきたす資料の場合、どうしてもその利用を制限せざるを得ないが、このとき資料のデジタル化による発信と利用について考える必要がある。近年の ICT の普及と発達は、実物の利用を前提とせずにその情報に触れることを容易にした。すでに述べたように、2022 年 4 月の博物館法改正においても、博物館の事業を規定する第 3 条に「資料の電磁的記録の作成と公開」が加

わった。今後、博物館現場では新しい技術の活用とメディアによる情報発信が一層望まれる。それは博物館資料の価値と魅力を広く伝えるだけでなく、資料の利活用を促進する。また、情報の集約性と検索性から業務の効率化に繋がるだけではなく、実物利用機会を必要最小限に留めることによって、資料保存にも資するものになる。

　デジタル化された博物館資料は、博物館の DX を進めていくための基盤だ。デジタル化の取組やアプローチは多様だが、博物館の活動を強化し、市民の利用を促進する状態を創り出すことを軸に据える必要がある。そのために重要になるのが、デジタル化による資料保存と管理の体系化・システム化や業務効率化といった館内部への視点と、情報の共有による資料の公共化と利用者との価値共創といった館外部への視点だ（中尾 2022）。両者の取組を両輪として進めていく中で博物館のより良い状態を創り出すのが博物館 DX と整理できよう。

## (3) 資料のデジタル化

　資料に係るデジタル化は多様なレイヤーに分かれる。デジタルデータ化から体系的な管理、多様な活用と公開までを高いレベルで総合的に行うのが理想だが、理想のみを掲げてその頂の高さに実現を諦めてしまうような現状が散見される。例えば、資料情報の蓄積（デジタルアーカイブ）は、所蔵資料の全てについて、基礎情報のほか、画像や資料解説などのテキスト情報、所蔵や展示、貸し出しの履歴等が記録され、管理・利用のためのシステムが整備され、ほかのプラットフォームやアーカイブと連携して公開され、多言語対応もなされることなどが理想ではある。こうした状態が山の頂だとして、その頂上に至ることを最初から全て網羅して具体的に考える必要はない。まず考えるべきは頂を遠目に仰ぎながら、そこまでの歩みを着実に進めていくための一歩を踏み出すことだ。現在、紙でしか残っていない古い資料台帳等の記録を少しずつデジタル化することなどもその一歩となる[19]。

　あらゆる情報がインターネットという技術と場を介して発信され、利用される時代に、国民共有の財産とされる文化財や、地域で守られてきた多様な文化資源が「そこにない」状態は、公益や公共性の観点からも課題視される[20]。巨額のコストをかけて保管される博物館資料の情報にアクセスできず、認知もされない状態は資料の「死蔵」にも繋がる。物理的なスペースの問題等によって

展示できない資料も、その情報を出すことさえできれば完全な埋没を防ぐことができよう。

　もちろん実物に接することによって得られる感動は完全に肯定されるものだが、デジタル化はそれと相克したり、単純に代替されたりするものではない。並行して進められることによって、博物館体験や資料価値を強化するものだ。しばしば資料のデジタル化が来館者の減に繋がったり、極端には実物資料の廃棄を求められたりするのではないか、という懸念を聴くことがあるが、実物に代替するほどの体験をデジタル化によって創り出すことは現在の技術では不可能であり、実物の価値はデジタル化の有無にかかわらず確実に在る[21]。起こるかどうかわからないリスクやデメリットに目を向けて立ち止まるよりも、資料価値の発信をあらゆる手段で行うことこそが大切だろう。

　また、資料保存の観点からもデジタル化には大きな意義がある。実物の閲覧や展示は大切な機会ではあるが、移動や光線被爆によってわずかであってもダメージや破損リスクが発生する。資料の観察や調査研究の場面において、実物を撮影した高精細画像や３次元データなどで確認できるのであれば、こうしたダメージやリスクを最小限に留めることも可能になる。

## (4) 資料のオープン化

　以上のように、博物館資料のデジタル化は保存の観点のみならず、利用機会を大きく拡大させ、資料の公共化を進めるものである。インターネット上で資料情報に触れたり、デジタルミュージアムなどで鑑賞したりといった「博物館の利用」は、来館者を前提としてきた伝統的な博物館利用者の概念を大きく変える。当然ながら、大きく裾野を広げた利用者層は、これまでの来館者層とは異なった嗜好やニーズを持っており、これらに応える発信内容やサービスの提供も新しく検討しなくてはならない。

　他方で、博物館資料の活用や発信の担い手が拡がる可能性にも目を向ける必要がある。まだ国内では少ないが、海外の博物館では資料の画像や3Dデータなどをデジタルアーカイブとして発信するにあたり、著作権のない資料やデータについてはパブリックドメインとしてオープンソース化したり、クリエイティブコモンズ等のライセンス明示をしたりして一般利用者の「資料活用」を促進している[22]。資料の価値や魅力を引き出して発信する、資料活用の担い手

は長らく博物館の関係者に閉じられてきたが、ネット上の資料データをオープンソース化することで大きく拡げることができる。これからの博物館活動においては資料の多様な価値発信と創出、そのための活用機会と手段が求められるところだが、これらを博物館のスタッフだけで担うのは無理があるうえ、限られた人材ではアイデアにも限りがある。デジタルアーカイブをオープンソースとして公開することは、市民との価値共創を通じて博物館とその資料価値の最大化を図るものと言えよう。

　現在公開されているデジタルアーカイブの中には、資料の利用条件を明示せず、利用の際には問い合わせを求めているものが多い。これは活発な資料利用を阻害するだけでなく、問い合わせ対応や許可の発出に事務コストがかかる[23]。業務効率化の観点からも、資料の利用条件についてはクリエイティブコモンズなどの国際標準を用いて明示しておくことが必要である。

## (5) 資料に係る権利

　インターネット上のデジタルアーカイブの利用には、著作権や所有権、肖像権等、博物館資料に係る法律上の権利について、適切に把握し処理することが必要になる。これらの権利は多様で把握が難しく、さらに寄贈や寄託時における所有者との取り交わしや契約についても権利処理の視点が求められる。ただ、法律上の権利のうち著作権については、考古資料をはじめとする多くの歴史資料は有していない。また、所有権については「有体物をその客体とする権利」として整理される[24]。博物館資料に係る権利については、法制度を理解したうえで適切な管理を行うことが重要だが、逆にこうした権利の係らないものについて過剰な利用制限を行うことは、資料の利用や活用を妨げる「囲い込み」（西川 2017）になったり、権利の逸脱や濫用と見なされたりする恐れもある（石井 2020）。スマートフォンなどの個人用端末の高機能化と SNS の普及により、誰でも高精細な写真や映像、3D データまでを簡単に取得できるようになり、世界中に発信できるようになっている。資料の管理と展示運営のためには、これらに係る法制度や権利についても把握し、整理しておかなければならないが、重要なのは、徒に制限するのではなく、できるだけ自由な利用を促進することだ。資料の活用やコンテンツ化まで全てを博物館が担う必要はない。自由な利用を促進すれば、利用の中でコンテンツは生み出されてくる。（高田 2022）。

## おわりに

　以上、本年4月の博物館法改正を導入に、博物館資料に係る新しい概念を示し、その利活用について公共化と価値共創をテーマに展望を示した。

　忘れてはならないのは、博物館資料が地域の人々、さらには国民、ひいては世界人類の財産であるということだ。それを単なる理念に留めてはならない。井上稔が正しく指摘しているように、財産としての主観的認識は価値を感じて初めて形成される（井上2012）。広くその価値を共有することなく、専門家による一方的な価値付けだけを行っていても、資料の継承に社会の賛同は得られない。

　また、継続的な収集活動に加え、経時的に増加する文化財や芸術作品、貴重な自然遺産など、地域に存する多様な文化資源を真に守り、受け継いでいくためには、それらを集め確実に保管（育成）しながらも、将来に向けたコレクションの充実の観点から既存資料の再評価と、除籍・処分までを含めたコレクション管理の方法を検討する必要がある。そして、資料の価値や意義について調査研究し、展示やインターネット上の公開、数々の教育活動によって発信、交流することで市民とその価値を共有し、さらには新しい価値を共創していかなければならない。資料のデジタル化は、そのためのひとつの手段として捉えられてきたが、ICTの発達と普及は、社会におけるデジタル利用をすでにその次の段階に進めている。すでにインターネットが市民にとっての主要な情報メディアとなっている以上、博物館資料のデジタル化とネット上での発信は、市民のニーズに応えるというだけでなく、博物館活動の新しい領域（空間）の開拓や整備として強く認識され、戦略的に推進されなければならない。

　急速に変化する社会の中で、博物館の役割は多様化し、高度化している。その活動基盤となる資料についても概念的に拡大し、地域における意義も深まっている。一方で、収蔵容量の問題が顕在化する中で、管理と活用の在り方を足元から考え直す必要がある。未来に向けて資料を継承するため、長期的視野と戦略性を持った真摯で前向きな検討が求められる。


註
1）「博物館の設置及び運営上の望ましい基準（2011年12月20日文部科学省告示第165号）」では、法で例示された資料を「実物等資料」とし、必要に応じて、実物等資料を

複製、模造若しくは模写した資料又は実物等資料に係る模型を「複製等資料」として呼び分け、両者を合わせて博物館資料とする。ただし、こうした資料分類自体も今日の博物館活動と資料の広がりの中では見直しが求められる。

2)　一例を挙げれば、2項（1）節で紹介したような、現代におけるコロナ関係資料の収集や調査とそれに関する展示の実施などは、コロナ禍を通じた現代社会と地域の状況を記録化するものであり、将来にわたって継承されるべき博物館資料である。

3)　有形の、実体を持たない博物館資料については、無形の民俗文化財やその記録などが主たる対象として意識されてきていたが、ICT の発達は、有形の博物館資料をデジタル化したものだけでなく、最初からデジタルデータとして作成（ボーンデジタル）されたものを博物館資料として加速度的に増加させている。

4)　2008 年の社会教育法の改正においては、図書館資料にも同様の改正（電磁的記録の追加）が行われている。2008 年 6 月 11 日　文部科学事務次官通知「第二改正の内容」1.改正法の概要（2008 年法律第 59 号の、2 のエの 1.https://www.mext.go.jp/a_menu/01_1/08052911/1279324.htm）

5)　2008 年 6 月 11 日　文部科学事務次官通知「第三留意事項」の 5

6)　2001 年に成立した文化芸術振興基本法が 2017 年に改正、改称され、文化芸術基本法として成立した。同法に基づく文化芸術基本計画（第 1 期）では、文化芸術に関する施策の推進に当たっては、文化芸術の固有の意義と価値（本質的価値及び社会的・経済的価値）を尊重しつつ、文化芸術そのものの振興にとどまらず、観光、まちづくり、国際交流、福祉、教育、産業その他の関連分野における施策を法の範囲に取り込むとともに、文化芸術により生み出される様々な価値を文化芸術の継承、発展及び創造につなげるための好循環を創出することが盛り込まれている。また博物館については、文化芸術の保存・継承、創造、交流、発信の拠点のみならず、地域の生涯学習活動、国際交流活動、ボランティア活動や観光等の拠点など幅広い役割を有しているとし、教育機関・福祉機関・医療機関等の関係団体と連携して様々な社会的課題を解決する場として、その役割を果たすことが求められているとしている。

7)　文部科学省設置法第 18 条　文化庁は、文化の振興その他の文化に関する施策の総合的な推進並びに国際文化交流の振興及び博物館による社会教育の振興を図るとともに、宗教に関する行政事務を適切に行うことを任務とする。

8)　博物館法制定当時の博物館数は約 200 館、現在は約 5,800 館を数える。

9)　検討協力者会議がまとめた報告書類（https://www.mext.go.jp/b_menu/shingi/chousa/shougai/014/index.htm）（2022 年 8 月 20 日確認）。

10)　日本学術会議史学委員会 博物館・美術館等の組織運営に関する分科会 2017（提言）「21 世紀の博物館・美術館のあるべき姿―博物館法の改正へ向けて」

11)　日本学術会議史学委員会 博物館・美術館等の組織運営に関する分科会 2020（提言）「博物館法改正へ向けての更なる提言～2017 年提言を踏まえて～」

12)　「博物館法制度の今後の在り方について（答申）」（https://www.mext.go.jp/kaigisiryo/content/000148971.pdf）

13)　「南三陸 311 メモリアル」ホームページより（https://m311m.jp/）（2022 年 10 月 10 日確認）

14) いち早くコロナ関連資料を収集し、展示した吹田市立博物館では、2回の関連展示を開催している（2020年7月から8月に「新型コロナと生きる社会〜私たちは何を託されたのか〜」、2021年6月から11月にかけては、隣接市を含めた8会場を巡る巡回展として「流行病（はやりやまい）と新型コロナ〜100年後の人たちへ〜」）。いずれもコロナを将来に向けた歴史資料として扱うものだが、2021年展示の時には「新型コロナの感染拡大による社会の混乱や分断について、静寂な展示空間で展示資料を客観的に見ることを通して、来場者が冷静に自らの考えや立ち位置を振り返る機会」を提供することを強く意識して開催されている（五月女 2022）。

15) 飛騨市では「3D合宿」の前から「石棒クラブ」による3Dモデルの作成と公開を行っており、18,000回以上のアクセスがあるという（三好 2022）。

16) 博物館の設置及び運営上の望ましい基準（2011年12月20日文部科学省告示第165号）の第5条（資料の収集、保管、展示等）においても「基本的運営方針に基づき、必要な数を体系的に収集し、保管（育成及び現地保存を含む）し、及び展示する」ものとされている。

17) 2022年の博物館法改正に伴い、2023年に改正された博物館法施行規則（省令）においては、博物館の登録基準を定める際の参考基準として、第19条に博物館資料の収集、保管及び展示並びに博物館資料に関する調査研究の実施に関する基本的運営方針の策定が盛り込まれた。ここでいう基本的運営方針は、博物館が持つ独自の使命や目的について示したミッションに近いものを想定している。

18) 大阪市立自然史博物館のミッションと中期的目標（http://www.mus-nh.city.osaka.jp/2about/mission.html）（2022年10月23日確認）

19) 極端な話ではあるが、職場にある複合機などを用いて手書きの台帳をスキャニングしてPDF等にしておくだけでも意義があると考える。デジタル化された情報は唯一無二の紙資料のバックアップになり、万が一の災害時に備えることができるし、使い勝手は悪いものの、インターネット等を通じて公開すればそれだけで広く資料を認知することを可能にする。もちろんデジタルアーカイブの資料情報としては、台帳の記載内容がテキストデータ化されて検索や利用が可能な状態になることが望ましく、その実現のための検討を進めるべきだが、そこに至ることが今すぐできないからと言って、全く歩みを止めてしまうのは避けるべき態度と考える。

20) 内閣府が行った「生涯学習に関する世論調査（2022年10月公表の概要版）」においても、「今後学習したい場所や形態」についての回答のトップに「インターネット（平均値で58.7%）」がある（図書館、博物館、美術館は平均値で24.2%）。なお、18歳から59歳までの回答率では70-80%の高率となっており、今後この傾向は一層加速する。インターネットになじみがない高齢者層が取り残されるデジタルディバイドなどには配慮しなければならないが、社会教育、生涯学習施設として、博物館のデジタル対応は重要かつ喫緊の課題である。（https://survey.gov-online.go.jp/r04/r04-gakushu/gairyaku.pdf）（2022年10月31日確認）

21) 近年は、4Kや8Kなど高精細の画像もテレビなどで観られるようになった。しかし、海外の美しい風景や世界遺産の素晴らしい映像を観たからといって、旅行に行かなくて

もいいと思えるだろうか。むしろその魅力に触れることでより強く惹かれる人が多いのではないだろうか。

22)　オランダのアムステルダム国立博物館では、資料のデジタルアーカイブを活用した商品企画について表彰を行うことで促進を図っている。ネット上で発表される斬新でユニークな商品企画は、博物館資料の認知はもちろん、資料が持つ新しい魅力を拓いている。（https://www.rijksmuseum.nl/en/rijksstudio/144597--entries-rijksstudio-award/creations）（2022 年 10 月 31 日確認）

23)　足立区立郷土博物館では、マスメディアからの収蔵資料の利用申請が多かったところ、これをパブリックドメインとしてオープンデータ化することで、業務の削減に繋がったという。またスマートフォンケースなどの商品への資料画像利用もあり、作品の PR にも繋がる効果を認めている（ミュージアムメディア研究所 2018）。

24)　顔真卿自書建中告身帖事件 https://ja.wikipedia.org/wiki/%E9%A1%94%E7%9C%9F%E5%8D%BF%E8%87%AA%E6%9B%B8%E5%BB%BA%E4%B8%AD%E5%91%8A%E8%BA%AB%E5%B8%96%E4%BA%8B%E4%BB%B6（2022 年 10 月 31 日確認）

## 引用・参考文献

石井淳平　2020「博物館職員が文化財情報の利用を制限する前に考えておくべきリスク」『考古学・文化財のためのデータサイエンス・サロン online 予稿集 #5』考古形態学研究会、pp.46-50

井上　稔　2012「第 1 節　博物館資料とは何か」『新時代の博物館学』全国大学博物館学講座協議会西日本部会、pp.94-96

樫村賢二　2019a「鳥取県北栄町主催「明治一五〇年　民具資料のお別れ展示」と民具の「除籍（廃棄）」について（その一）」『民具マンスリー』52―6、神奈川大学日本常民文化研究所、pp.16-21

樫村賢二　2019b「鳥取県北栄町主催「明治一五〇年　民具資料のお別れ展示」と民具の「除籍（廃棄）」について（その二）」『民具マンスリー』52―9、神奈川大学日本常民文化研究所、pp.14-20

樫村賢二　2020「鳥取県北栄町主催「明治一五〇年　民具資料のお別れ展示」と民具の「除籍（廃棄）」について（その三）」『民具マンスリー』53―9、神奈川大学日本常民文化研究所、pp.12-21

金山喜昭　2022「イギリスにおける収蔵資料の処分」『博物館とコレクション管理』雄山閣、pp.110-120

小林真理　2020「第 6 章　ミュージアムの古くて新しい課題―地域を記録する」『新時代のミュージアム　変わる文化政策と新たな期待』ミネルヴァ書房、pp.129-152

五月女賢司　2022「コロナ禍の現代人対象の小さな新型コロナ展」『博物館研究』57―3（No.646）、pp.33-36

佐々木秀彦　2017「日本博物館協会による「対話と連携の博物館」―市民とともに創る新時代の博物館へ―」『日本の博物館のこれから―「対話と連携」の深化と多様化する博物館運営―』平成 26～28 年度日本学術振興会科学研究費助成事業研究成果報告書基盤研究（C）課題番号 JP26350396

初宿成彦　2016「靭公園セミのぬけがら調べ22年間の調査を終えて」『昆虫と自然』51
　　―2、ニューサイエンス社、pp.24-27

高田祐一　2022「文化財をめぐる著作権の問題に対応していくために」『奈良文化財研究
　　所研究報告』34、文化財と著作権、pp.5-8

瀧端真理子　2003「大阪市立自然史博物館における市民参加の歴史的検討（2）―長居公
　　園移転以降―」『博物館学雑誌』28―2（通巻38）、pp.1-22

中尾智行　2021「博物館の北極星」『ミュージアムデータ』84、丹青研究所、pp.1-5

中尾智行　2022「博物館のデジタル化：公共化と価値共創」『奈良文化財研究所研究報告』
　　33、デジタル技術による文化財情報の記録と利活4―オープンサイエンス・Wikipedia・
　　GIGAスクール・三次元データ・GIS―、pp.41-46

西川　開　2017「ミュージアムにおけるパブリックドメイン作品の公開に関する調査研
　　究：デジタルアーカイブを事例として」『筑波大学修士（図書館情報学）学位論文』

日本博物館協会　2003『博物館の望ましい姿市民とともに創る新時代博物館』

日本博物館協会　2004『博物館の望ましい姿シリーズ2　資料取り扱いの手引き』

日本博物館協会　2020『令和元年度日本の博物館総合調査報告書』

林　光武　2022「Case1 栃木県立博物館　収蔵庫を増設する」『博物館とコレクション管
　　理』雄山閣、pp.244-251

ミュージアムメディア研究所　2018「資料データをパブリックドメインで公開　区立博物
　　館の先進的チャレンジ」『MML JOURNAL』4

三好清超　2022「関係人口と共働した文化財と博物館資料の活用―飛騨市モデルの報告
　　―」『奈良文化財研究所研究報告』33、デジタル技術による文化財情報の記録と利活4
　　―オープンサイエンス・Wikipedia・GIGAスクール・三次元データ・GIS―、pp.29-40

和田　岳　2018「自然史博物館の賢者の間―リタイアした研究者が集う場所―」『Musa
　　博物館学芸員課程年報』32、追手門学院大学、pp.43-46

# 第 1 章

# 拡大する博物館資料

# 美術作品と作家
## ―児島虎次郎―

松岡智子

### はじめに―児島虎次郎の生涯―

児島虎次郎（図1）は明治生まれの岡山県出身の洋画家であると同時に、西洋美術の作品を中心とした本格的なコレクションを持つ、我が国で最初の近代美術館の設立に尽力したことで知られている。

図1　児島虎次郎肖像写真

1881（明治14）年、岡山県川上郡下原村（現・高梁市成羽町）に生まれた児島虎次郎は、洋画家でのちに関西美術会を結成した松原三五郎に、幼少の頃からその画才を認められ、20歳で上京、1901年に東京美術学校（東京藝術大学美術学部・大学院美術研究科の前身）西洋画科選科に入学した。

その年、高梁出身の弁護士桜井熊太郎の推薦により、倉敷の実業家大原幸四郎、孫三郎父子に出会った。以来、大原家の奨学生となり、孫三郎との交流は生涯にわたって続くこととなる。

東京美術学校では、フランスに長く留学し日本の洋画界に新風を吹き込んだ教授の黒田清輝の指導を受け、成績が優秀だったため4年かかるところ、飛び級により2年で卒業した。そして、黒田の勧めで1907年、東京府主催の勧業博覧会美術展に出品した「なさけの庭」（宮内庁三の丸尚蔵館蔵）が1等賞を受賞し、皇室買い上げとなった。この作品は1887年に岡山市に設立された岡山孤児院の保母と子供たちを描いたもので、創設者石井十次の人格とキリスト教信仰による感化は、その後の美術館を含む各方面の社会施設および研究所の設立による社会貢献へと、孫三郎を導いたのである。

こうした「なさけの庭」の快挙を喜んだ孫三郎は、翌年から5年間のヨーロッパ留学の機会を虎次郎に与えた。フランスでは当時、西欧の芸術の中心であったパリよりも近郊の風光明媚な農村であるグレー村を好み制作を行っていたが、1909年にベルギーへ移住し、ゲント美術アカデミーで3年間学び、エミール・クラウスなどからベルギー独自の印象主義を学んだ。その一方、校長ジャン＝ジョセフ・デルヴァンから、フランス美術界の実力者であった象徴派の画家エドモン・フランソワ・アマン＝ジャンを紹介され、彼の助言で1911年、パリのサロン・ド・ラ・ソシエテ・ナショナル・デ・ボザール（以後、サロン・ナショナルと表記）に出品した「和服を着たベルギーの少女」（大原美術館蔵）が初入選した。

　帰国後は石井十次の長女友と結婚、倉敷・酒津にアトリエを構えサロン・ナショナルに出品し続け、1920（大正9）年には「秋」（ポンピドゥーセンター、パリ国立近代美術館蔵）がフランス政府に買い上げられ、日本人として初めてサロン・ナショナルの正会員に推挙され注目を集め、以後、1920年代前半までは色彩画家としてパリの美術界で知られていた。我が国では「印象派」に位置づけられ[1]、1927（昭和2）年には帝展の審査員も務めている。

　さらに、1922年春にパリのグラン・パレ美術館で開催され大成功を収めた、日本画、油彩画、彫刻、工芸品約400点が出品された大規模な日本美術展の発起人として、アマン＝ジャンとともに、準備を行っていた。つまり日本とフランスの文化交流にも携わっていたのである。

　それとともに、1918年の第1回朝鮮半島・中国旅行を契機として、その後、3回の中国旅行を試みるなど、東洋への新境地を開こうと試みた。そのようななかで1924年、明治天皇と昭憲皇太后の御事跡を日本画40点、油画40点によって後世に伝えることを目的とした、明治神宮聖徳記念絵画館の壁画制作者の1人に推挙された。虎次郎に与えられた画題は「対露宣戦御前会議」であり、制作の準備のために3年半近くものあいだ、自ら徹底して史実の検証を行い、宮中御座所を拝観し写生に努め、御前会議の列席者や遺族を訪ね当時の状況を取材するなど心血を注いだ。しかし病に倒れ、壁画の完成を目の前にして1929年に死去した。

　このように画家、美術品収集者、文化交流者として明治、大正、昭和を全力で駆け抜けた児島虎次郎の最も大きな功績は、3回のヨーロッパ留学により大

原美術館の基礎的コレクションのために、本格的な西洋近代絵画・彫刻ならびにオリエントの美術品収集を行ったことである。

# 1 児島虎次郎の美術品収集活動

## a. 草創期の美術館構想

　虎次郎の死の翌年、彼の画家としての業績と美術品収集者としての業績を記念するために、大原孫三郎が設立した大原美術館は、我が国の美術館史の幕開けにふさわしい私立美術館であった。孫三郎は当初、この美術館を「児島画伯美術館」と命名し、彼のアトリエがあった倉敷・酒津に建設する予定であったが、最終的に「大原美術館」と定め、1930 年 3 月、現在地に着工している。11 月中旬に陸軍大演習のため来県することになっていた多くの貴賓名士を迎えるため、孫三郎は美術品の陳列整備を急がせ、1 階には虎次郎の遺作 105 点が展示され、2 階には彼が収集した 200 点近くの絵画や古陶磁が展示された。一般公開となったのは同月 25 日からである。

　では我が国で最初の「美術館」という名称を持つ建物はいつ建設されたのだろうか。そもそも「美術」という言葉自体が明治初期に生まれた西洋の翻訳用語であり、1877 年に明治政府が産業振興を目的として東京・上野公園で開催した第 1 回内国勧業博覧会で、初めて「美術館」と称する建物が登場する。しかし、それは恒久的な施設ではなく、第 5 回まで博覧会が開催されるたびに設立された、仮設の展示館だった。それに対し、日本洋画の開拓者的な存在であった画家高橋由一の美術館構想はきわめて独創的なものであった。それは「螺旋展画閣」と称する木造建築に、偉人や歴史的事件、遠隔地の風景などを油彩画で展覧して知識を広めるという、洋画専門の美術館建築としては日本で最初のものだった。1881 年、高橋は請願書を作成し政府の要人に働きかけたが、実現には至らなかった。

　さらに明治後期になると、今度は美術家たちがふさわしい作品展示の場を求めて国や東京府に美術館建設を訴え、国会でも採択されるが頓挫する一方で、個人で美術館を設立し、収集した美術品を公開しようとしたコレクターたちが登場する。西洋美術について見てゆくと、その筆頭に挙げられるのは林忠正である。林は 1878 年にパリ万国博覧会に参加する起立工商会社の通訳として渡仏、そのままパリにとどまり美術商として活動し、日本の美術工芸品、とりわ

け浮世絵の紹介に努めるとともに、印象派絵画を含む同時代の西洋美術コレクションを形成し、それらを日本に紹介するための西洋美術館を構想していた。しかし、1906年の林の死により実現を見ず、そのコレクションも米国で競売にかけられ散逸してしまった。

　また、1910年4月に創刊された文芸雑誌『白樺』は、以後、大正期の文壇の中心となり、日本における西洋美術の紹介に大きな役割を果たした。と同時に、白樺同人たちは「公共白樺美術館」と名付けた美術館を設立する計画をたて、1917年から資金調達を開始し、フランスの彫刻家オーギュスト・ロダンの小品3点と画家ポール・セザンヌの作品「風景」を購入した。しかし、関東大震災により『白樺』は終刊となり、美術館設立のための活動も途絶えてしまった。

　さらに「大原コレクション」の収集とほぼ同時期に形成された、戦前の最大の西洋美術コレクションとして、「松方コレクション」が挙げられる。このコレクションには、首相を父に持ち、川崎造船所初代社長を務め造船業で財を成した松方幸次郎が、1916年から1927年にかけてロンドン、パリなどの画商や画家から収集した、ルネサンス期から同時代までの西洋絵画や彫刻の他、家具工芸品、タピストリーなども含まれていた。加えて、海外に流失してしまった浮世絵を取り戻そうと、パリを代表する宝石商のアンリ・ヴェヴェデールのコレクションから8,000点余りの浮世絵を買い戻している。

　こうした1万点余りとされる膨大なコレクションを国民のために公開する公共美術館として、自ら「共楽美術館」と名づけた美術館を東京・麻布に建設する予定であった。そして、1922年10月には大阪、11月には東京で、松方のコレクションから出品された「泰西名画展」が開催されている。しかし、第一次世界大戦後の世界的不況と関東大震災の勃発、また、金融恐慌などにより川崎造船所は経営危機に陥り、その再建のために銀行の融資担保としてコレクションを手放さなければならなくなった。

　その結果、「松方コレクション」は国内外に散逸し、松方の美術館設立の夢も永久に消え去ったかのように見えた。しかし、第二次世界大戦中、「敵国人財産」としてフランス政府に没収されていた一部約400点が、戦後、吉田茂首相の交渉により日本に返還された。そして1959年、東京・上野にフランス政府が設計担当として要望した建築家ル・コルビュジエの基本設計案による本館

と前川國男設計による新館からなる、日本初の国立の西洋美術館が開館し、松方の夢はようやく実現するのである。

## b. 児島虎次郎の美術品収集活動―西洋美術を中心として―
### [収集過程について（1）]

　それでは我が国最初の近代美術館として知られる大原美術館の基礎的なコレクションは、どのように形成されたのだろうか。のちの大原美術館のコレクション第1号となった作品は、アマン＝ジャンの「髪」である。1912年、最初の留学中に虎次郎は孫三郎に宛てた書簡のなかで、西洋美術に直接触れることが困難だった当時の日本の芸術界のため、また、日本の洋画界の参考品としてこの作品の購入を願い出ていることから、その時すでに虎次郎の美術館設立への構想の萌芽があったと考えられる。

　その後、彼は1919年から約1年半、2回目のヨーロッパ留学を行う。それは最初の留学から帰国したのち、スランプに陥っていた彼を奮起させようとした孫三郎の配慮によるものであった。パリに到着してまもなく、虎次郎は画家たちのアトリエや画廊を訪れており、美術品購入のために幾度も孫三郎へ送金を願い出る手紙を送った結果、1920年8月にようやく許可を得たため、名画を購入するため帰国までの約4カ月間、自身の制作とともに精力的な収集活動を行った。その活動は画家に直接会い、作品を見て交渉することを基本とし、時にはアマン＝ジャンがアドバイザーの役割を果たしていた。虎次郎の日記によれば、1920年10月21日朝、パリを出てジヴェルニに住むクロード・モネ宅を訪問したのち、11月23日にも再び訪れ「睡蓮」の作品を2万フランで購入している。そして、翌日の24日午前中、パリのジョルジュ・プティ画廊でル・シダネルの絵を予約し、午後、アンリ・マティスのアトリエを訪問し、「マティス嬢の肖像」を1万フランで購入したのち、アルベール・マルケのアトリエに行き「マルセーユの港」を購入するというように、帰国寸前までほぼ毎日のように奔走していた様子が綴られている。帰国後はアマン＝ジャン夫妻や友人の画家斎藤豊作に収集を依頼している。

### [収集した西洋絵画を倉敷で一般公開]

　こうして収集した油彩画68点とエッチング24点は3回に分けて日本に発送され、倉敷文化協会の主催により1921年3月27日から30日にかけて、「現代

フランス名画家作品展覧会」と銘打ち、倉敷尋常高等小学校でそのうち27点の作品が一般に公開された。そのなかには、アマン＝ジャンの「髪」と、孫三郎が支援していた画家満谷国四郎が入手したルノワールの「泉による女」も含まれていた。それらを展示するため虎次郎は三幅金巾の布十数反を染め小学校の教室の汚れた壁を包み、天井全部を白金巾で覆い、床には青筵を敷き詰めるなど、大掛かりな準備を行うほどの力の入れようだった。

　続く1922年1月2日から8日にかけて、同主催により同小学校で開催された「第2回現代フランス名画家作品展覧会」では、前年の出品作にアマン＝ジャンと斎藤豊作の協力を得て収集した作品を加えた34点が展覧された。これらを見ようと日本全国から大勢の人々が押し寄せ、名画の前で熱狂するほどの反響は、東洋美術には関心を持っていたが西洋美術にさほど興味のなかった孫三郎を大いに驚かせた。

　東京から展覧会を見学に来た画家辻永が「児島氏の住居の横に立つといふ美術館の一日も早く出来上つて名画と共に人々の鑑賞に便なる時の来るを待ち望む事切である」[2]と記しているように、こうした2度の展覧会の大成功によって、虎次郎の住む倉敷・酒津に美術館を建設する計画が実現に向け、動き出そうとしていた。

### ［収集過程について（2）］

　児島虎次郎は1922年5月からほぼ1年間、今度は大原孫三郎の命を受け美術品収集のため3回目のヨーロッパ留学に旅立つ。箱根丸で神戸を出発する日、彼は妻、友に宛てた書簡のなかで、その時の決意を次のように述べている。「（前略）今回もまた大原様の特別なる加護を受けたる事を感謝すればするほどに、今回の旅行は非常なる責任と義務を要すべきことにて、とても一通りの力にては勤まり申さずと存じ候。ただ天命の導きによりてこの重命を全うすべく誓い申し居り候（後略）」（1922年5月8日付）。

　この時期のヨーロッパの経済状況は、いまだに第一次世界大戦後から回復の兆しが見られない状況であったため、そのことがかえって虎次郎の収集活動に有利に働いたとも考えられ、労苦を伴った分、思いがけない「珍品」を得ることができた。フランスのみならず北欧、ドイツ、ベルギー、スイスにも及ぶ今回の収集活動では、44名の作家58点（うち油彩画50点、ミレーとモローの水彩画2点、ロダンのブロンズ像2点、ド・ブリュッカーのデッサン1点とエッチング3点）の購

入金額は 74 万 8,400 フラン、15 万 4,500 ベルギー・フラン、4 万スイス・フラン、600 ポンド、47 万 8,000 マルクで、この金額は前回の収集に費やした金額をはるかに越えるものであった。なかでも、44 名の作家のうち、サロン・ナショナルの会員の経歴を持つことが判明している作家はアマン＝ジャン、ロダン、シャバンヌ、カリエールを含む 14 名であり、その割合は前回より減少している。

また、第 2 回目のヨーロッパ留学までの収集作品は、当時の存命作家による 19 世紀末から 20 世紀初頭のフランス絵画が中心であったが、今回はすでに逝去した 19 世紀の作家、とりわけミレー、セガンティーニは虎次郎が最も敬愛する画家で、その他ピサロ、ロートレック、ルドン、ホドラー、モロー、ゴーギャンなどの作品も含まれていた。なかでも虎次郎が「こうした傑作を日本に持ち帰り得た事は喜びに耐えない」と言って喜んだ作品は、イタリアに生まれスイスで亡くなった画家セガンティーニの「アルプスの真昼」であった。これはスイス、バーゼルの貴族が所有していたものであり、売りに出れば直ちに知らせてくれるよう、ベルリンの画商ハベルストックに 1 年も前から頼んでいたものであったが、フランスに持ち帰るにあたりバーゼルの税関でかなり困難を要している。

そして、セガンティーニとグレコの作品を購入すべきかどうかアマン＝ジャンに相談した翌日、虎次郎は孫三郎へ「セガンティーニ、グレコ買う、金送れ」と打電し、その翌日には早々、「ゴーギャン、シャバンヌ買え、金送るグレコ買ったか」との返信があるように、作品の選択は全面的に虎次郎に任せ、孫三郎がそのつど迅速に資金援助を行っていた。虎次郎がこの 3 回目のヨーロッパ留学中に収集した作品のなかには、ベルリンの美術展で購入したヘルベルト・アルノルト、ヨゼフ・ベル、フランツ・ストック、ハンス・アドルフ・ビューレルなどのドイツ絵画や、エミール・クラウスにベルギー現代作家の作品 10 点の選択を依頼して収集した一群のベルギー絵画が含まれていた。

そのなかの象徴主義を代表する画家レオン・フレデリックの畢生の大作「万有は死に帰す、されど神の愛は万有をして蘇らしめん」は、1923 年 2 月 2 日の朝、クラウスに書いてもらった紹介状を持参してフレデリックを訪問し、「日本の芸術界のため」と説得して特別に頼んで譲り受けたものだった。

とくに、ギリシャ出身のスペイン画壇の巨匠エル・グレコの「受胎告知」

は、16世紀末頃にスペインで描かれた宗教画である点で異色であったが、虎次郎がこの作品を選択した理由として、彼と親交のあった画家、須田国太郎は「近代絵画との関連を考慮したため」と指摘している[3]。事実、エル・グレコは20世紀初頭に再評価され、その近代性、とりわけセザンヌとの関連性が注目を呼んでいた。しかし、キュビスムや未来派のような当時の前衛が皆無であったことから、彼が許容する20世紀初頭のフランス画壇の新しい動向はフォーヴィスムまでと考えられる。そして、サロン・ナショナルの会員の作品が多くを占めているのは、このサロンが、当時の前衛と保守的なアカデミスムの「第三勢力」というべき存在に位置していたためである。さらに、多数の美術書も購入していることから、当時の日本人、とりわけ画学生が西洋美術を学ぶための参考資料となるようにという、虎次郎の教育的な配慮が込められていたと考えられる。

### ［全国的に知られるようになった大原コレクション］

このようにして虎次郎が労苦を重ねて収集した新作品56点が、倉敷文化協会によって、1923年8月5日から18日にかけて、倉敷尋常高等小学校で開催された「第3回泰西画家作品展覧会」に出品され、前回にも増して大きな反響を呼んだ。また、1927年4月15日から30日にかけて、恩賜京都博物館で「大原孫三郎氏所蔵・泰西名画展」が、翌年の1928年2月21日から3月12日にかけて、東京府美術館で「大原孫三郎蒐集・泰西美術展覧会」がそれぞれ開催された。こうして「大原コレクション」は全国的に知られるようになった。

その年の6月、フランス政府は、日本にフランス美術を紹介した功績に対し、孫三郎にはレジョン・ドヌール勲章、虎次郎には教育功労章二等勲章を授与している。

## 2　明治神宮聖徳記念絵画館と児島虎次郎

### a.「対露宣戦御前会議」の2人の作者—児島虎次郎と古田苞

明治神宮聖徳記念絵画館は、東京都新宿区の明治神宮外苑内にある美術館である。この絵画館の建築計画は明治天皇崩御後に持ち上がり、1919年3月に着工され、約7年半の歳月を経て1926年10月にようやく建物が完成した。大正期に着工された美術館としては、同じ年に東京・上野に開館した日本最初の公立美術館である東京府美術館（現・東京都美術館）とともに挙げることがで

きる。

中央にドームをいただく地下 1 階・地上 1 階建ての、国会議事堂を思わせる堅固で威厳のある鉄筋コンクリート造りで、1 階に入ると右手に日本画 40 点、左手に油彩画 40 点を壁にはめ込んだ展示空間が占めている。それらの壁画は延べ 250m にも達しており、来館者は、日本画、洋画の順に、明治天皇と昭憲皇太后の一代の事績をたどることができる。

これら 80 点の壁画がすべて完成したのは 1936 年 4 月である。同月 21 日午後 1 時半、閑院宮総裁をはじめとする関係者一同が聖徳記念絵画館に集い、完成記念挙行式が盛大に行われた。元東京美術学校校長の正木直彦は、著書『回顧七十年』の「神宮絵画館と画家の苦心」の項で次のように記している。「（前略）児島の異常な苦心は、いつしか関係者の間に喧伝され、等しくその情熱と周密な努力振りとに感嘆したが、是が大きな刺激となって、八十図総ての画家が、実に熱心に故実の調査研究を為すに至り、終に現在見るが如き、明治の聖大を如実に後世に伝うべき、不朽の壁画館が完成したのであった。然し、惜しい事に、児島は、此の絵に専念すること数年、病を獲て、その作品の完成を見ず、昭和 4 年に世を去った（後略）」。

このように児島虎次郎もこの国家的大プロジェクトに加わり、名誉ある揮毫者の一人として、そのなかの 1 点である「対露宣戦御前会議」を完成させようとしたが、未完のまま 1929 年に死去した。というよりは完成を目指して全精力を傾けたために、寿命を縮めたと言ったほうがより正確だろう。「対露宣戦御前会議」とは、1904 年 2 月 4 日、明治天皇を中心として 5 人の元老伊藤博文、山形有朋、大山巌、松方正義、井上馨、そして、5 人の大臣、すなわち首相桂太郎、海軍大臣山本権平、大蔵大臣曽禰荒助、外務大臣小村壽太郎、陸軍大臣寺内正毅が宮中御座所に集まり、日露戦争開戦を決定した会議であり、近代日本史のうえではきわめて重要である。この作品は、湯浅一郎作「赤十字総会行啓」と荒井睦男作「日露役旅順開戦」のあいだに展示されている。しかし、最終的に完成させた作家として、吉田苞の名が記されている。

それは虎次郎の死の翌月、大原孫三郎の勧めにより、「対露宣戦御前会議」の揮毫は、彼と親しかった画家吉田が継承することとなったためである。吉田苞は 1883 年 4 月、現在の岡山市八幡に生まれ、岡山中学校（現・岡山朝日高等学校）在学中に水彩画を学んだのち、東京美術学校西洋画科で黒田清輝、藤島武

二に師事し、1920 年、フランスに留学した。また、文展・帝展に連続して入選し、大正から昭和にかけて岡山洋画壇においても中心的指導者として重要な役割を果たしていた。虎次郎とは幼少の頃から親交があり、「対露宣戦御前会議」の制作に際しても助手のような役割を果たしていることから、孫三郎は虎次郎の後継者として吉田が適任だと考えたのである。

　虎次郎の死去の翌月に吉田は揮毫を引き受けると、虎次郎の構想を踏襲し構図に 1 年を要し翌年 6 月に下絵を完成させ、次の年から本カンヴァスに着手し、3 年を費やして、1934 年 2 月に完成させている。

## b.「対露宣戦御前会議」の制作過程

　明治天皇の崩御ののち、1915 年 5 月、内務省告によって、東京代々木に明治神宮の社殿を建設し、明治天皇・昭憲皇太后の二柱を祭祀する旨が発表され、翌年 5 月、外苑の造営と献金募集を主目的とする財団法人神宮奉賛会が創立された。また、建物の設計に関しては明治神宮造営局で審議され、懸賞金を設けて図案を公募することにし、1918 年、募集規定を発表した。156 案が提出されたなかで、小林正紹が 1 等賞を獲得するが、造営局は小林案を基本にして修正を加え、1919 年 8 月に高橋貞太郎と小林政一による最終案が完成した。

　そして、80 点の壁画完成までの一連の準備段階のうち最も検討を要したのは、画題の選定だった。「御降誕」から「大葬」までの画題 80 題が決定するまでの経過は以下のようであった。1917 年、奉賛会は維新史料編纂会や臨時帝室編修局の案も吟味したうえで、自ら画題の選定にあたり、同年に開催された第 1 回絵画館委員会で本格的に画題決定について討議し、その席上、天皇のみならず昭憲皇太后の事績も加えた方がよいのではないかという提案もなされた。以後、昭憲皇太后の事績の追加と勧業事業の増補を主な議題として、絵画館委員会は十数回を重ねることにより、4 年もの歳月を経て画題 80 題が正式に決定し、1921 年 10 月、二世五姓田芳柳がそれぞれの考証図を完成させている。

　しかしここに至り、日本画家、洋画家それぞれの対応の仕方にズレが生じるようになり、1923 年 2 月、日本画家 32 名は、聖徳記念絵画館を聖徳記念美術館に改称し、事績を表す壁画を中止すべきとの建議を発した。さらに 9 月、関東大震災が起こったが、建設中の建物に損害は生じなかった。12 月には第 1 回壁画調整委員会が開催され、そこで、壁画の寸法は画一主義を採用することにし、第 1 号から 40 号までを日本画、第 41 号から 80 号までを洋画とする

図2　児島矩一作
「明治天皇胸像」
（1927年、石膏）

図3　児島矩一作
「寺内正毅胸像」
（1927年、石膏）

図4　児島矩一作
「小村壽太郎胸像」
（1927年、石膏）

ことが決められた。このような取り決めに批判的だった横山大観、下村観山、川合玉堂は委員を辞任し、後任として結城素明、吉川霊華、平福百穂（平福の死後、鏑木清方が後任となる）が選ばれた。こうして、揮毫者がほぼ決定したのは1925年11月である。

　児島虎次郎に揮毫の依頼があったのは、1924年12月末であった。東京美術学校教授の長原孝太郎から揮毫を依頼する書簡が送られており、同日に小林万吾からも承諾を進める書簡が届けられたため、虎次郎は孫三郎に相談したところ、「課された画題が画題であるから、今一度、慎重に考えたうえで、諾否は自由に任す」とのことであった。判断しかねて恩師、藤島武二に相談の手紙を出すと、「性質上、史実を重んじ、絶対自由を尊ぶ純芸術家にとってはあまり面白い仕事とも思えないが」と前置きをしたうえで、揮毫依頼に対する承諾を求めている。こうした藤島の説得により、ようやく虎次郎は「対露布告御前会議」の揮毫を決意したのである。

　その後、1925年から、虎次郎は徹底した準備を行う。簡単な考証図1枚と史実の概要しか用意されなかったため、描くべき史実、列席者たちの服装、表御座所の調度品や建築の細部に至るまで、すべて一人で調査しなければならなかった。最も苦労したのは、重大な歴史的瞬間を決定した明治天皇と列席者たちの表情を描くことだった。そのために虎次郎は、明治天皇像の制作者の山口長男宅にあった銅像の原型を許可を得て撮影し、その写真を基に、甥で東京美術学校を卒業した児島矩一に、明治天皇をはじめとする「対露宣戦御前会議」の列席者たちの石膏像を制作させていた（図2、図3、図4）。こうした資料に基

づき下絵を作成、倉敷の自邸内に建てた壁画制
作のための画室のなかに、会議が行われた宮中
御座所の模造建築を再現させ、許可を得て複製
した椅子やテーブルを並べ列席者たちの石膏像
を設置するなどして当時の状況をできる限り忠
実に再現し、いよいよ本図を着手しようとした
ところで倒れ、「対露宣戦御前会議」は未完の
まま（図5）、1929年3月8日47歳で急逝した。

図5　児島虎次郎作
「対露宣戦御前会議習作」
（1927年、油彩、バフン紙）

## おわりに―美術館は生まれ変わる―

### a. 高梁市成羽美術館とオリエント・コレクション

　虎次郎の生まれ故郷の成羽町は岡山県の西南部に位置し、山と川に抱かれた
山郷である。約82㎢の面積をもち、中西部の吉備高原の深いV字谷を抜けた
成羽川が初めてゆったりとした川幅となり、左右にこじんまりとした平地をも
つ所に町並みがある。

　1953年8月8日、成羽町は、郷土の芸術家児島虎次郎の画業を顕彰すると
ともに、現代の優れた美術を展覧する美術館を設立するため、成羽町下原柳丁
に、岡山県初の町立美術館として開館させた。また、この地は恐竜時代の幕開
けとなる時期の「中生代の化石のメッカ」としても世界的に有名であり、日本
最古の植物群の化石も展示した。

　その後、1967年、児島家から児島虎次郎の絵画ならびに収集品を寄託され
たのを機に、成羽町下原新町に成羽文化センターに併設して2代目の美術館・
博物館を建築開館した。その後、ルーヴル美術館の代表的な古代ギリシャ彫刻
「サモトラケのニケ」の複製を郷土出身の彫刻家赤木喜三郎氏と宮本隆氏の尽
力で設置している。

　さらに1993（平成5）年、児島家から虎次郎の遺作絵画91点およびオリエン
ト、中国等の収集品など520点が成羽町へ寄贈され、あわせて成羽町美術館振
興財団が発足した。そして、その翌年の1994年11月4日、世界的建築家安藤
忠雄の設計により3代目として生まれ変わった成羽美術館が開館（図6）、2009
年、市町村合併により高梁市成羽美術館へ名称変更をし、現在に至るまで地域

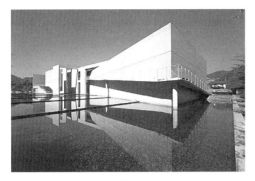

図6　高梁市成羽美術館の外観

図7　人形棺断片 第3中間期
　　　（第21王朝）、木

のコミュニティセンターとしても活発に活動を行っている。

　ここで虎次郎が収集したオリエント・コレクションについても述べておきたい。

　明治から大正期にかけて我が国で形成された本格的な三つのエジプト・コレクションが形成された。それは次のとおりである。まず、横浜正金銀行ロンドン支店に勤務していた武内金平によるものを第1号として、次に、京都帝国大学文学部で教鞭をとっていた濱田耕作の英国発掘財団への資金援助の見返りに同大学が受領した、日本最大のコレクション、そして、大原孫三郎の支援のもとに虎次郎が収集したコレクションである[4]。

　一方、虎次郎によって収集されたオリエント・コレクションは、倉敷で開催された「第3回泰西名画家作品展覧会」と同時に「埃及・波斯及土耳古陶器展覧会」（出品数61点）で公開された。また、恩賜京都博物館の「外邦古陶器陳列展」にエジプト、トルコ、ペルシャの古陶器が、さらに東京府美術館で「エジプト、ペルシャ古美術展覧会」が西洋名画とともに展示された。しかし、これらの展覧会は、西洋名画の爆発的人気の陰に隠れて、当時の一般の人々にはあまり関心を持たれなかった。

　虎次郎はこれらの収集品について「埃及〔エジプト〕古美術中其の重なものは巴里の知名な古美術商で買ひました。一部はカイロ古美術商から求めたものもあります。波斯〔ペルシャ〕陶器の方は巴里の専門店で求めました。又フケ博士の破片は、同氏がカイロ在住中 蒐 集した二千数百点の逸品の約四分の

※左から図8、図9、図10。

図8　ライアのシャブティ　新王国時代後半、木
　　　シャブティとは、古代エジプトの副葬品で
　　　ミイラ姿の小像のこと。

図9　パネジェム2世のシャブティ　第3中間
　　　期（第21王朝）、ファイアンス

図10　プセムテクのシャブティ　末期王朝時代
　　　　ファイアンス

一を未亡人より分譲して頂いたのでした。部分的ながら世界的な破片のコレクションを日本は持ち得た次第であります」[5]と述べているように、とりわけ古代エジプト美術に関しては、西洋美術に劣らない情熱を持って「大原コレクション」に加えたのである（図7、図8、図9、図10）。

　虎次郎は倉敷・酒津の無為村荘で「人間は進歩するのではない。エジプトや中国の古代文化は全く驚嘆するものであって、それ以来人間はあれだけのものを造ったことがない。むしろ退化の歴史でしかない」と孫三郎の息子總一郎に語っていた。1926年、彼は無為村荘のアトリエの傍らに日本・中国・エジプト様式が併存した、当時は「談話室」と呼ばれた「無為堂」の建築を完成させており、今もその姿をとどめている。

　また、西洋、中国、朝鮮半島の陶磁器も収集していることから、コレクション全体の規模は大きいものではなかったが、虎次郎の美術館構想は、同時代のフランスを中心とした西洋の近代美術から出発しヨーロッパを相対化し、文明史的な総合美術館へと発展していったのである。

## b. 新たに「新児島館」が開館

　1930年、大原美術館設立にあたり、大原孫三郎は「泰西画家並びに古代エジプトの古芸術品或は外邦古器類を陳列する目的」のために建設したと述べている。このことから虎次郎が西洋絵画のみならず、東洋・西洋の古陶器類も同様に、美術館設立のために必要なコレクションとして収集していたことは明らかである。そして、収集の一切を任されていた虎次郎は、収集品から判断する

　と、西洋と東洋の総合美術館としての構想を抱いていたのではないかと考えられる。それは彼の画業も同様であり、東洋と西洋が交差する「複眼的視座の具現化」への試みだった。

　大原美術館は1935年に財団法人として許可され、孫三郎の遺志を継ぎ息子の總一郎、孫の謙一郎、曾孫のあかね四代にわたり、初期のコレクションをさらに充実させ、現代美術にまでその範疇を広げるなど、今も進化し続けている。

　1972年11月より、倉敷紡績の旧工場内にあった倉庫を改造し、児島虎次郎室として児島虎次郎作品を公開した。そして、1978年1月には、倉敷アイビー・スクエア（倉敷紡績旧工場を改造したホテル）として改修された倉庫に、エジプト、イラン、イスラムの古美術品を展示するオリエント室を開設した。さらに1981年7月、その倉庫を改造し、西洋絵画室を開設した。その児島虎次郎室、およびオリエント室、西洋絵画室の3室はいずれも児島虎次郎の収集に関するところから、大原美術館・児島虎次郎記念館と総称した。

　しかし、建物や展示ケースの老朽化のため2017（平成29）年に閉館、大原美術館の設計を行った建築家、薬師寺主計により1922年に竣工した第一合同銀行倉敷支店（現・中国銀行倉敷本町出張所）の建物を改修し、2022（令和4）年4月、新児島館（仮称）として再オープンした。今後、ここにはオリエントの古美術品や児島虎次郎作品が展示され、①美術品の展示・保存、②教育普及・鑑賞支援事業の拠点、③研究機関機能、④建物の保存・活用の機能を担う予定である。

註
1）　有島生馬　1914「印象派の流」『読売新聞』（10月27日付）参照
2）　辻　永　1922「倉敷の名画を見る」『中央美術』（第8巻2号、2月）p.26 参照
3）　須田国太郎　1963『近代絵画とレアリスム』中央公論美術出版、p.288 参照
4）　鈴木まどか　2005「日本における古代エジプトコレクションとその保存」『倉敷芸術
　　科学大学紀要　第10号』pp.25-36 参照
5）　児島虎次郎　1928「大原氏収集に就て」『美之国』（第4巻4号、4月）pp.44-49 参照
図1~10はすべて高梁市成羽美術館所蔵

引用・参考文献
Aomi Okabe 1987 "Origine de la Collection du Musée Ohara, Archetype du Musée d'Art
　　contemporain au Japon", Diplôme de la recherche de l'Ecole du Louvre.
大原美術館　1991『大原美術館所蔵品目録』

大原美術館　2011『生誕130年　児島虎次郎―あなたを知りたい』

児島直平　1967『児島直平略伝』児島虎次郎伝記編纂室

澤原一志監修　2022『児島虎次郎　古代エジプト蒐集録』高梁市成羽美術館

高梁市成羽美術館　2011『生誕130年記念展　綜合デザイナー児島虎次郎　生活の芸術化
　　をめざして』

高梁市成羽美術館　2016『高梁市成羽美術館所蔵品選　児島虎次郎』

高梁市成羽美術館編　2019『児島虎次郎と高梁市成羽美術館』（岡山文庫315）

「没後70年・児島虎次郎展」実行委員会　1999『没後70年・児島虎次郎』

松岡智子・時任英人　1999『児島虎次郎』山陽新聞社

松岡智子　2005『児島虎次郎研究』中央公論美術出版

コラム

# 偉人の顕彰と近代の文書資料

石川由希

## はじめに

　世の中には、博物館、美術館、文書館など歴史資料を取り扱う施設はさまざまある。それぞれ特徴があり、また施設ごとに主眼としていることは違っているが、ここでは偉人を顕彰する施設の一例として、私が働いている犬養木堂記念館を紹介する。

## 1　偉人の顕彰

　偉人の顕彰とは、功績を残した先人のあまり知られていない善行を含め、広く世に伝えることである。先人の功績は、政治、教育、産業、芸術など各方面に及び、先人の名前を冠している顕彰会が各地に存在している。顕彰の手段も書籍の発行、碑の建立、勉強会などさまざまであるが、書籍の発行や碑の建立などの場合、完成してそこで顕彰活動が終了してしまうことも多い。また、拠点となる施設が建設される場合もあり、先人の顕彰施設は全国で数百、岡山県内でも 10 以上はある。なお、これは個人で設置している規模のものは含めていないので、それを含めると、数はさらに増える。このように顕彰の仕方や規模はさまざまである。

## 2　犬養毅を顕彰する犬養木堂記念館

　犬養木堂とは、明治から昭和にかけて活躍した岡山出身の政治家、犬養　毅（号　木堂）のことで、政党政治の確立や選挙制度の改正に尽力し、1931（昭和6）年 12 月に内閣総理大臣に就任、翌年 5 月に起こった五・一五事件で首相官邸において海軍青年将校らの凶弾に倒れて亡くなった人物である。

　この犬養毅を顕彰するため、1993（平成5）年、岡山市北区川入にあった国指定重要文化財の旧犬養家住宅　（木堂生家）の隣接地に、岡山県が記念館を建設

図1　犬養毅

した。岡山県条例（犬養木堂記念館条例）には設置目的として「我が国の政党政治史上において大きな役割を果たした犬養木堂の功績をたたえるとともに、地域文化の振興に役立てるため、犬養木堂記念館を岡山市に設置する。」とある。また、この記念館の管理は指定管理者が行うと記されており、2023（令和5）年現在、管理・運営は、公益財団法人岡山県郷土文化財団が指定を受けて行っている。なお、犬養と同時代の政治・経済人を対象とした公立の顕彰施設で指定管理者が運営を行っている施設は、原敬記念館（秋田県盛岡市）、尾崎咢堂記念館（三重県伊勢市）、渋沢栄一記念館（埼玉県深谷市）などがあり、資料展示などを行い顕彰している。

　犬養木堂記念館では顕彰事業として、まず施設内にある常設展示室で、犬養の生涯を紹介する展示を行っている。約1万点の収蔵資料から100点ほどを選び、犬養の生涯を政治家以前、政治家時代、晩年に分けて、各時代に即した資料を設置されたケースに展示している。なお、季節によって少し展示資料を変更することがある。

　常設展示以外にも表1のようにテーマを決め、年2回企画展を開催して犬養のさまざまな面を紹介するとともに、「一品展」と題して、普段なかなか展示して説明しきれない資料を詳しく紹介する展示も年2回行っている。また、犬養が書を趣味としていたこともあり、次代を担う子どもたちに犬養への親しみを持ってもらうため、岡山県下の小中学生を対象とした書道展を毎年行っている。

表1　最近5年間の企画展示

| No. | 展覧会名 | 年 | 開催期間 |
|---|---|---|---|
| 38 | 犬養木堂記念館開館25周年記念 夏の特別展「木堂さんと西郷さん」 | 2018 | 8/1～8/31 |
| 39 | 犬養道子氏追悼展示　「道チャンとおじいちゃま」 | 2018 | 10/10～12/6 |
| 40 | 石碑に刻まれた 木堂の書 | 2019 | 8/1～8/31 |
| 41 | 写真に残る木堂の姿 | 2019 | 10/9～12/5 |
| 42 | 木堂の屏風展 | 2020 | 8/1～8/31 |
| 43 | 犬養木堂の趣味 | 2020 | 10/7～12/3 |
| 44 | 石碑に刻まれた 木堂の書2 | 2021 | 7/22～8/19 |
| 45 | 木堂と子どもたち―父親としての木堂 | 2021 | 10/1～12/1 |
| 46 | 没後90年プロローグ企画「木堂最期の五ヶ月」 | 2022 | 5/15～6/19 |
| 47 | 没後90年記念「犬養木堂遺墨展」 | 2022 | 7/30～9/25<br>10/1～11/27 |

　このほかに、五・一五事件が起こった５月15日に、犬養についての講演や生け花の展示、お茶の接待、箏の演奏を行って犬養をしのぶ「木堂祭」や、整備されている日本庭園が紅葉する頃にもイベントを行っている。

　このように年間通じて顕彰活動が行える拠点があることは、常時情報を発信することができるので、顕彰には有益である。

# 3　近代の文書資料

　犬養は、1855（安政2）年という江戸時代の生まれであるが、活躍したのは明治から昭和初期で、日本史では近代である。近世までの資料は、時間の経過があり、良し悪しは別にして厳選はされているが、近代や現代は、経過が短く、いまだ個人の蔵や物置などに仕舞われたままのものが多く存在している。そのため、種類は多種多様で、どのようなものが資料になるかも未確定である。一見、落書きに見えるものが後年の調査で重要な資料となる可能性もあり、百貨店の包装紙などでも各時代のものを保存していけば、資料となり得るのである。

　犬養木堂記念館は、犬養を顕彰する常設の施設であることから、犬養に関する資料を寄贈したいという話が集まってくる。ここ５、６年でも、犬養の書や手紙、写真、犬養について記された文献や新聞など100点以上の寄贈を受けている。これらの資料は近代や現代のもので、犬養木堂記念館の収蔵品は近現代の資料がほとんどといえる。直接犬養が関わった実物資料では文書―特に手紙類が多くある。犬養が使用していた硯や墨、また衣類なども収蔵しているが、書籍を含めると紙を使った資料が多数を占める。

　日本史の紙資料といえば、差出人と受取人が明らかで用件が記されている中世までの書類である古文書や、同様の江戸時代の書類である近世文書などが思い浮かぶが、これらはほとんど和紙である。しかし近代になると、洋紙が入ってきて使用されるようになり、また機械化されて薬品を使用した紙も出てくるようになる。このような紙は酸性のものが多く、今までの手漉き和紙より耐久性は弱く、比較的短期間で変色、また折れから紙の繊維が分離するなど、劣化が進みやすく、注意が必要となる。

図2　調湿剤（アートソーブ、右）と
　　　防虫剤（バグレス、左）

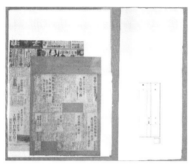

図3　透明フォルダー（右）と
　　　保存袋（左）

## 4　資料の取扱

　施設に集まった資料は、引き継がれていかなければならない。通常、資料の保存とは、現状のまま引き継がれていくようにすることであるが、資料にはさまざまな障害―シミ、シンバムシなど害虫やカビなど生物による侵蝕被害、湿度や温度による素材などの変質劣化、酸性紙の酸性劣化などの科学的変化など―がある。このほかにも、資料の調査や展示などで利用している際の光による劣化、埃や菌の付着などの危険要因がある。資料を利用する限り、すべてを防ぐことは無理であるが、防虫剤、中性紙の資料保存袋や箱、文化財・美術工芸品用の調湿剤、無酸素パック（脱酸素剤利用）など、現状維持に努めるための装備はいろいろあり、それらを活用している。先に述べた酸性紙の資料（多くは新聞や雑誌など）は、中性紙の袋やフォルダー、ガス吸着シートが挟まれたポリエステルフィルム製の透明フォルダーなどに入れている。

　しかし、資料が施設内で一番危険にさらされるのは、直接資料に触れるときである。その対策は、とても基本的なことである。障害物の撤去や清掃、動線の確保、手を洗ってよく乾かして他の物に触れないことや資料を触る直前に手袋をすること（カビや虫の発生原因となる油分や埃などの付着を防ぐ）、資料の前で話をしない（飛沫防止）など。しかし、気を抜くと、洗った手で髪や顔などを触り再度手を洗う、ことになるので注意が必要である。個人的には「資料に自然治癒力はない」と思って取り扱っている。なお、資料に損傷などがあり、修復が必要な場合もあるが、予算的な問題で、損傷が広がらないように覆うなど一時的な処置しかできていないのが現状である。

## 5　資料の展示

　展示室を備えている顕彰施設では、展示は極めて重要な手段である。犬養木堂記念館も常設展示と企画展示で、犬養のさまざまな面を、収蔵資料を利用して紹介しているが、展示をするにあたっては次の点を留意している。

　常設展示は、犬養の生涯に即して資料を年代順に並べるケース内展示と、年譜（犬養木堂とその時代）をパネルで紹介する展示に分かれている。図4のように、これらの展示は背中合わせとなり、資料を見る際に犬養の生涯の流れとの関連性がわかり難いので、図5のように①ケース外へ説明パネルを設置し、予備知識を得てから資料見学ができるようにしている。また、犬養の時代と現在は、違う憲法や制度であることを説明するため、別に説明パネルをケース外に掲示している。これは、説明パネルを資料の近くに設置すると、見てほしい資料が埋没するのを避けるためでもある。②ケース内では、資料の説明キャプションは、高齢者の方にも見やすく大きめにしている。また、くずし字の資料については、別に説明キャプションを作成、長文の場合はポイントのみの内容説明にするなど、犬養にあまり興

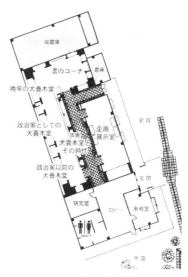

図4　記念館平面図

図5　説明パネルをケース外に展示

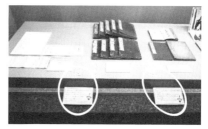

図6　年少の見学者用

図7　資料を引き立てる展示

味がない来館者でも飽きないようにしている。③年少の見学用に数点資料を選び、図6のようにケース前に簡略な説明、ケース内にその資料を指さしているキャラクターを設置し、見学者を誘導するようにしている。

　企画展示は、テーマをしぼっているので、より詳しい説明が必要となる。そのため、説明文も資料についてのものや、時代や行動などのパートごとのものなど量も多くなる。これらの説明文が長いと見学者の負担になるので、資料については200文字以内、説明パネルは500文字以内を目安として心掛けている。

　資料そのものは、見学者の視線が上下して疲れないように、特に壁面の場合は、資料の中心線をそろえる。また、くずし字で書かれている資料の内容を説明したものや歴史的背景、用語説明などを追加する必要があり、ケース内が煩雑となる場合は、図7のようにコントラストをつけて資料へ目線が向くよう誘導する工夫をしている。

　いろいろと具体的に説明したが、要するに、如何（いか）にわかりやすく情報を発信するか、である。調査・研究を続けていくと、犬養についての予備知識が少ない一般の人との常識が乖離（かいり）してくるので、その点は気を付けなければならない。


## おわりに

　偉人を顕彰する施設は、その先人の功績を紹介するのはもちろん、さまざまな側面も紹介していかなければならない。また常設ということから、資料や情報なども集まりやすく、それを引き継ぎ伝えていくことも重要である。また研究の拠点にもなりうるので、それに応えていくことも必要である。

　偉人を顕彰している施設の実例として犬養木堂記念館の場合を説明したが、残念ながらここで説明したことが最上とは言えない。現実には予算が関係し、妥協することもある。しかし、常設の施設としては、情報を発信し続ける―継続することが大事である。

# 近現代窯業資料の保存と活用

德澤啓一

## はじめに

　わが国では、工芸と産業の持続的な発展の中で、さまざまな作品・製品等が残されてきた。しかしながら、わが国の伝統的な手工業は、幕末期以降、欧米の技術が移植され、産業革命という破壊的なイノベーションに翻弄されることになった。また、巷では、欧化という生活文化の変容によって、これらに対する顧客の趣味・趣向が漸変し、手工業製品の需給関係が大きく転換していった。とりわけ、廃仏毀釈に代表される厭旧尚新の気風の中では、刀剣等に代表されるとおり、わが国の伝統的な文物とその様式美が顧みられなくなり、これらを生み出してきた作家・生産者等が新たな時代に適応する必要に迫られ、廃業や業態転換等を余儀なくされた。

　これらのうち、陶器業に関しては、明治期以降、殖産興業の一角を占めるようになり、貿易上の主要な輸出品目となった。こうした中で、ジャポニズム（日本趣味）に象徴されるように、わが国の伝統的な美意識に対する海外からのまなざしに応えることで、経済的な勃興を成し遂げた事業者もあった。

　また、幕末期には、大砲鋳造や反射炉建設、明治期以降になると、重工業を支える施設・設備の構築建材として、耐火煉瓦、セメント、ガラス、タイル、そして、碍子等の近代新材が生産されるようになり、急速に製陶業の近代化が推し進められた。

　このように、陶器業・製陶業にかかる製品や技術、そして、これらの変遷とともに、多様な近代窯業関係資料（文化財・文化遺産）が残されたものの、その後の技術の革新や新たに投資された施設・設備に置き換えられ、これらの存続や保存が難しくなってきている。

　こうした窯業に関するミュージアムでは、作品・製品の保存、作家・生産者

の顕彰や展示を主な目的としてきたもの、近年、文化財（オブジェクト）・文化遺産（モニュメント）の群的・面的な「まとまり」をもとに、保存と活用の両立を図りながら、新しい地域づくりに役立てる手立てが構じられつつある。そうした中で、技術の変遷やこれを支えてきた分業・協業といった生態（エコシステム）の展示が試行されるようになってきた。

　ここでは、近代以降の窯業に関する文化財・文化遺産の保存から活用というフレームワークの変遷を整理するとともに、ツーリズムとの関係の中で求められるミュージアムの新たな役割等、将来の方向性を見通してみたい。

# 1　近代窯業関係資料の保存に関するフレームワークとその変遷

## （1）文化財（文化庁）

　1950（昭和25）年に公布された文化財保護法は、古器旧物保存方からの流れを汲み、数多くの陶磁器等が重要文化財、登録有形文化財、重要有形民俗文化財、登録有形民俗文化財に指定・登録された。また、陶器業・製陶業のような工芸技術に関しては、無形文化財として定義され、その技術を高度に体現できる個人又は団体を無形文化財（重要無形文化財―登録無形文化財―記録作成等の措置を講ずべき無形文化財）に指定・登録・選択している（表1）。このうち、重要無形文化財保持者（人間国宝）に関しては、無形文化財の保存と後継者の育成を目的として、1955年、公益財団法人日本工芸士会が設立されている[1]。

## （2）伝統的工芸品（経済産業省）

　伝統的工芸品は、「伝統的工芸品産業の振興に関する法律」（1974年法律第57号・以下「伝産法[2]」）によると、「1.主として日常生活の用に供されるものであること。2.その製造過程の主要部分が手工業的であること。3.伝統的な技術又は技法により製造されるものであること。4.伝統的に使用されてきた原材料が主たる原材料として用いられ、製造されるものであること。5.一定の地域において少なくない数の者がその製造を行い、又はその製造に従事しているものであること。」と定義されており、241品目が経済産業大臣による伝統的工芸品に指定されている（2023（令和5）年10月26日時点）。13業種のうち、窯業に関しては、「陶磁器」において、32品目の指定がある（表2）[3]。

　また、一般財団法人伝統的工芸品産業振興協会では、経済産業大臣指定の伝

表 1　近代以降の窯業の所産（陶磁器）に関する文化財

| 件名 | 種別 | 備考 |
|---|---|---|
| **登録有形文化財** | | |
| 福井県陶磁器資料<br>（水野九右衛門コレクション） | 登録工芸品 | |
| 有田磁器（柴田夫妻コレクション） | 登録工芸品 | |
| **重要無形文化財** | | **保持者（雅号）・保持団体** |
| 色絵磁器 | 工芸技術（陶芸） | 今泉今右衛門<br>（14 代今泉今右衛門） |
| 色鍋島 | 工芸技術（陶芸） | 色鍋島今右衛門技術保存会 |
| 小鹿田焼 | 工芸技術（陶芸） | 小鹿田焼技術保存会 |
| 柿右衛門（濁手） | 工芸技術（陶芸） | 柿右衛門製陶技術保存会 |
| 小石原焼 | 工芸技術（陶芸） | 福嶋善三（福島善三） |
| 志野 | 工芸技術（陶芸） | 鈴木藏 |
| 鉄釉陶器 | 工芸技術（陶芸） | 原清 |
| 白磁 | 工芸技術（陶芸） | 井上萬二、前田昭博 |
| 備前焼 | 工芸技術（陶芸） | 伊勢﨑惇（伊勢﨑淳） |
| 無名異焼 | 工芸技術（陶芸） | 伊藤窯一（5 代伊藤赤水） |
| 釉裏金彩 | 工芸技術（陶芸） | 吉田稔（吉田美統） |
| **記録作成等の措置を講ずべき無形文化財** | | |
| 上絵付（色鍋島） | 工芸技術（陶芸） | 1957 年 |
| 上絵付（黄地紅彩） | 工芸技術（陶芸） | 1957 年 |
| 織部 | 工芸技術（陶芸） | 1957 年 |
| 小鹿田焼 | 工芸技術（陶芸） | 1970 年 |
| 柿右衛門 | 工芸技術（陶芸） | 1955 年 |
| 唐津焼 | 工芸技術（陶芸） | 1955 年 |
| 磁器大物成型のろくろ技法 | 工芸技術（陶芸） | 1964 年 |
| 祥瑞 | 工芸技術（陶芸） | 1955 年 |
| 辰砂 | 工芸技術（陶芸） | 1957 年 |
| 青磁 | 工芸技術（陶芸） | 1957 年 |
| 瀬戸丸窯 | 工芸技術（陶芸） | 1957 年 |
| 丹波立杭窯 | 工芸技術（陶芸） | 1957 年 |
| 壷屋の荒焼 | 工芸技術（陶芸） | 1977 年 |
| 萩焼 | 工芸技術（陶芸） | 1957 年 |
| 楽焼 | 工芸技術（陶芸） | 1978 年 |
| **重要有形民俗文化財** | | |
| 大宝寺焼コレクション | 衣食住に用いられるもの | |
| 染屋焼コレクション | 衣食住に用いられるもの | |
| 瀬戸の陶磁器の生産用具及び製品 | 生産、生業に用いられるもの | |
| 常滑の陶器の生産用具・製品及び登窯 | 生産、生業に用いられるもの | |
| 丹波焼コレクション | 衣食住に用いられるもの | |
| 美濃の陶磁器生産用具及び製品 | 生産、生業に用いられるもの | |
| **重要文化的景観** | | |
| 小鹿田焼の里 | 採掘・製造に関する景観地 | |

国指定等文化財データーベースから一部を抜粋（出所 :https://kunishitei.bunka.go.jp/bsys/index/）

表2　伝統的工芸品「陶磁器」

| 件名（所在地） |
| --- |
| 大堀相馬焼（福島県浪江町） |
| 会津本郷焼（福島県会津美里町） |
| 笠間焼（茨城県笠間市） |
| 益子焼（栃木県益子町） |
| 九谷焼（石川県金沢市） |
| 美濃焼（岐阜県土岐市） |
| 常滑焼（愛知県常滑市） |
| 赤津焼（愛知県瀬戸市） |
| 瀬戸染付焼（愛知県瀬戸市） |
| 三州鬼瓦工芸品（愛知県高浜市） |
| 四日市萬古焼（三重県四日市市） |
| 伊賀焼（三重県伊賀市） |
| 越前焼（福井県越前町） |
| 信楽焼（滋賀県甲賀市） |
| 京焼・清水焼（京都市） |
| 丹波立杭焼（兵庫県丹波篠山市） |
| 出石焼（兵庫県豊岡市） |
| 石見焼（島根県江津市）・図1 |
| 備前焼（岡山県備前市） |
| 萩焼（山口県萩市） |
| 大谷焼（徳島県鳴門市） |
| 砥部焼（愛媛県砥部町） |
| 小石原焼（福岡県東峰村） |
| 上野焼（福岡県福智町） |
| 伊万里焼（佐賀県伊万里市）・有田焼（佐賀県有田町） |
| 唐津焼（佐賀県唐津市） |
| 三川内焼（長崎県佐世保市）・図2 |
| 波佐見焼（長崎県波佐見町） |
| 小代焼（熊本県荒尾市） |
| 天草陶磁器（熊本県天草市） |
| 薩摩焼（鹿児島県姶良市） |
| 壺屋焼（沖縄県那覇市） |

統的工芸品の製造に従事し、高度な工芸技術を保持する技術者を「伝統工芸士」に認定している[4]。

こうした伝統的工芸品の産地には、全国伝統的工芸品産業会館（以下、「伝産館」）が展開しており、伝統的工芸品産業の展示を通じて、これを広く紹介し、その振興を図るため、国や地方公共団体、産地組合等の出資で設立されている（図2）[5]。

## (3) 近代化遺産（文化庁）

「幕末から第二次世界大戦期までの間に、近代的手法によって建設され、我が国の近代化に貢献した産業、交通、土木に関する遺産のこと」（全国近代化遺産活用連絡協議会）とされている[6]。

1990（平成2）年、近代化遺産総合調査が実施され、1993年、文化財保護法上の重要文化財の「建造物」の枠組みにおいて、近代化遺産が設けられた[7]。このうち、窯業に関しては、当時の主要建材であった煉瓦やセメント等の製造にかかわる施設や窯等が指定されている。旧下野煉化製造会社煉瓦窯（栃木県野木町・1979年）、日本煉瓦製造株式会社旧煉瓦製造施設（埼玉県深谷市・1997年）、旧小野田セメント製造株式会社竪窯（山口県山陽小野田市・2004年）等が挙げられる。

## (4) 文化的景観（文化庁）

世界遺産条約履行のための作業指針は、1977年の採択から約4年毎に改定され、2000年の第2版では、文化的景観の保護、持続可能な開発（SDGs）との調和、地域社会との協力等が盛り込まれた。

**図1　石見焼・石州嶋田窯**
（島根県江津市）

石見焼は、来待釉・長石釉等が用いられ、耐火、耐水、耐塩、耐酸、耐アルカリという高耐久性に特徴がある。「丸もの」で名高く、「はんどう」と呼ばれる甕、擂鉢、片口等を製造している。石州嶋田窯は、1935（昭和10）年に創業され、現在操業している連房式登窯1基に関しては、生産量の減少に伴って、全13房中4房に縮小して稼働している。

**図2　三川内焼美術館・伝統産業会館**
（長崎県佐世保市）

三川内皿山では、1633（寛永10）年、網代陶石の発見後、磁器生産が開始された。江戸後期になると、平戸藩の御用窯として、純白極薄の卵殻手、捻り細工、透かし彫り等の優れた技術の陶磁が生み出された。皿山地区に隣接する美術館・伝産館では、近世以降の三川内焼の優品とともに、現代窯元（陶工）とその多様な作品が展示されている。

　わが国では、2004年、文化財保護法改正で追加されたカテゴリであり、歴史や風土に根差した暮らしの景観とされた。窯業に関しては、2008年、「採掘・製造に関する景観地」として、小鹿田焼の里（大分県日田市）が重要文化的景観に選定されている[8]。

## (5) 近代化産業遺産（経済産業省）

　1990年代以降、伝統工芸産業、近代産業に関する遺産に関心が集まるようになり、文化庁が所管する文化財保護法上の近代化遺産と異なる枠組みとして、経済産業省は、わが国の産業の近代化に貢献した建造物、設備機械、文書等を近代化産業遺産と定義し、とりわけ、地域観光資源として活用するための方策を検討してきた。経済産業省は、地域史・産業史の視点から「これらの歴史的価値をより顕在化させ、地域活性化の有益な「種」として、地域の活性化に役立てる」ため、これらを大臣認定することになった。その結果、2007年11月「近代化産業遺産群33」として33件の「近代化産業遺産ストーリー」と575件の認定遺産を公表している[9]。このうち、窯業に関する物件としては、「4.建造物の近代化に貢献した赤煉瓦生産などの歩みを物語る近代化産業遺産

表3　近代以降の窯業に関する文化財及び文化遺産とその構成遺産

| |
|---|
| **33-1-4. 建造物の近代化に貢献した赤煉瓦生産などの歩みを物語る近代化産業遺産群** |
| a. 喜多方市の赤煉瓦製造関連遺産と建造物（登り窯、大和川酒造煉瓦煙突、喜多の華酒造煉瓦煙突、吉の川酒造煉瓦煙突、甲斐本家煉瓦煙突、若菜家煉瓦蔵、若喜商店煉瓦座敷蔵、煉瓦米蔵、金田洋品店）、b. 下都賀郡野木町の赤煉瓦製造関連遺産（旧下野煉化製造会社）（瓦窯）、c. 安中市の碓氷峠鉄道施設群（赤煉瓦建造物）（碓氷峠鉄道施設碓氷第2`6橋梁、碓氷第1`10隧道、旧丸山変電所）、d. 深谷市の赤煉瓦製造関連遺産（旧日本煉瓦製造会社）（ホフマン輪窯6号窯、旧変電室、備前渠鉄橋）、e. 春日部市の赤煉瓦建造物（倉松浄水場）、f. 千代田区の赤煉瓦建造物（東京駅）、g. 葛飾区の赤煉瓦建造物（閘門橋）、h. 松戸市の赤煉瓦建造物（柳原水閘）、i. 近江八幡市の赤煉瓦製造関連遺産（旧中川煉瓦製造所）ホフマン窯、事務所、機械場、縄縫工場）j. 舞鶴市の赤煉瓦製造関連遺産（旧神崎煉瓦）と建造物（舞鶴市立赤れんが博物館、舞鶴市政記念館、まいづる智恵蔵、舞鶴倉庫㈱北吸6・7号倉庫、近畿財務局煉瓦倉庫、海上自衛隊舞鶴造修補給所No2`4・17倉庫、桂貯水池、岸谷貯水池、北吸浄水場第1・2配水池、JR舞鶴線第3`6伊佐津川橋りょう、JR舞鶴線第1・2真倉トンネル、JR舞鶴線清道トンネル、市道北吸・桃山線北吸トンネル、JR舞鶴線白鳥トンネル、神崎煉瓦ホフマン式輪窯、旧舞鶴要塞葦谷砲台、旧舞鶴要塞金岬砲台、旧舞鶴要塞槙山砲台、旧舞鶴要塞建部山保塁砲台、ユニバーサル造船㈱舞鶴事業所第2倉庫、複写室、第1・2HMW工場、メカトロ工場、艤装工場、HTC機械工場、第3陸機工場、第4修理工場、第1機械工場、第2電気工場）、k. 竹原市の赤煉瓦製造関連遺産（輪環窯煙突部）、l. 山陽小野田市のセメント製造関連遺産（旧小野田セメント製造株式会社竪窯（通称：徳利窯）、蒸気機関（クリンカ粉砕用動力）、太平洋セメント㈱小野田工場の展示物：製樽機、山手倶楽部、旧小野田セメント本社事務所、住吉社宅（旧小野田セメント　社役員社宅） |
| **33-1-23. 輸出製品開発や国内需要拡大による中部、近畿、山陰の窯業近代化の歩みを物語る近代化産業遺産群** |
| a. 名古屋市西区の窯業（洋食器製造等）関連遺産（ノリタケの森）（ノリタケ旧製土工場、森村・大倉記念館、旧工場跡6本煙突）、b. 常滑市の窯業（衛生陶器・土管製造等）関連遺産（石炭窯（INAX窯のある広場・資料館）、煉瓦煙突（INAX窯のある広場・資料館）、陶栄窯（常滑の登窯））、c. 瀬戸市の窯業（瀬戸焼）関連遺産（古窯（瀬戸市マルチメディア伝承工芸館））、d. 高浜市の窯業（三州瓦製造）関連遺産（だるま窯）、e. 甲賀市の窯業（信楽焼）関連遺産（信楽焼登り窯（丸又製陶）、信楽焼登り窯（㈲丸山製陶））、f. 大田市の窯業（石州瓦製造）関連遺産（島田窯）、g. 山陽小野田市の窯業（耐酸拓器製造）関連遺産（旦の登り窯（図3）、三好邸瓶垣、泥漉し場・バック・オロ跡（原料陶土処理工程の一部）、歴史民俗資料館の所蔵物：皿山関係資料展示） |
| **33-2-7. 産業用としての耐火煉瓦製造の進展と原料開発の歩みを物語る近代化産業遺産群** |
| a. 甘楽郡下仁田町の中小坂鉄山（中小坂鉄山（製鉄所を含む）坑道跡・トロッコ道跡・焙焼炉跡ほか［町指定史跡］下仁田町ふるさとセンターの中小坂鉄山製大火鉢（中小坂鉄山製石宮の鉄柱、中小坂鉄山製鉄瓶、中小坂鉄山製鉄のインゴット（なまこ）、建設当初の輸入煉瓦、赤羽製作奏観煉瓦「天城」の刻印あり））、b. 備前市の耐火煉瓦製造関連遺産（三石耐火煉瓦製造㈱煙突、備前市歴史民俗資料館の収蔵物：加藤忍九郎写真パネル、坑夫取り立て免許状、近代に生産された耐火煉瓦、煉瓦製型用木槌、石筆、加藤忍九郎直筆封筒）、c. 日野郡日南町の若松鉱山（クロム　鉄鉱）跡（コンプレッサ室、ディーゼル発電室、工作場、火薬庫、火薬類取扱所、機械選鉱場、倉庫、貯鉱場（跡）、索道中継所（跡）、沈殿池、受電所、救護室、鉱務所、坑道・軌道・索道　鉄筋（一部）、索道起動所、山神社、油脂庫、炭焼き窯） |
| **33-2-23. 北海道に適した建設材料として建造物の近代化に貢献した赤煉瓦製造業発展の歩みを物語る近代化産業遺産群** |
| a. 旭川市の煉瓦建造物（旧上川倉庫㈱倉庫群［国登録有形文化財］、旭川電気軌道㈱春光整備工場（旧陸軍第7師団騎兵第7連隊覆馬場）［国登録有形文化財］、旧国鉄旭川車両工場（2棟）、合同酒精㈱旭川工場旧蒸留棟）、b. 江別市の煉瓦建造物（旧肥田工場、旧江別郵便局、旧大久保倉庫、筒井1号倉庫、火薬庫［市指定文化財］、道立図書館のサイロ（移設）、江別市の煉瓦の関連遺産（セラミックアートセンターの所蔵物：「江別太煉化石工場製」煉瓦（複製）、北海道開拓記念館所蔵物：「江別太煉化石工場製」煉瓦（札幌市厚別区））、c. 札幌市中央区の煉瓦建造物（北海道庁旧本庁舎［国指定重要文化財］、サッポロファクトリーレンガ館（旧製麦工場））、d. 函館市の煉瓦建造物（金森赤レンガ倉庫［国選定重要伝統的建造物群保存地区］）、e. 苫小牧市の王子製紙㈱苫小牧工場（旧事務所、変電所）、f. ニセコ町の王子製紙㈱発電所（尻別第1発電所）、g. 千歳市の王子製紙㈱発電所（千歳川第1`5発電所） |
| **33-2-33. 多様な製品開発と生産能力の向上による九州北部の窯業近代化と発展の歩みを物語る近代化産業遺産群** |
| a. 北九州市小倉北区の衛生陶器・食器製造関連遺産（TOTO歴史資料館の所蔵物：TOTOの衛生陶器・食器遺産群）、b. 北九州市門司区の鉱滓煉瓦製造関連遺産（門司麦酒煉瓦館［国登録有形文化財］、旧サッポロビール醸造棟［国登録有形文化財］、赤煉瓦交流館（旧倉庫棟）［国登録有形文化財］）、c. 嬉野市志田の窯業関連遺産（志田焼の里博物館、志田焼資料館の所蔵物：志田焼及び関連資料、志田の蔵）、d. 西松浦郡有田町の窯業関連遺産（香蘭社本社社屋、香蘭社古陶磁資料館の所蔵物：江戸末期から大正期の焼物、深川製磁本店店舗、深川製磁本店参考館の所蔵物：明治中期以降の焼き物、チャイナ・オン・ザ・パークの所蔵物：明治中期以降の焼き物） |

群」、「23. 輸出製品開発や国内需要拡大による中部、近畿、山陰の窯業近代化の歩みを物語る近代化産業遺産群」があげられている[10]。

　また、2009 年、「続 33」として、新たに 33 件の「近代化産業遺産群」と 540 件の個々の遺産認定を行った。これには、「7. 産業用としての耐火煉瓦製造の進展と原料開発の歩みを物語る近代化産業遺産群」、「23. 北海道に適した建設材料として建造物の近代化に貢献した赤煉瓦製造業発展の歩みを物語る近代化産業遺産群」、「33. 多様な製品開発と生産能力の向上による九州北部の窯業近代化と発展の歩みを物語る近代化産業遺産群」が含まれている[11]。

## (6) 日本遺産（文化庁）

　2015 年、「地域の歴史的魅力や特色を通じて我が国の文化・伝統を語るストーリーを「日本遺産（Japan Heritage）」として文化庁が認定するもの」であり、「ストーリーを語る上で欠かせない魅力溢れる有形や無形の様々な文化財群を、地域が主体となって総合的に整備・活用し、国内だけではなく海外へも戦略的に発信していくことにより、地域の活性化を図ることを目的」[12]としている。

　このうち、地域型の「日本陶磁のふるさと肥前：百花繚乱のやきもの散歩」
（ストーリー #037/ 佐賀・以下「肥前」）は、文禄・慶長の役（壬辰・丁酉倭乱・1592~1598 年）の際、朝鮮陶工を移植し、国産磁器発祥となった地域である。九州北西部の佐賀県・長崎県に跨る領域において、伊万里・有田・佐世保（三川内）・波佐見・武雄・嬉野（志田・吉田）・唐津・平戸の 8 市町村から構成されており（図4）、「400 年熟成観光地。肥前やきもの圏」と題し、「肥前窯業圏」活性化推進協議会が設立されている[13]。

　また、シリアル型の「きっと恋する六古窯：日本生まれ日本育ちのやきもの産地」（ストーリー #050/ 福井・

**図 3　市指定文化財「旦の登窯」**
（山口県山陽小野田市）

旦の皿山では、1840 年頃（天保期）、壺・擂鉢・皿等の陶器生産が開始された。小野田市域の皿山では、近代に入ると、「タタキはんどう」と呼ばれる甕が生産され、また、石見焼と同じく来待釉を用いた硫酸瓶、焼酎瓶等の耐酸性瓶の生産が盛んになった。現存する「旦の登り窯」は、1933 年、旧江本製陶所が築窯したものである。

**図4　有田のまちなみ**（佐賀県西松浦郡有田町）

陶祖・李参平碑のある陶山神社から撮影。中央左に深川製磁、左端に香蘭社が位置する内
山地区の景観である。香蘭社、深川製磁の周りには、中小の窯業事業者である窯元・素地
屋・鋳込み屋・型屋等の協力事業者が所在している。現在、窯元を中心とした分業・協業
の仕組みは、有田域内で賄えなくなっており、その一部を波佐見に依存している。

　愛知・滋賀・兵庫・岡山・以下「六古窯」）は、中世まで遡る伝統的窯業圏のうち、
代表的な6窯（越前・瀬戸・常滑・信楽・丹波・備前）の総称とされ、1948年頃か
ら呼びならわされてきたという（図5）。2017年の認定後、「六古窯」が所在す
る越前町、瀬戸市、常滑市、甲賀市、丹波篠山市、備前市の広域連携によって、
「旅する、千年、六古窯」と題し、六古窯日本遺産活用協議会が設立された[14]。

　「肥前」「六古窯」ともに、こうした日本遺産ブランドを活かし、観光振興を
通じた現生窯業の活性化が図られている。

## 2　文化財及び文化遺産の保存に関するフレームワークの変遷

　このような枠組みの成り立ちを見ると、文化財保護法では、それぞれ点の文
化財・文化遺産の保存の取り組みが進められてきたものの、ユネスコ遺産事業
に代表されるような世界的な文化財・文化遺産に対する見方や取り扱い方に関
する動向に大きな影響を受けるようになっていった[15]。点の文化財・文化遺産
は、シリアル・プロパティーズ（関連性のある遺産群）やストーリー（物語性）等
の概念で紐付けられ、群・面という「まとまり」として、近代化産業遺産や日
本遺産が構成されるようになったと理解することができる。

　また、無形遺産に関しては、文化財保護法上の取り扱いが先んじてきたとお
り、ユネスコは、わが国の枠組みを取り入れ、これらの継承、記録作成を進め
てきた経緯がある。1989年「伝統文化及び民族伝承に関する勧告」、2001年か

ら「人類の口承及び無形遺産の傑
作の宣言」が発表され、また、2006
年「無形文化遺産の保護に関する条
約」（無形文化遺産条約）が発効した[16]。

　こうした中で、わが国の無形遺産
は、近代化産業遺産事業、日本遺産
事業において、それぞれの構成遺産
を紐付ける文脈の一部となり、統合
的に価値付けられた有形・無形の文
化財・文化遺産の「まとまり」とし
て、保存と活用の両立が図られるよ
うになった。

　また、こうした「まとまり」に対
して、保存のための新しいより強
固な規制を敷くという方向でなく、

**図5　国指定史跡「伊部南大窯跡」**
（岡山県備前市）

伊部地区の西大窯跡、北大窯跡とともに、「備
前陶器窯跡」を構成する。室町後期以降の所
産とされ、全長54mの東大窯跡、全長30m
前後の中央窯・西窯と物原からなり、甕、壺、
擂鉢等とともに茶器、花器を生産していた。
また、1830年頃（天保期）、連房式登窯の天保
窯が築窯されている。なお、三石地区、片上
地区は、耐火煉瓦の生産地として有名である。

既存の価値を担保しながら、ツーリズム等を通じた地域活性化を促進し、新た
な地域づくりが目指されるようになった。

　こうした動向は、2007年の歴史文化基本構想の策定及び歴史文化保存活用
区域の作成、そして、日本遺産事業がさらに推し進められ、2019年以降、各
市町村において、文化財保存活用大綱の策定及び文化財保存活用地域計画の作
成に受け継がれている。実施主体である各市町村がそれぞれの目標や将来像、
具体的な事業計画を定め、地域の実情に応じた保存・活用のあり方を模索して
おり、ツーリズムやまちづくりにおける文化財・文化遺産の新しい価値づくり
の段階に進んできている。

　類似した取り組みとしては、2004年からのユネスコ創造都市ネットワーク
を挙げることができる[17]。これは、それぞれの都市が有する創造性を活かし、
ネットワーク内の文化産業の活性化を図るものである。これは、シリアル・プ
ロパティーズの概念と同じように、文化財・文化遺産の関連性を紐帯とする都
市間の繋がりを生み出し、保存や活用のノウハウを共有し、文化産業をまちづ
くりに組み入れる方策である。

## 3　窯業に関するミュージアムの役割

　窯業に関する文化的所産は、歴史、美術、産業に関する文化財及び文化遺産であり、こうした分野に応じて、多様な価値が見い出されている。

　これまで窯業に関するミュージアムでは、作品とこれを生み出した作家に焦点を当てた展示がほとんどであった。伝産館等では、作家が生み出す美術的・審美的価値を訴求し、のれん・看板等のブランド化が行われ、主として、作品の売価や売上を押し上げることに利用されてきた。

　一方、こうした個人事業主的な作家に対峙する存在として、窯業メーカーがある。有田の香蘭社（図6）や深川製磁（図7）、ノリタケ・カンパニー・リミテドを擁する森村グループ等である。これらの窯業メジャーは、独自のミュージアムを設立し、創業者の理念や社譜・社史を前面に押し出し、その屋号が孕む歴史性や伝統性を強調するとともに、同じように、製品のハイブランド化を推し進めてきた。また、産地内のリーディング・カンパニーとしての矜持や社会的責任等の自負もあり、自社のミュージアムを通じて、窯業とその文化、そして、産地に対する貢献を行ってきた。

　こうした窯業メーカーのミュージアムでは、技術革新や新たな設備投資で淘汰された技術・設備・製品、そして、実業の現場に遺された試作品や未成品、失敗品等の保存に取り組んできた。また、これらの背後にある試行錯誤や挫折等の労苦、新しい技術の達成や製品の開発という成功について、創業者・技術者の情熱や信念等が描き出されることも少なくない。こうしたドキュメンタリーの記録・展示は、他者（社）に優れる企業の進取性・優越性・強靭性等を誇示するための示威的な装置ともいえる[18]。

　また、これらのミュージアムの最大のねらいは、展示を通じて自社が生み出す新しい商品を提案することである。例えば、TOTO ミュージアム（図8）やINAX ライブミュージアム（図9）におけるバスルームやトイレに用いられる衛生陶器の展示や海外の水回りに関する最新の生活文化の展示は、わが国の初期の博覧会と同じように、新しい生活様式を普及―定着させ、自社の製品をその時代の生活文化に根付かせる役割を果たしている。

図6　香蘭社本店
（佐賀県西松浦郡有田町）

1875（明治8）年8代深川栄左衛門が合本組
織香蘭社を創業した。1885年に建築された
香蘭社本店商店陳列館2階に古陶磁陳列館が
併設され、フィラデルフィア万博事務局か
ら香蘭社に配布された「図案」、第1回内国
勧業博覧会に出品した磁器製碍子等が陳列さ
れ、香蘭社製とともに、鍋島、柿右衛門、古
伊万里等の古陶磁を展示している。

図7　深川製磁本店
（佐賀県西松浦郡有田町）

1894年8代深川栄左衛門の次男・深川忠次
が創業した。大正期に建設された深川製磁本
店2階に参考館が設置され、東インド会社
（VOC）銘の伊万里焼大皿、宮中御用品等が陳
列されている。チャイナ・オン・ザ・パーク
には忠次館が設置され、1900年のパリ万博
で金牌受賞した染錦金襴手丸紋鳳凰文様大花
瓶が公開されている。

## 4　窯業の生態（エコシステム）のミュージアムと観光（ツーリズム）

　このように、コーポレートブランドの醸成及び新しい生活文化の創造という
営利的活動と密接な関係にあった窯業に関するミュージアムは、近年の文化
財・文化遺産の群的・面的な取り扱いが一般化することによって、新たな役割
が附与されるようになった。

　窯業メジャーは、近代以降、生産性、品質、そして、流通を大きく改善し、
大量生産・広域流通を達成していった。そうした中で、生産の場では、窯業の
機械化を達成し、高品位の製品や高機能のファインセラミックスを手がけるよ
うになると、厳密な品質管理やその技術の秘匿性を確保するために、垂直的に
統合された分業関係を工場に集約するようになった。

　近年、企業のメセナ的な活動が推進されるようになったこともあり、こうし
た工場を利用して、窯業の生態（エコシステム）を見せるミュージアムが建設さ
れるようになった。また、工場内に点在する窯業のモニュメントを活用し、こ
れらの「まとまり」を窯業に関する公園（テーマパーク）として整備するところ
が出てきた。ノリタケの森（名古屋市）、INAXライブミュージアム（常滑市）が

図8　TOTO ミュージアム
（福岡県北九州市）

TOTO の本社及び小倉第1工場に併設され、創立100周年事業として開設された。1階はショールーム、2階はミュージアムとなっている。第1展示室「TOTO のルーツと歴史」、第2展示室「創業の想いと TOTO のものづくり」、第3展示室「未来、そして世界へ」という展示構成であり、特別展示室やファインセラミックスに関する展示もある。

図9　INAX ライブミュージアム
（愛知県常滑市）

INAX 常滑東工場に併設され、伊奈製陶からの社名変更を記念し、1986年（昭和61）に設立された。窯のある広場・資料館、世界のタイル博物館、建築陶器のはじまり館、テラコッタパーク等からなる。資料館は1921年（大正10）に建築された土管工場であり、土管製造関係資料、石炭角窯とその建屋、煙突を保存・公開している。

代表例であり、場内において、窯業のエコシステムをワンストップで参照できる施設になっている。これは、学校の社会科見学の利用、インダストリアル・ツーリズム（産業観光）、あるいは、インダストリアル・スタディ・ツーリズム（産業視察）等に対応する施設といえる。

　こうしたエコシステムを展示する手法として、フランスのエコミュゼに代表される生態博物館（エコミュージアム）、生きている遺産（リビングヘリテージ）等の取り組みがあることはよく知られており、近年、こうした概念をこれからの地域づくりに応用する取り組みが増えてきている。

　本来「肥前」等の伝統的な産地では、窯業のエコシステムとして、域内の分業・協業の仕組みがあり、近世藩政期には、土伐り子、細工人、絵書き、窯焼きといった陶工・職人の組織があったように、現在に至るまで、窯元の下部には、サプライチェーンとしての素地屋（素地製作）、生地屋（成形）、鋳込み屋（鋳込み成形）、型屋（石膏型製作）等の水平分業的な協業関係が成立してきた。また、有田、三川内、波佐見等に見られる小規模な窯元を取り巻く窯業のエコシステムは、コミュニティ・ビジネスとしての側面、また、農閑期の農村副業の側面をもち、「半農半窯」的な生産構造を体現している。加えて、「地域まるご

と」と形容されることもあるとおり、こうした窯業のエコシステムを内包する
まちなみ、原材料等の窯業資本を生み出す里山や田園を包摂する景観（ランドス
ケープ）等は、域内の産業構造を理解し、展示として再構成する上で、不可欠な
要素と考えられるようになってきている。

　こうした産地の窯業を再現するためには、展示の起点となるミュージアムの
役割が大きいといえる。域内窯業を構成するアクターや多様なモニュメントを
リレーションするツーリズムを構築することで、産地全体を俯瞰できる展示表
現を達成する必要がある。

　また、こうした産地内に立地するミュージアムは、エコシステムの展示の核と
なるとともに、セキュアなツーリズムを維持・管理するためのビジターセンター
となり、また、新しい地域づくりに貢献するための理念的・実務的な役割を担う
必要が出てきている。

　産地を見せる取り組みとしては、エコツーリズムとして繰り広げられるトレイ
ル（まち歩き）がきわめて有効な手段であるものの、これを実現するために
は、エコシステムを構成するアクター、すなわち、窯業メーカー、窯元、協力
事業者、地域住民等の理解と協力が不可欠である。

　しかしながら、多くの産地では、アクター間の利害関係、エコツアーをナビゲー
トするボランティアとの協働、そして、経済的な受益の範囲や程度等に関して、さ
まざまな課題が生じている。

　こうした課題に関しては、複雑な調整が必要であるものの、ミュージアムが彼
らの交流・対話を促進する場となり、新しい地域づくりにむけての意識を涵養し
ながら、前向きな雰囲気を醸成していくことが重要になってくると考えられる。

## おわりに

　わが国では、少子高齢化に対応するため、人口の獲得手段として、観光とこ
れを活かしたまちづくりが注目され、文化財・文化遺産を活用したツーリズ
ム、すなわち、ヘリテージ・ツーリズム[19]を通じた交流人口の誘致が進められ
てきた。今後、日本遺産事業や文化財保存活用地域計画等が目指すように、文
化財・文化遺産の「まとまり」を活用したツーリズムは、地域振興に寄与する
新しいエンジンとなり、地方の実情に応じたさまざまな取り組みが展開してい
くことが期待される。

また、紛争、災害、感染症、オーバーツーリズム等で毀損された文化財・文化遺産とこれらをめぐるツーリズムの秩序に対して、SDGsの目標11「包摂的で安全かつ強靱で持続可能な都市及び人間居住を実現する」の「4.世界の文化遺産および自然遺産の保全・開発制限の取り組みを強化する」にあるとおり、そこに暮らす人々の生活の「再建」のためにも、文化財・文化遺産、そして、ツーリズムのいち早い「回復」に関する持続可能性・強靱性が重要視されるようになった。2020年以降、ユネスコや世界観光機関は、こうした「再建」や「回復」を後押しする取り組みとして、レジリエント・ツーリズム[20]、リジェネラティブ・トラベルを提唱するようになった。

　こうした動向を踏まえると、地域に受け継がれてきた有形・無形の文化財・文化遺産を展示に再構成するミュージアムは、地域の持続可能性や強靱性を支える存在となり、さらにそこから生み出される新しい価値を表象するミュージアムこそが、新しい地域づくりの可能性を指し示す役割を担うことになると考えられる。

註
1)　https://www.nihonkogeikai.or.jp/（公益社団法人日本工芸士会）
2)　伝統工芸品に関しては、経済産業省製造産業局生活製品課伝統的工芸品産業室が所管し、伝産法及び伝統的工芸品の指定は、下記に詳しい。
　　https://www.meti.go.jp/policy/mono_info_service/mono/nichiyo-densan/index.html
3)　https://www.meti.go.jp/policy/mono_info_service/mono/nichiyo-densan/index.html（国が指定した伝統的工芸品241品目（2023年10月26日時点））
4)　http://www.kougeishi.jp/（日本の伝統工芸士）
5)　伝産館に関しては、下記に詳しい。また、28施設のうち、8施設が陶磁器を取り扱っており、美濃焼（岐阜県）、伊賀焼（三重県）、信楽焼（滋賀県）、備前焼（岡山県）、砥部焼（愛媛県）、小石原焼（福岡県）、伊万里・有田焼（佐賀県）、三川内焼（長崎県）の産地に立地している。
　　https://kyokai.kougeihin.jp/hall/（全国伝統的工芸品産業会館情報）
6)　https://www.zenkin.jp/（全国近代化遺産活用連絡協議会）
7)　文化庁による近代化遺産、経済産業省による近代化産業遺産のほかに、一般社団法人日本機械学会が認定する機械遺産、社団法人土木学会による土木遺産、国際的な枠組みとしては、国際産業遺産保存委員会が選定する産業遺産等が登録、認定されているように、さまざまな組織・機構から多様な観点で産業に関する遺産が評価され、これらに関するオブジェクトやモニュメントが取り上げられている。

8) https://www.bunka.go.jp/tokei_hakusho_shuppan/shuppanbutsu/bunkazai_pamphlet/pdf/r1393016_02.pdf（文化的景観保護のしくみ）

9) https://www.meti.go.jp/policy/mono_info_service/mono/creative/kindaikasangyoisan/index.html（経済産業省ホームページ）

10) https://www.meti.go.jp/policy/mono_info_service/mono/creative/kindaikasangyoisan/pdf/isangun.pdf（近代化産業遺産群33）

11) https://www.meti.go.jp/policy/mono_info_service/mono/creative/kindaikasangyoisan/pdf/isangun_zoku.pdf（近代化産業遺産群続33）

12) https://japan-heritage.bunka.go.jp/ja/（日本遺産ポータルサイト）

13) https://hizen400.jp/（400年熟成観光地。肥前やきもの圏）

14) https://sixancientkilns.jp/（旅する、千年、六古窯—日本遺産公式Webサイト）

15) こうした背景には、これらがわが国の文化財・文化遺産の保存に関するフレームワークに組み入れられてきたことにある。1992年の「世界遺産条約履行のための作業指針」に文化的景観の概念が盛り込まれ、1994年「均衡で代表性、信頼性のある世界遺産リストを構築するためのグローバル・ストラテジー」（The Global Strategy for a Balanced, Representative and Credible World Heritage List）が採択され、その後、近代化産業遺産が積極的に評価されるようになったことにある。

16) わが国の無形文化遺産の登録状況は、下記に詳しい。なお、わが国の重要無形文化財、重要無形民俗文化財、登録無形文化財、選定保存技術等から22件が登録されることになった。

    https://www.bunka.go.jp/seisaku/bunkazai/shokai/mukei_bunka_isan/

17) 2004年、ユネスコ創造都市ネットワーク（UNESCO Creative Cities Network:UCCN）が加盟登録されるようになり、都市が擁する文化産業、具体的には、文学・映画・音楽・工芸（クラフトとフォークアート）・デザイン・メディアアート・食文化（ガストロノミー）の7つの分野において、都市間の連携を目指すものである。わが国では、窯業を含む工芸（クラフトとフォークアート）の分野において、金沢市（2009年・九谷焼）、丹波篠山市（2015年・丹波焼）が認定されている。

    https://www.mext.go.jp/unesco/006/1357231.htm

18) ブランディングの手法として、「御用」に象徴される取引先や顧客のセレブリティを強調するとともに、同業者の団体・組合を設立し、これらが主催するアワード方式で作品・製品を表彰することによって、その優秀さを顕示するところも少なくない。

19) ヘリテージ・ツーリズムの概念に含まれるものの、わが国では、幕末期から明治期以降の近代化産業遺産を対象とする観光をヘリテージングと呼んでいる。

20) ユネスコのレジリエント・ツーリズムの取り組みは、下記に詳しい。

    https://whc.unesco.org/en/news/2260

# 工芸分野の資料と改正博物館法

吉田公子

## はじめに

　博物館で取り扱う資料は歴史、芸術、民俗、産業、自然科学等にわたり多種多様である[1]。工芸分野の資料は陶芸、染織、漆芸、金工、木竹工、手漉和紙など幅広く、美術だけでなく歴史や民俗の領域にまたがる多面的な特徴をもつ。例えば、歴史博物館においては、通史展示において歴史資料として展示されたり、民俗学の分野で生活や行事などの資料として取り扱われたりすることもある。また美術館では、美術作品に位置付けられ、日本美術からデザインの分野まで幅広い。その工芸技術は無形文化財として保護され、継承されている。さらに、その延長には地域資源として伝統的工芸品産業にも関係している。このように博物館における工芸分野の資料は、幾筋ものコンテキストを含んでいる。

　2023（令和5）年4月1日より施行されている改正博物館法は、第一条の目的において、社会教育法に加えて、文化芸術基本法の精神に基づくことが定められ、博物館が社会教育施設と文化施設の双方の役割・機能を担っていくことが明らかになった。博物館の事業については、第三条第一項第三号「博物館資料に係る電磁的記録を作成し、公開すること」、続く第三項で「博物館は、第一項各号に掲げる事業の成果を活用するとともに、地方公共団体、学校、社会教育施設その他の関係機関及び民間団体と相互に連携を図りながら協力し、当該博物館が所在する地域における教育、学術及び文化の振興、文化観光その他の活動の推進を図り、もって地域の活力の向上に寄与するよう努めるものとする」と定められた。「文化観光」とは、「有形又は無形の文化的所産その他の文化に関する資源（文化資源）」と補足されている。留意事項で「その他の活動」について、まちづくり、福祉分野における取組、地元の産業の振興、国際交流

等の多様な活動があげられている。博物館の工芸分野の資料が、有形のみなら
ず無形の文化財を含む地域の文化資源であり、地域の産業にも深く関係する性
質を踏まえると、今後どのような博物館活動が期待されるだろうか。

　ここでは、博物館の工芸分野の資料について、これらのコンテキストを近年
の社会教育調査や、文化財保護法などの法規を参照して実態を確認し、改正博
物館法に求められる博物館活動の展開について考えたい。

# 1　社会教育調査にみる博物館の館種と工芸分野の資料

　2021 年度に行われた社会教育調査（文部科学省）によると、日本全国に博物
館は 5,771 館あり、その内訳は登録博物館と博物館相当施設が 1,305 館、博物
館類似施設は 4,466 館と報告されている。

　館種でみると、登録博物館と博物館相当施設で最も多いのが、歴史博物館
36.4％（476 館）と美術博物館 35％（457 館）がほぼ同数である（以下、本稿では社
会教育調査で用いられる区分に従い、歴史及び民俗に関する資料を取り扱う歴史系博物館を
歴史博物館、美術館を美術博物館という）。博物館類似施設では歴史博物館が 64.1％
（2,863 館）、次に美術博物館が 13.5％（604 館）であり、歴史博物館が美術博物館
よりも高い割合を占めている。いずれにしても、全国における博物館の約 7 割
が、歴史・美術博物館であり、何かしら工芸分野の資料を取り扱う博物館が多
いことがうかがえる[2]。同社会教育調査より人文科学資料の状況について、工
芸分野に関係する古美術資料、近代美術資料、民俗資料、歴史資料と館種の傾
向をみてみよう。表 1 にあるように民俗資料、歴史資料をみると登録博物館、
博物館相当施設、博物館類似施設を問わず、歴史博物館が大部分を占め、この
中に工芸分野の資料が含まれていることがうかがえる。古美術資料を所蔵する
割合を見てみると、登録博物館、博物館相当施設では、美術博物館が 48.24％
に対して、歴史博物館も 38.74％ も占めていることがわかる[3]。博物館類似施
設では、その割合は歴史博物館が 47.16％ であり、美術博物館の 47.91％ とほ
ぼ同割合である。近代美術資料を所蔵する割合は、歴史博物館では登録博物館
と博物館相当施設、博物館類似施設のいずれにおいて、約 15％ である。これ
らを総じてみると、歴史博物館でも古美術資料、近代美術資料に含まれる工芸
分野の資料が取り扱われていることがうかがえる。また、美術博物館も割合は
わずかではあるが、民俗資料を所蔵していることもわかる。

## 表1　人文科学資料（実物）の状況

登録博物館・博物館相当施設

| | 計 | 歴史博物館 | | 美術博物館 | | 総合博物館 | 科学博物館 | 野外博物館 | 動物園 | 植物園 | 動植物園 | 水族館 |
|---|---|---|---|---|---|---|---|---|---|---|---|---|
| 博物館数 | 1305 | 476 | 36.47(％) | 457 | 35.01(％) | 157 | 100 | 18 | 36 | 11 | 7 | 43 |
| 古美術資料 | 876763 | 339742 | 38.74(％) | 423022 | 48.24(％) | 110804 | 1145 | 5 | – | 2045 | | – |
| 近代美術資料 | 1240371 | 180883 | 14.58(％) | 912676 | 73.58(％) | 144489 | 833 | 90 | 1400 | – | | – |
| 考古学資料 | 11944266 | 7450565 | 62.37(％) | 121722 | 1.01(％) | 4297820 | 53644 | 20504 | 11 | – | | – |
| 民俗資料 | 3344126 | 2330094 | 69.67(％) | 61360 | 1.83(％) | 878946 | 6108 | 59552 | 8040 | – | | 26 |
| 民族・人類学資料 | 669167 | 616200 | 92.08(％) | 1418 | 0.21(％) | 48470 | 3004 | | | | | 75 |
| 歴史資料 | 10767650 | 7942441 | 73.76(％) | 420967 | 3.90(％) | 2368162 | 5614 | 30416 | 50 | – | | – |
| その他 | 3127440 | 1523946 | 48.72(％) | 628891 | 20.10(％) | 931063 | 16198 | 8546 | – | 18796 | | – |
| 計 | 31969783 | 20383871 | 63.75(％) | 2570056 | 8.03(％) | 8779754 | 86546 | 119113 | 9501 | 20841 | | 101 |

博物館類似施設

| | 計 | 歴史博物館 | | 美術博物館 | | 総合博物館 | 科学博物館 | 野外博物館 | 動物園 | 植物園 | 動植物園 | 水族館 |
|---|---|---|---|---|---|---|---|---|---|---|---|---|
| 博物館類似施設数 | 4466 | 2863 | 64.10(％) | 604 | 13.52(％) | 339 | 347 | 103 | 61 | 92 | 16 | 41 |
| 古美術資料 | 307948 | 145253 | 47.16(％) | 147549 | 47.91(％) | 14514 | 99 | 143 | 340 | 50 | | – |
| 近代美術資料 | 1614005 | 256768 | 15.90(％) | 875878 | 54.26(％) | 479736 | 595 | 750 | – | 278 | | – |
| 考古学資料 | 38114065 | 36052781 | 94.59(％) | 75325 | 0.19(％) | 1977561 | 8272 | 123 | – | 2 | | 1 |
| 民俗資料 | 3835570 | 3279227 | 85.49(％) | 38260 | 0.99(％) | 461353 | 12311 | 40609 | 1500 | 2200 | | 110 |
| 民族・人類学資料 | 656045 | 165785 | 25.27(％) | 78470 | 11.96(％) | 410078 | 535 | 1038 | – | 98 | 41 | – |
| 歴史資料 | 21728914 | 20545835 | 94.55(％) | 57238 | 0.26(％) | 1090912 | 9534 | 25035 | – | 360 | | – |
| その他 | 3810227 | 2521151 | 66.16(％) | 222358 | 5.83(％) | 744607 | 321532 | 337 | – | 200 | 41 | 1 |
| 計 | 70066774 | 62966800 | 89.86(％) | 1495078 | 2.13(％) | 5178761 | 352878 | 68035 | 1840 | 3188 | 82 | 112 |

2021年度 社会教育調査

# 2　文化財保護法にみる博物館の工芸分野の資料

## (1) 有形文化財における工芸品

　文化財保護法をみてみよう。博物館の工芸分野の資料と最も関係のある有形文化財、無形文化財、民俗文化財の定義は、次のとおりである。

　第二条　この法律で「文化財」とは、次に掲げるものをいう。

一　建造物、絵画、彫刻、工芸品、書跡、典籍、古文書その他の有形の文化的所産で我が国にとつて歴史上又は芸術上価値の高いもの（これらのものと一体をなしてその価値を形成している土地その他の物件を含む。）並びに考古資料及びその他の学術上価値の高い歴史資料（以下「有形文化財」という。）

二　演劇、音楽、工芸技術その他の無形の文化的所産で我が国にとつて歴史上又は芸術上価値の高いもの（以下「無形文化財」という。）

三　衣食住、生業、信仰、年中行事等に関する風俗慣習、民俗芸能、民俗技術及びこれらに用いられる衣服、器具、家屋その他の物件で我が国民の生活の推移の理解のため欠くことのできないもの（以下「民俗文化

表2　国宝・重要文化財

| 種別／区分 | | 国宝 | 重要文化財 |
|---|---|---|---|
| 美術工芸品 | 絵画 | 166 | 2,053 |
| | 彫刻 | 140 | 2,732 |
| | 工芸品 | 254 | 2,475 |
| | 書跡・典籍 | 232 | 1,929 |
| | 古文書 | 62 | 789 |
| | 考古資料 | 49 | 660 |
| | 歴史資料 | 3 | 234 |
| 計 | | 906 | 10,872 |

（注）重要文化財の件数は、国宝の件数を含む。

表3　重要無形文化財・工芸技術

| 各個認定 | | 保持団体等認定 | |
|---|---|---|---|
| 指定件数 | 保持者数 | 指定件数 | 保持団体数 |
| 34 | 52 | 16 | 16 |

財」という。）

　有形文化財は建造物を除き、絵画、彫刻、工芸品、書跡、典籍、古文書、考古資料、歴史資料に区分され、美術工芸品と種別される。表2は指定された重要文化財、及び国宝のうち、美術工芸品の一覧だが、彫刻に次いで工芸品が多い[4]。指定された国内の工芸品を時代別にみると、全体において平安、鎌倉時代のものが約56％を占めており、所有者の内訳も社寺56.8％が最も多く、文化庁や国立博物館など国・独立行政法人 が14.4％、地方公共団体による公立博物館等は6.2％である[5]。近代以降のものは2001年を皮切りにして9点のみ、重要文化財に指定されている[6]。その背景には、重要文化財の指定の基準である「各時代の遺品のうち製作が特に優秀なもの」[7]が対象となるため、ある程度時代を経た評価に基づく難しさがうかがえる。登録制度については、登録有形文化財の美術工芸品は17件であり、そのうち工芸品は3件である[8]。

## (2) 無形文化財における工芸技術

　無形文化財は、1954年の文化財保護法の改正で、重要無形文化財の指定及び保持者の認定の基準が設けられた。いわゆる人間国宝である。無形文化財の工芸技術は、陶芸、染織、漆芸、金工、木竹工、人形、撥鏤、手漉和紙、截金に分類され、現在は表3のように重要無形文化財の保持者数は52名、保持団体数は16である[9]。前述のように、近代以降の重要文化財はわずか9点であるが、文化庁は「重要無形文化財保持者等の作品のうち製作優秀なもので国において保存を図る必要のあるもの」の基準により、作品を無形文化財工芸技術資料として2021年に14件、2020年は3件、2019年は6件と毎年度購入している[10]。重要無形文化財に指定されると、工芸技術の記録の作成と公開、伝承者の養成等がなされるが、これらの文化庁が購入している無形文化財工芸技

資料の大部分は、映像を主とした工芸技術の記録においても用いられ、制作された作品や制作過程を示すものである。実物ならではの利点として、映像では十分に伝えることができない大きさや質感、重量感、360度にわたりあらゆる角度から観察できることがあげられる。博物館活動の場面で、無形文化財の活用を考えると、映像と対にして該当する実物があることによって、展示の実現と、映像と実物が相関し効果的な展示解説が可能になる。重要無形文化財に関する映像は、文化庁と国立情報学研究所が運営している文化遺産オンラインにて、「動画で見る無形の文化財」の中で「工芸技術記録映画」として公開され、制作過程の資料に関する情報と紐づけられている。改正博物館法に求められる「博物館資料に係る電磁的記録を作成し、公開すること」を考えると、文化遺産オンラインの現状は、2010年頃までの購入と動画の公開に留まっているようであり、情報の更新が期待される。また、文化遺産オンラインでは、全国の博物館が自ら所蔵する重要無形文化財や保持団体による工芸分野の資料に関する情報提供によって、今後さらに充実していくことが望まれる。そして、蓄積されていく記録は情報にすぎないため、利用者にとって博物館来館に結びつくような仕組みや、学芸員にとっても館種を超えて共有される利点など、博物館活動に活用されるように考えなければならない。

　なお、2021年には無形文化財の登録制度が定められ、登録無形文化財は生活文化等を主に4件である[11]。

## (3) 民俗文化財における用具や習俗と無形文化財

　続いて民俗文化財であるが、民俗文化財も有形と無形に大別される。文化庁のホームページに公開された文化財指定等の件数によると、重要有形民俗文化財が227件、重要無形民俗文化財が331件、登録有形民俗文化財は49件である[12]。無形民俗文化財の登録制度も2021年に定められ、登録無形民俗文化財は4件である[13]。有形民俗文化財は、博物館における工芸分野の資料という観点でみると、衣食住の衣服や装身具、家具調度、生産や生業に用いられる紡織用具、信仰に用いられる法衣具、民俗芸能に用いられる衣裳や人形などがあげられる[14]。無形民俗文化財は、これらの有形民俗文化財が用いられる習俗、民俗技術を保護している。無形文化財と、これらの民俗文化財が緊密に関係する事例がある。例えば、輪島塗は八つの分業にわたる技術が重要無形文化財で指

定されるとともに、重要有形民俗文化財においても、輪島塗の製作用具及び製品、能登の漆掻き及び加賀・能登の漆工用具が指定されている。また、重要無形文化財である小千谷縮・越後上布は、原材料である苧麻の生産を保護するために、からむし（苧麻）生産・苧引きが選定保存技術に選定されており、同時に制作に用いる紡織用具等が越後縮の紡織用具及び関連資料として重要有形民俗文化財に指定されている。東京文化財研究所で染織技術に関する研究者である菊池（2011）は、「無形文化財では保護しきれない道具や染織技術に関する習俗が民俗文化財の中で保護されてきた」とし、「技術は、技術者の生活と共にあるのである。(中略) 各地域の生活や習俗の中でそれぞれの技術は育まれてきた。だからこそ、技術をその培われた背景から切り離して考えることはできないのである。」という[15]。無形文化財と民俗文化財という縦割りで保護されてきた課題を指摘し、染織技術を研究していく上で、これらの枠組みを超えた無形文化遺産としての視点が重要であると述べている[16]。同様に博物館も、表1で見たように館種によって工芸分野の資料を扱う側面がそれぞれに認められ、縦割りになりがちである。美術博物館では、制作者を軸に技法や独自性のある表現を評価し、美術作品としての価値を重視する。歴史博物館は、用いられた社会的な背景を伝える歴史資料、生産活動の記録や生産に関する道具、習俗を伝える民俗資料としての価値を重んじ、またその地域に固有なものであることが大きな特徴である。改正博物館法、第三条第二項に「博物館は、前項各号に掲げる事業の充実を図るため、他の博物館、第三十一条第二項に規定する指定施設その他これらに類する施設との間において、資料の相互貸借、職員の交流、刊行物及び情報の交換その他の活動を通じ、相互に連携を図りながら協力するよう努めるものとする。」とある。今後は、工芸分野の資料を媒介にして美術博物館と歴史博物館が連携、協力する機会が増えることによって、工芸技術をより総合的な視点をもって博物館活動を展開し、文化財の保護への認識が高められることが期待される。

## 3　文化財をめぐる法規の改正と改正博物館法

　さらに、都道府県・市町村による指定・選定文化財件数をみてみると、有形文化財のうち美術工芸品が61,478件であり、無形文化財のうち工芸技術が330件、有形民俗文化財が5,836件、無形民俗文化財が8,186件である[17]。2021年

の文化財保護法の改正では、地方登録制度が新設された[18]。都道府県・市町村による登録文化財件数は、有形文化財のうち美術工芸品が591件であり、無形文化財のうち工芸技術が93件、有形民俗文化財が819件、無形民俗文化財が357件である[19]。2018年に、文化庁は国宝・重要文化財を対象に「国宝・重要文化財の公開に関する取扱要項の改訂について」通知を行い、個々の文化財の材質、形状、保存状態などを十分に把握し、適切に取り扱うことを前提として展示などにおける積極的な活用を促している。同じく2018年の文化財保護法の改正「文化財保護法及び地方教育行政の組織及び運営に関する法律の一部を改正する法律」では、文化財をまちづくりに活かし、博物館は地域における文化財の計画的な保存と活用において重要な役割を担うことが想定された[20]。

　近年のこれらの文化財をめぐる法規の改正の背景には、2007年に施行された観光立国推進基本法をはじめ、2018年に文化芸術基本法に基づき、文化芸術基本計画（第1期）が閣議決定され、さらに2020年には、文化観光拠点施設を中核とした地域における文化観光の推進に関する法律である、文化観光推進法が施行されたことに対応している。

　ところで、2021年に開催された、文化審議会博物館部会法制度の在り方に関するワーキンググループで、博物館法制度の今後の在り方について審議が行われ、今後博物館に求められる役割・機能の多様化・高度化において、次の3点があげられた[21]。

　　①文化施設としての役割の明確化、まちづくり・国際交流、観光・産業、福祉等の関連機関との連携（文化芸術基本法）
　　②文化財をまちづくりに活かすなど、地域文化財の計画的な保存・活用の促進を図る機関としての役割（文化財保護法）
　　③博物館の文化資源を活用する文化観光拠点施設としての役割（文化観光推進法）

これらが改正博物館法では第一条の目的において、社会教育法に加えて、文化芸術基本法の精神に基づくことが定められ、博物館の事業について、第三条第三項で「博物館は、第一項各号に掲げる事業の成果を活用するとともに、地方公共団体、学校、社会教育施設その他の関係機関及び民間団体と相互に連携を図りながら協力し、当該博物館が所在する地域における教育、学術及び文化の振興、文化観光その他の活動の推進を図り、もって地域の活力の向上に寄与

するよう努めるものとする」ことに反映された。改正博物館法によって、博物館は文化財保護法とともに新たに文化芸術基本法、文化観光推進法の法規と横の繋がりが生まれ、広がったといえるだろう。

## 4　博物館における工芸分野の資料とこれからの博物館活動

　文化芸術基本計画（第1期）では、「文化芸術の「多様な価値」を活かして、未来をつくる」ことが目標とされた。工芸分野に着目すると、5年間の文化芸術政策の基本的な方向性等について、文化財の積極的な保存と活用によって、まちづくりや観光、地域創生や地域経済の活性化を進め、これらの経済効果を文化財の保存と活用に生かす好循環を目指すことや、海外需要までを視野に入れた伝統的工芸品産業や市場の育成があげられた[22]。これらは、新型コロナウイルスによって文化芸術活動、観光需要が減少し達成できなかったため、続く第2期の目標では、「価値創造と社会・経済の活性化」があげられ、観光需要の回復に備えるとともに、文化観光の推進による文化振興・観光振興・地域活性化の好循環の創出を推進することが課題となっている[23]。

　伝統的工芸品は、1974年に公布された伝統的工芸品産業の振興に関する法律に基づいて、経済産業大臣が指定したものであり、240品目ある[24]。伝統的工芸品産業を取り巻く状況は、生産額、従業員数、伝統工芸士の減少、それに伴い従事する職人の高齢化、後継者不足、用具や原材料の入手が年々厳しくなっているなど深刻である[25]。各都府県においても、それぞれが設けた指定要件に基づいて指定があるが、名称も各都府県によって様々であり、伝統工芸品や特産工芸品・民芸品、郷土工芸品等と呼ばれている[26]。

　これらの各都府県が指定する様々な工芸の品々や、国指定による伝統的工芸品の流通は、百貨店やミュージアムショップ、通信販売まで多岐にわたるが、産地により近い拠点として、地方公共団体や産地組合等によって運営されている伝統工芸館や各事業者による工房等がある。福岡県福岡市に所在する福岡市博物館には、同博物館内に2021年4月に仮移転したはかた伝統工芸館がある[27]。福岡市には、国指定伝統的工芸品が博多織と博多人形の2品目と、福岡県知事指定特産工芸品・民芸品として博多独楽、博多鋏、博多張子、博多曲物、マルティグラス、今宿人形、博多おきあげの7品目ある[28]。福岡市が2021年6月から7月にかけて実施した「令和3年度市政に関する意識調査」では、上

記の福岡市の国指定伝統的工芸品と福岡県知事指定特産工芸品・民芸品を合わせた9品目を伝統工芸品と呼び、福岡市の伝統工芸品に関する意識調査が行われた[29]。福岡市の伝統工芸品の魅力は何かという問いに「歴史・伝統的文化に触れられる」が47.4%と最も多く、次いで「文化や技術の承継につながる」36.0%である[30]。また、今後の福岡市の伝統工芸品とどのように関わりたいかについては、「伝統工芸品についてもっと知りたい」が20.3%、「作り手・職人の話を聞きたい」が16.5%である。福岡市博物館では、所蔵する資料と館外の文化財などを用いた企画展示で、はかた伝統工芸館との連携企画「手仕事の美と技2―曲物―」が2022年6月から8月にかけて開催された[31]。福岡県知事指定特産工芸品・民芸品である博多曲物について、福岡市博物館が所蔵する資料と博多曲物の工房の資料も出品され、歴史的な背景や用いられる素材の木の種類、曲物のある暮らしが紹介された。製作用具の展示と共に、映像資料として工房での製作の様子も公開された。同時期に、はかた伝統工芸館でも福岡市博物館連携企画「くらしの中の伝統工芸―博多曲物編―」が開催され、物販だけでなく職人による曲物製作のワークショップも行われた[32]。

　福岡市博物館の例のように、博物館と伝統工芸館や工房といった産地が相互に連携し、博物館が関連する工芸分野の資料の展示や、産地を結ぶ教育普及活動によって、地元の産業や地域における文化観光の推進になることも期待できる。

　本稿では、博物館の工芸分野の資料という視点で、社会教育調査、文化財保護法、そして文化財をめぐる法規の改正と改正博物館法に至る経緯を辿りながら、改正博物館法において今後求められる博物館活動について、いくつかの方向性の提示を試みた。中でも、多面的な特徴を持つ工芸分野の資料を、法規や経緯から読み解いてみると、歴史博物館と美術博物館との連携や、博物館と伝統的工芸品などの産地との連携が浮かび上がってきた。

　今後は、これまで行われてきた博物館に来館する来館者調査だけでなく、調査の対象を広げて、伝統工芸に興味があるが、まだ博物館には来館していない人々の学習ニーズに関する調査を取り入れることにより、博物館と関係機関の具体的で効果的な連携の在り方が、明らかになると思われる。

註
1)　博物館法、第二条定義に明示されている。
2)　2018年度に行われた社会教育調査結果より2002年からこの20年の傾向である（2023

年 10 月 2 日参照）。

https://www.mext.go.jp/content/20200313-mxt_chousa01-100014642_3-3.pdf

3)　「令和 3 年度社会教育調査の手引き」では、資料の状況に関する質問項目について、「所蔵資料の品目台帳に掲載されている数量を入力してください。数個 1 組で 1 点と掲載されている場合は「1」と数えてください」と指示がある。また、資料の区分については、古美術資料とは江戸時代以前の美術資料であり、近代美術資料は明治時代以降の美術資料と位置付けてある。

表 1 は、e-Stat　政府統計の総合窓口より、2021 年度の社会教育調査のうち、博物館の資料の状況について、一部を引用して作成した（2023 年 10 月 2 日参照）。図における歴史博物館と美術博物館の資料の割合は、筆者が算出した。

https://www.e-stat.go.jp/stat-search/files?page=1&toukei=00400004&tstat=000001017254

4)　表 2 と表 3 は、文化庁のホームページに公開された文化財指定等の件数より一部を引用して作成した（2023 年 10 月 1 日に作成されたデータを参照 2023 年 10 月 2 日。

https://www.bunka.go.jp/seisaku/bunkazai/shokai/shitei.html

5)　文化庁ホームページで公開された有形文化財（美術工芸品）、国宝・重要文化財（美術工芸品）のうち、国内の時代別指定件数（2022 年 3 月 22 日に作成されたデータを参照 2023 年 10 月 2 日）を基に、算出した。

https://www.bunka.go.jp/seisaku/bunkazai/shokai/yukei_bijutsukogei/

所有者の内訳は「これからの国宝・重要文化財（美術工芸品）等の保存と活用の在り方等に関するワーキンググループ報告」、2017 年 11 月 22 日を参照。文化庁ホームページで公開（2023 年 10 月 2 日参照）。

https://www.bunka.go.jp/seisaku/bunkashingikai/bunkazai/kokuho_wg/hokoku/pdf/r1399254_01.pdf

6)　9 点の内訳は、文化庁による国指定文化財等データーベースによると陶磁器 5 点、金工品 3 点、七宝 1 点である（2023 年 10 月 2 日参照）。

7)　「国宝及び重要文化財指定基準」『文化財保護法五十年史』p.578、ぎょうせい、2001

8)　前掲 4)。3 件の登録有形文化財の工芸品とは、有田磁器（柴田夫妻コレクション）、並河靖之七宝資料、福井県陶磁器資料（水野九右衛門コレクション）である。

9)　前掲 4)。

10)　国宝・重要文化財等買取基準、文化庁、1975 年 12 月（2023 年 10 月 2 日参照）。

https://www.bunka.go.jp/seisaku/bunkazai/kokuyuzaisan/pdf/kaitorikijun.pdf

文化庁ホームページに文化庁購入文化財が 2008 年から 2021 まで公開されている（2023 年 10 月 2 日参照）。

https://www.bunka.go.jp/seisaku/bunkazai/kokuyuzaisan/bunkazai/

11)　文化庁による国指定文化財等データーベースによると、4 件の登録無形文化財とは、2021 年に「書道」と「伝統的酒造り」、2022 年に「菓名を持つ生菓子（煉切・こなし）」と「京料理」が登録された。

12)　前掲 4)。

13) 文化庁による国指定文化財等データーベースによると、4件の登録無形民俗文化財とは、2021年に「讃岐の醤油醸造技術」と「土佐節の製造技術」、2023年に「能登のいしる・いしり製造技術」と「近江のなれずし製造技術」が登録された。

14) 重要有形民俗文化財指定基準を参照。「国宝及び重要文化財指定基準」『文化財保護法五十年史』p.579-580、ぎょうせい、2001

15) 菊池理予2011「我が国における工芸技術保護の歴史と現状―染織技術を中心として―」『無形文化遺産研究報告』5、国立文化財機構東京文化財研究所、pp.10-11

16) 前掲15)。

17) 文化庁ホームページで公開された都道府県・市町村指定指定等の件数より、都道府県・市町村指定・選定文化財件数について参照した（2022年5月1日に作成されたデータを参照2023年10月2日）。

https://www.bunka.go.jp/seisaku/bunkazai/shokai/chiho_shitei/kensu.html

18) 文化庁ホームページで公開された「文化財保護法の一部を改正する法律の概要」によると、「地方公共団体は、条例の定めるところにより、重要文化財等以外の文化財でその区域内に在するもののうち、その文化財としての価値に鑑み保存及び活用のための措置が特に必要とされるものを当該地方公共団体の文化財に関する登録簿に登録できる」とされる（2023年10月2日参照）。

https://www.bunka.go.jp/seisaku/bunkazai/pdf/93084801_01.pdf

19) 前掲17)。

20) 「文化財保護法及び地方教育行政の組織及び運営に関する法律の一部を改正する法律」（2018年法律第42号）
博物館法制度の今後の在り方について（審議のまとめ）、文化審議会博物館部会法制度の在り方に関するワーキンググループ、2021年12月6日（2023年10月2日参照）。

https://www.bunka.go.jp/seisaku/bunkashingikai/hakubutsukan/hoseido_working/pdf/93606001_06.pdf

21) 博物館法制度の今後の在り方について（審議のまとめ（概要））、文化審議会博物館部会法制度の在り方に関するワーキンググループ、2021年（2023年10月2日参照）。

https://www.bunka.go.jp/seisaku/bunkashingikai/hakubutsukan/hoseido_working/pdf/93606001_05.pdf

22) 文化芸術推進基本計画（第1期）―文化芸術の「多様な価値」を活かして、未来をつくる―（2018年3月6日閣議決定）、2018（2023年10月2日参照）。

https://www.bunka.go.jp/seisaku/bunka_gyosei/hoshin/pdf/r1389480_01.pdf

23) 文化芸術推進基本計画（第2期）―価値創造と社会・経済の活性化―（2023年3月24日閣議決定）、2023（2023年10月2日参照）。

https://www.bunka.go.jp/seisaku/bunka_gyosei/hoshin/pdf/93856401_01.pdf

24) 経済産業省によると、伝統的工芸品は、2022年11月16日において全国で240品目が指定されている（2023年10月2日参照）。

https://www.meti.go.jp/policy/mono_info_service/mono/nichiyo-densan/index.html

25) 伝統的工芸品産業の1974年から2020年にかけての生産額と従業員数について、一般

財団法人伝統的工芸品産業振興協会の伝統的工芸品の生産額・従業員に関する資料を参照。1970 年代後半から 1990 年代初頭にかけて生産額 5,000 億円に上る最盛期を境に減少をたどり、2020 年度は 870 億円である。従業員数も、1979 年に 288,000 人のピークから減少、2020 年は 54,000 人と約 5 分の 1 となっている。

伝統工芸の地域資源としての活用に関する実態調査結果報告書、総務省行政評価局、2022 年 6 月（2023 年 10 月 2 日参照）。

https://www.soumu.go.jp/main_content/000818488.pdf

26）　北出芳久 2016「伝統的工芸品産業支援のあり方について」『産開研論集』29、大阪府商工労働部（大阪産業経済リサーチ & デザインセンター）、p.22-24

27）　はかた伝統工芸館は、福岡県福岡市博多区上川端町にある冷泉小学校跡地の一部に立地する旧冷泉公民館を改修し、2011 年 4 月に開館した。同跡地においては、埋蔵文化財発掘調査が順次進められており、2019 年には 11 ～ 12 世紀頃の港の護岸と考えられる石積み遺構が発見された。続いて、はかた伝統工芸館の敷地の発掘調査のために、同館は 2021 年 4 月に福岡市博物館に仮移転した。

28）　福岡県における国指定重要無形文化財として、小石原焼（重要無形文化財保持者として福島善三が認定されている）、献上博多織（重要無形文化財保持者として小川規三郎が認定されている）、久留米絣（保持団体として重要無形文化財久留米絣技術保持者会が認定されている）がある。福岡県指定による無形文化財は、博多人形制作技術、博多独楽、筑前琵琶制作、人形制作がある。福岡県の国指定伝統的工芸品は 7 品目（小石原焼、博多織、八女福島仏壇、八女提灯、博多人形、久留米絣、上野焼）と、福岡県知事指定特産工芸品・民芸品が 35 品目（そのうち福岡地域には博多曲物、博多鋏、津屋崎人形、木うそ、博多張子、マルティグラス、博多独楽、今宿人形、博多おきあげ）がある（2023 年 10 月 2 日参照）。

https://www.pref.fukuoka.lg.jp/contents/gaiyou-dentoukougei.html

29）　福岡市による「令和 3 年度市政に関する意識調査」では、毎年調査している「福岡市の住みやすさ」のほか、2021 年度は「博物館」「福岡・博多の伝統工芸品」と題する意識調査が行われた（2021）。

調査地域は、福岡市全域である。調査対象は、福岡市内に居住する 18 以上の市民、住民基本台帳による無作為抽出法。調査数は、4,500 サンプル。回収率は 2,380 サンプル。調査期は、2021 年 6 月 22 日から 7 月 6 日まで。

「福岡・博多の伝統工芸品」の調査結果（2023 年 10 月 2 日参照）。

https://www.city.fukuoka.lg.jp/data/open/cnt/3/2967/1/69Pdentoukougeihin102P.pdf?20230829171209

30）　前掲 29）。

31）　「はかた伝統工芸館との連携企画　手仕事の美と技 2 ―曲物―」展、福岡市博物館、会期 2022 年 6 月 14 日～ 8 月 15 日（2023 年 10 月 2 日参照）。

https://museum.city.fukuoka.jp/archives/leaflet/580/index.html

32）　「福岡市博物館連携企画　くらしの中の伝統工芸―博多曲物編―」はかた伝統工芸館、会期 2022 年 7 月 16 日～ 7 月 24 日。

第 2 章

# 多様化する文化遺産

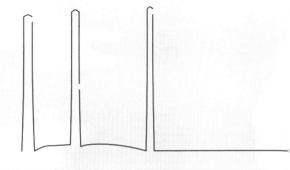

# 文化財石垣の保存

北野博司

## はじめに

　日本文化を特徴付ける文化遺産の一つに城跡がある。戦乱の時代であった14~17世紀に、日本各地では3~4万もの城館が築かれたが、そのうち天守や石垣、幅広い水堀等で囲まれる近世城郭は400余りあったとされる（加藤2016）。城跡の視覚的イメージとしては瓦屋根・漆喰壁の櫓や門、無数の石を積み上げた石垣が真っ先に思い浮かぶ。江戸時代の城下町から発展してきた日本の近代都市には中心部に城跡があって、その存在は市民の歴史アイデンティティになるとともに、史跡公園として整備された城跡は市民生活に溶け込んで、欠かせない社会インフラの一つとなっている。姫路城跡、大坂城跡、二条城跡、名古屋城跡、熊本城跡、金沢城跡はいまや200万人が訪れる観光地となり、都市の観光、経済に大きく貢献している。地方の城跡も100名城巡りや御城印集め、情報番組等の効果があって見学者数は軒並み増加し、多様な主体が開催する各種イベントによって地域づくりの場としても活用されている。

　城跡の整備や活用が進む一方で、文化財としての城跡の価値をどうやって保存していくのか。頻発する大地震や大雨に対する見学者の安全など、防災対策が課題として浮き彫りになってきている。特に本稿で取り上げる石垣は城跡の魅力を伝える重要な構成要素であるが、一旦崩壊すると人命を奪うほどの危険性を有している。1995（平成7）年の兵庫県南部地震における明石城跡、2011（平成23）年の東北地方太

**図1　地震による石垣の崩壊**（熊本城）

平洋沖地震による小峰城跡、仙台城跡、2016年の熊本地震による熊本城跡（図1）、2018年の西日本豪雨による丸亀城跡では各所で石垣が崩壊し、文化財に甚大な被害をもたした。これらは地震発生時刻等が幸いして死傷者ゼロとなったが、見学者が巻き込まれても何ら不思議でない状況であった。

# 1　文化財石垣の価値

　土木工事によって築かれた石垣は土地に付いた文化財で、文化財保護法上の分類では「史跡」「埋蔵文化財」に該当する。石積み表面だけをみれば、古墳のように地上に露出しているが、地下にも多数の遺構や遺物が眠っている。石垣を解体すると背面には裏込めの栗石や地盤（盛土・地山）があり、暗渠排水や土留めの遺構が出てくることもある。これらは石垣作りの土木技術を示すもので、解体調査では石を外しながら当時の職人の石積みの技を追体験し、その痕跡を逐一記録していく。また、発掘調査すると何層にも及ぶ造成土や修理履歴を示す土層の切り合いが確認され、創建以前の遺構面からたくさんの陶磁器が出土することは珍しくない。

　文化財石垣の価値は「歴史の証拠」と「安定した構造体」の二つの観点から把握できる（『石垣整備のてびき』文化庁文化財部記念物課）。歴史の証拠とは文字通り、歴史を復元する物証のことで、石垣からお城の築城時期や縄張りの拡張過

**図2　石垣の三層構造**（左：仙台城跡　右：小峰城跡）

程、土木技術等を推定することができる。

　埋蔵文化財の一般的な性質として、開発行為等で一旦破壊されると歴史の証拠は永久に失われてしまう。発掘調査においても保存されるのはその時の問題意識によって切り取られた断片的な「情報」のみで、本物は永遠に消失する。したがって史跡整備といえども発掘範囲を限定し、本物の遺構は盛土で保護をする。

　石垣は「安定した構造体」であることで文化財としての価値を持ち続けることができる。経年変化で不安定化することは価値の減退であり、地震等によって崩壊することは、その価値を一気に失うことにほかならない。文化財石垣は築石、栗石、地盤といった振動特性の異なる三者が相互に干渉しあって地震動のエネルギーを吸収する仕組みを持っている。地震や大雨などによる自然災害の多い日本列島で独自に発達してきた斜面の安定化工法で、制震性や排水性に優れている。素材・物性の異なる三者が緩やかに結びつく柔構造という点が重要で、背面も一体となった複合構造物なのである（図2）。

　石垣は現状保存を原則とする史跡、埋蔵文化財に分類されるが、建造物とも類似した側面をもつ。日本の文化財保護では歴史的建造物は「解体することによって腐朽・損傷した部材又はその一部のみを取り替え、再度くみ上げて当初の意匠・構造・機能等を回復させるという手法を採用」しており、不安定化した石垣も同じ考え方に基づいて修理される（『史跡等整備のてびき』総説編）。実際に両者は地震や大雨といった災害で損傷し、修理され続けて現在に至っているという歴史的事実がある。

　しかし、両者にはかなり異質な面もある。石垣は伝統的な軸組み構造の木造建造物と比べ部材（築石・間詰石・栗石・地盤）の接点が桁違いに多い。したがって、解体修理で戻せる「真実性（オーセンティシティ）」には限界がある。真実性の指標である形態・意匠、材料・材質、用途・機能、伝統・技術、立地・環境、精神・感性等（「オーセンティシティに関する奈良ドキュメント」）のうち、前二者の復旧が中心とならざるをえない。石垣解体により背面構造（栗石・地盤）が一旦失われると、当初の技術や構造を元どおり復旧することは難しい。とくに石垣作りの伝統技術は一旦途絶えてしまっており、現代の技術・技能でオリジナルな遺構を復旧できないという本質的な課題もある。

　この点を十分理解しないまま石垣解体を建物の解体と同様に捉えたり、「石

垣は建造物の土台であって、より重要なのは土台よりも建築だ」という建物重視の捉え方が過去にはあって、たくさんの石垣遺構が損傷した。国宝姫路城の昭和期の解体修理や、名古屋城、熊本城、岡山城、広島城など、RC天守の外観復元では基礎設置のために穴蔵の礎石や石垣が取りはずされてきたのである。

## 2 石垣の保存

文化財の保護では当該文化財の調査研究によって明らかとなった価値を文化資源として保存・活用していくことが求められる。このうち保存はその価値を後世に継承していくために「管理」と「修理」という二つの行為を持続的、循環的に進めていく。

### (1) 石垣の管理

管理は石垣面毎にナンバリングし、諸属性を観察・計測した「石垣カルテ」を作成することから始まる。石垣カルテは図像情報とテキスト情報からなる。前者は測量図(立面、断面等)や写真で、近年ではレーザー計測や、フォトグラメトリーによる三次元データの活用が一般化している。後者には石垣の特徴を「基本情報」と「変状情報」の観点から記録する。

「基本情報」は管理番号、地形や地盤、規模(長さ、高さ、勾配等)、石材加工(自然石、割石、切石)、積みの種類(乱積み、布崩し積み、布積み、谷積み)、年代、被災・修理の履歴といった現況観察と史料調査によって分かったことを記載する。「変状情報」には石垣面の孕み、緩み、破損石材、修理境界線を測量図やオルソ写真に書き込む。変状は石垣面の孕みや傾斜角を基準勾配からの変位量で色分けした段彩図を作成して可視化すると分かりやすい。石垣の変状は変形が進行している場合と変状があっても安定している場合がある。変位量と進行スピードを把握する動態観測を実施することが望ましい。石垣カルテは定期的な石垣の観察によって更新していくことが重要である。

石垣カルテとともに必要なのが日

図3 クラックゲージによる動態観測

常管理による点検とメンテナンスである。石垣の変位を知るための簡易な動態観測（図3）、雨水排水の点検、石垣に影響を及ぼす樹木の整備（枝打ちや伐採）、石垣面の草取りなどがある。野面積み石垣が主体の甲府城跡では全石垣を対象に計画的な点検作業を実施しており、間詰石の緩みや脱落に対して軽微な補修も行われている（山梨県 2022）。

　石垣が安定しているか、崩壊の危険性があるか。その評価は長く石工や研究者らの経験的判断にゆだねられてきた。近年では石垣の基礎や背面の地盤調査を行い、公共土木工事で用いられる擁壁（転倒、滑動）や斜面（円弧滑り）の安定計算によって安定性の指標とする場合がある。また、石垣構造をモデル化し、地震動を入力して変形挙動をシミュレーションする数値解析（FEM、DEM、DDA）も試みられている。

　石垣の崩壊は文化財的情報の多くを喪失するものであり、人命をも危機にさらす。これを避けるためには日常管理とメンテナンスを怠らず、石垣カルテや地質調査等により事前に危険箇所を把握し、短期的には見学動線を見直す（石垣から離隔をとる）などして災害に備える必要がある。

## (2) 石垣修理の理念

　我が国の文化的な記念物（建造物や史跡）の修理はヴェニス憲章（記念建造物および遺跡の保全と修復のための国際憲章、1965 年）の理念に基づき実施されている。『史跡等整備のてびき』資料編から一部抜粋しておく。

　①修復は高度に専門的な作業

　②修復の目的は美的（芸術的）価値と歴史的価値の保存

　③推測による修復はやってはいけない。

　④どうしても必要な付加工事は元の部材と区別し、後補のマークを付す。欠損部分の補修は全体と調和、同時にオリジナルと区別できること。

　⑤いかなる場合も修復前・工事中に歴史的建造物の考古学的、歴史的な研究を行うべき。

　⑥伝統的な技術が不適切なことが明らかな場合は科学的データによって、経験的にも有効性が立証されるならば近代的技術で補強することも許される。

　⑦ある記念建造物に寄与したすべての時代の正当な貢献を尊重すべきである。様式の統一は修復の目的ではない。

『史跡等整備のてびき』総説編では、わが国の建造物や史跡等の整備におい
ても、国際憲章等に示された文化遺産の保存と活用の基本原則を十分尊重する
とともに、それらを日本の風土と文化遺産の特性を踏まえ適切に適応させ、調
和的に発展させていく観点が不可欠、としている。

　修理においてはまず調査研究によって文化財的価値を明確にしておく必要が
ある。建造物や石垣では創建されてから幾度も修理しながら維持されてきたも
のが少なくない。オリジナルな姿に価値があるのか、現代まで何度も修理を
されてきた歴史の総体に価値があるのか。お城が機能していた近世までの修理の
歴史に価値があるのか。価値論は重視する視点によって相対的な面をもってお
り、答えは一つでない。

　文化財の真実性（オーセンティシティ）に関する国際的な議論は、ヴェニス憲
章以来、学会や社会の価値観と連動しながら奈良ドキュメント（オーセンティシ
ティに関する奈良文書（世界文化遺産奈良会議、1994 年）に収斂されていったが、文
化、文化財の多様性を認めることは現代的価値評価について個々に議論を深め
ることを要求している。

　奈良ドキュメントでは真実性を評価する指標として「形態・意匠」「材料・
材質」「用途・機能」「伝統・技術」「立地・環境」「精神・感性」などをあげて
おり、修理された文化財の真実性はこれら「情報源の信頼性」がどれだけ担保
されているかにかかっている。

　経年劣化が避けられない記念建造物では芸術・歴史的価値（「歴史の証拠」）と
ともに「安定した構造体」としてあることの価値が重要となる。修理が必要と
なるのは、一般に指定文化財の場合は後者の価値が減退したことを起因とする
が、修理ではいかに両価値を継承するかが技術的な課題となる。実際の修理に
おいて「歴史の証拠」と「安定した構造体」の価値を両立することは難しい。
ともするとトレードオフの関係になりがちである。「歴史の証拠」としての価
値付けには歴史学や考古学からの評価、「構造体としての安定性」は建築工学
や土木・地盤工学からの評価が欠かせない。修理方法を策定するには、歴史的
価値や安定性評価、工法等に関して各方面の専門家を交えたトータルな議論が
必要となる。

## (3) 石垣修理の方法

　文化庁は 2015 年に石垣保存の実務を円滑に進めるために『石垣整備のてびき』を策定した。石垣修理は一般の整備事業によるもののほか、近年では災害復旧事業が大規模化している。災害復旧といっても石材の崩壊状況の計測や原位置特定の作業を除けば、一般の整備と変わらないが、復旧設計に際して「構造体としての安定性」を高める補強への要請が強く打ち出される傾向にある。そのことで「歴史の証拠」の価値とせめぎ合う場面が少なくない。

　「歴史の証拠」を最大限保存する方法はいうまでもなく非解体で現状を維持することである。「構造体としての安定性」を高めるためには大きく孕むなどして不安定化した箇所を解体して、元の機能を回復するか、補強してより強固な構造体とするかである。二つの価値を保存するために働くベクトルの違いがせめぎ合いの原因となる。解体修理では目視と変形量が可視化された段彩図等により修理範囲を定めていくが、孕み等で変形した範囲すべてを解体・補強することは安定性には寄与するが、歴史の証拠が失われる範囲が大きくなることを意味する。その見極めは難しい。

　『石垣整備のてびき』では「現在残されている石垣は、積まれた状態を最大限維持する。それは石垣そのものが、歴史において代替することができない唯一オリジナルな遺構」であると「歴史の証拠」を尊重した修理が基本となることをうたっている。文化財としての石垣修理はこの原則をもとに「安定した構造体」としての価値の回復を目指して修理方法を模索することになる。

　石垣修理には、応急的な安全対策（フトンカゴ、トンパック、飛散防止用ネットの設置など）を除くと、非解体修理と解体修理がある。非解体修理には石垣前面への補強石積みや盛土、割裂した築石や脱落した間詰石の補修等があげられ、安定性のほか美的価値や景観等の観点から工法が選択される。

　解体修理では石垣背面に切土面が発生する。「労働安全衛生規則」の切土勾配に準拠しつつ、段切りによる盛土の強化、地盤補強にアンカーボルトやロックボルト（削孔、セメントミルク注入）の打設を検討する場合がある。このような近代工法はその必要性、背面遺構の保護を十分考慮したうえで決定しなければならない。

## (4) 石垣修理とオーセンティシティ

　解体修理の実際を真実性評価の指標からみていきたい。

「形態・意匠」は最も重視される要素である。そのため解体前の石材にナンバリング、墨打ち（グリッド・相墨）、オルソ写真、測量図等に基づいて復旧する。石垣にはそれぞれ固有の勾配があるので、測量等により設計勾配を定め、現場に丁張をたてて復旧していく。割れた石材は接着によりできる限り再使用するが、新補材に交換する場合は旧材を型取りし、意匠や表面加工（自然面・ノミによる粗加工、精加工）が変わらないよう調整する。現代の新補材はダイヤモンドカッターやワイヤーソーでカットし、エアー工具により製作されるが、正面と石同士が接する合場を除き、見えない部位には機械痕をそのまま残している。

　「材料・材質」の面では既存の石垣石、栗石等を最大限再使用する。破断等により劣化している場合、石材の文化財的価値や強度を比較考量して再使用の可否を判断する。やむなく新補材に交換する場合は、最寄りの産地で同質の石材を調達するが、近年稼働する石切場が減少し、往時の石材の入手が困難になっている。石垣背面の栗石や盛土も再使用が原則である。目減りした栗石を補充する場合は、既存石材の粒形（円礫、角礫）や粒度分布を考慮して調達し、オリジナルと区別するために石垣上部で使用する例が多い。盛土は掘削した発生材を用いるが、補強のため石灰改良したり、良質土への入れ替えを行う場合がある。石灰改良では土質や水分量によって適切な混和量があるので事前に実験や強度試験を行うことが不可欠である。

　石垣修理において、栗石や盛土の改良を行うことは、オーセンティシティを損なう面もあるが、築石の補強に限界があるなかで石垣全体の安定性を回復、増強する方策として実施されている。そのため記録保存として栗石の粒度分布や密度（単位体積重量）等の調査を行っている。施工では栗石をランマー等の機械で締め固めたり、手詰めによって丁寧に敷き並べて強度（摩擦力）を向上させている。近年、地震被害からの復旧に際して裏込層の自立性を高め、地盤との一体化をはかるために背面にジオテキスタイル（図4）を敷設する例がある。現代素材であるが、やむを得ない環境にある場合は後述する柔構造を阻害せず、可逆性を担保できるものとして許容されている。

　「用途・機能」はマクロには築石・栗石・背面地盤の「三層からなる柔構造」という文化財石垣の本質的価値と関わる要素である。文化財としての修理以前には築石の背面に胴込めコンクリートや裏込めコンクリートが打設される場合もあったが、材料面だけでなく制震性や排水性といった機能面からも現在では

行われていない。小峰城跡や熊本城跡の大地震での練積み石垣の崩壊は記憶に新しい。

　石垣の背面からは土圧を軽減する土留めの石積みや暗渠排水の遺構が検出される場合がある。石垣の解体に伴ってこれらは

図4　石垣背面へのジオグリッドの敷設（仙台城跡）

記録保存とならざるを得ず、施工性やコスト面等から修理で復元することも難しい。仙台城跡本丸北面石垣ではそれらの機能を継承するものとして砕石を充填した暗渠を積極的に設けている（仙台市建設局2006）。近年、裏込め層から石垣面に直交する列石（図5）が検出される例が増えている。機能については不明な点があるものの、熊本城跡飯田丸五階櫓台の修理では遺構を復元しながら補強を実現している（下高2022）。

　「伝統・技術」では解体調査で当該石垣の築造技術を復元することが、継承すべき技術要素を選択する前提となる。しかし、現代では道具等が変化し、労働環境や社会条件も往時と異なるため復元した技術（工程・道具・身体動作・知の体系）がそのまま修理に直結できるわけではない。各種法令を遵守し、近代一般の土木工事の技術を活用しながら施工していく（図6）。石材加工では粗加工石の新補材は表面をノミ仕上げとすることを標準としているが、見えない部分はコスト面と旧材と区別する意味で現代工具の加工跡をそのまま残している。石積み技術では築石の最奥部直下に大きな介石（鑪介石）を置く方法が普及しているが、これは間知石積みが一般化した近代に定式化した技術とみられ、江戸期の遺構にはほとんどない。築石の勾配調整と近現代の民俗技術の伝統として施工されている。復旧する際の築石同士の接点は解体前と同じようにはならない。石材を安定的に設置し、胴込めの介石等を詰めていく作業は石工らの技能に属する領域で言語化が難しい。したがって現在まで工学的には評価されな

図5 栗石層から検出された列石 (熊本城跡)

図6 現代の石垣修理工事 (小峰城跡)

い領域となっている。しかし、このような石積み技術は石垣の安定性にとって重要なものであり、これを継承できる技能者の育成が急務となっている。石垣に用いられた技術は調査研究により解明すべき課題であり、修理におけるオーセンティシティとして継承すべき伝統や技術の内容も定まったものはない。文化財石垣保存技術の「選定保存技術保存団体」である文化財石垣保存技術協議会（技術・研究会員および技能会員で構成）において、技能者の研修や継承すべき技術について検討が進められている。

## おわりに―課題と展望―

　石垣の保存は適切な管理と文化財的価値を継承する修理によって実現される。400年前に造られた石垣は近代になると長い間放置され、経年劣化と頻発する大雨、地震によって不安定化しているものが少なくない。修理は経年劣化が避けられない文化財の宿命であるが、石垣の場合、人命を危険に晒すことがあるため修理方法の選択、解体修理のタイミングが重要となる。それを見極めるのが管理である。石垣の管理手法は『石垣整備のてびき』で大枠が示されたが、個別に研究と実践に取り組んでいる例もある（石川県金沢城調査研究所2016・2022）。しかし、全国の史跡の管理団体を俯瞰すると災害対応に追われる現実があり、自らカルテを更新し、動態観測を継続する攻めの管理が実現できている所は少ない。石垣の管理・防災は行政主導で進めつつも、今後は企業や市民参加を得ながらその持続的な仕組みを構築していく必要があろう。

　石垣修理ではヴェニス憲章の理念に従いながらも、実際には「歴史の証拠」と「安定した構造体」のせめぎ合いのなかで、両価値を統一的に把握できる手法を模索する。そのバランスは文化財保存の論理だけに支配されるのではなく、活用の様態によって社会的要請を加味しながら総合的に判断される。

　石垣の解体修理は本物が持っていたオーセンティシティの多くを喪失させる行為でもある。非解体修理と活用動線の見直しをはかりながら、やむなく解体となった場合は、調査によってできる限り「歴史の証拠」を記録保存し、修理工事ではオーセンティシティの保存を追及する姿勢が必要である。修理された作品の将来における文化財的価値は「情報源の信頼性」、安定性とともに、現代に継承された伝統的な修理技術（民俗技術）がいかに反映されたかも指標となろう。文化財石垣の修理技術は選定保存技術であり、調査技術も含め、これら無形の遺産を継承するのに最も優れたのは解体修理の現場である。非解体を志向しながらどうやって調査員、技能者を育成していくかが大きな課題である。

**補記**　脱稿後、令和5年7月5日付で文化庁から「石垣の耐震診断に関する指針・要領（案）」が公開された。防災の観点から石垣の安定性評価と対処方法が具体的に示され、城跡の石垣管理について一定のマニュアル化がなされたものといえる。

引用・参考文献
石川県金沢城調査研究所　2016・2022『金沢城跡石垣保存実態調査報告書』Ⅰ・Ⅱ

加藤理文　2016『日本から城が消える』洋泉社

下高大輔　2022「櫓台増設方法の一例」『熊本城調査研究センター年報』8（令和 3 年度）

仙台市建設局　2006『青葉山公園仙台城石垣修復工事（仙台城跡本丸北壁石垣）工事報告書』

文化庁文化財部記念物課　2005『史跡等整備のてびき』

文化庁文化財部記念物課　2015『石垣整備のてびき』

山梨県　2022『史跡甲府城跡―平成 27 年度から令和 2 年度までの石垣維持管理事業に係る報告書』

図版出典
図 2 左、図 4 は仙台市建設局提供、図 2 右、図 6 は白河市建設部提供。

# 近代化遺産の展示手法

## —佐世保市におけるフィールドミュージアムの試み—

川内野　篤

## はじめに

　近代化遺産が文化財のカテゴリーの一角に現れたのは、1990（平成2）年のことである。近代化遺産とは、文化庁による造語で「幕末から第2次世界大戦期までの間に建設され、我が国の近代化に貢献した産業・交通・土木に係る建造物」と定義されている。この年から文化庁の支援のもと各都道府県では近代化遺産総合調査を実施していくことになる。

　佐世保市を含む長崎県がこの近代化遺産総合調査に取り組んだのは1997年のことであり、この調査において佐世保市内では162件の近代化遺産が報告され、特に佐世保鎮守府に関連する近代化遺産がほとんどを占めるという特徴が初めて明らかにされた。そしてこの調査報告書により、佐世保市における近代化遺産の活用方法として野外博物館の考え方が示された（岡林1998）。近代化遺産は、ほぼ建築物や土木構造物であることから現物を博物館に収蔵することができない。その代替として野外博物館、フィールドミュージアムの考えが示されたことは至極順当といえる。本稿では、佐世保市内に多く残る近代化遺産の概要を述べつつ、フィールドミュージアムとしての視点や現物が収蔵できない場合における博物館での展示についての考え方を述べたい。

# 1　佐世保鎮守府の開庁と施設整備の概要

## （1）佐世保鎮守府の開庁

　佐世保市に多くの近代化遺産が存在するきっかけは、言うまでもなく第三海軍区鎮守府、いわゆる佐世保鎮守府の開庁にある。

　明治時代に富国強兵を目指す日本はフランス海軍を参考に、日本列島の周辺を固めるように横須賀、呉、佐世保、舞鶴の4ヶ所に鎮守府と軍港を整備し

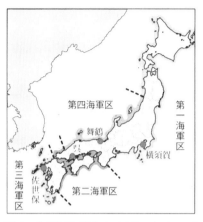

**図 1　海軍区と鎮守府**（山崎・大武 2017）

た。鎮守府とは、日本海軍の根拠地として艦隊の後方を統轄した行政機関の一種である。海軍区と呼ばれる所轄海域の防備、所属艦艇の統率・補給・整備、兵員の徴募・訓練、軍事施設の建設と運営・監督にあたった。

　佐世保鎮守府は横須賀、呉に続く 3 番目の鎮守府として、1889（明治 22）年に呉鎮守府と同時に開庁を迎えた。鎮守府の設置には多岐にわたる施設整備が必要で、軍事基地として成立するためには以下の項目が最低限必要であった。

・真水、燃料、弾薬、衣服、食料など補給に関する施設
・艦艇や兵器を製造、修理するための繋留施設や工場施設
・乗組員や従業員の教育施設や健康管理にあたる医療施設
・基地を防御するための砲台や見張所などの防御施設
・基地への情報伝達や物資輸送のための通信、鉄道施設

　これらに加え、基地相手に商売をする商業区やそれに携わる人々の居住地として街区整備が必要であり、鉄道など大規模輸送手段の確保もまた必要となる。鎮守府を置くということは、全く新規に効率の良い都市を設計する、ということに他ならない。明治時代に軍港と鎮守府が置かれた四都市は、いずれもほぼ同じ状況であったことからこの四都市は非常に良く似ている。このような諸施設の整備は一気呵成に行われたのではなく、長い時間をかけて営々と整備されていったのである。

## （2）佐世保鎮守府の役割と初期の施設整備

　日本列島の最も西に位置していた佐世保鎮守府は、明治維新以降続く清国との緊張関係に鑑み、有事の際には最前線の基地とすべく艦隊への補給や修理の機能を重視して施設整備が行われた。1894 年に勃発した日清戦争において、佐世保鎮守府は想定通り最前線の基地として機能し、日本の戦勝に大きく貢献した。しかし、一方では機能の限界を露呈することとなった。そして、日清戦

争の結果大国ロシアとの対立が決定的となり、日本は国を挙げて軍備増強、産業の育成に邁進し、前線基地となる佐世保鎮守府の機能強化に乗り出した。

## (3) 日露戦争を見据えた施設整備

　日清戦争において発覚した佐世保鎮守府の決定的な弱点は、真水の不足と艦艇造修施設の不足であった。日清戦争当時、佐世保鎮守府で必要な水は1日500tであった。それに対する給水能力は1日200t程度であった。必要量の半分以下の水量しかなくその確保に腐心し、大村湾沿いの千綿川から水船で運搬して給水することでかろうじて戦争を乗り切ったのであった（川内野2013）。

　戦後の1898年海軍省は佐世保鎮守府の水道拡張工事を企画し、佐世保鎮守府初設水道施設や長崎市における水道建設の実績を持つ吉村長策（1860〜1928）に水源を含む水道施設設計に関する調査を委託した。この調査結果に基づき、1904年までに貯水容量22,100tの岡本水源地と一昼夜1,500tの濾過能力を持つ緩速濾過池2面、容量5,000tの浄水池（配水池）を持つ矢岳浄水場を完成させ、佐世保鎮守府の水不足はやや小康を得たのであった。なお、海軍省は設計者の吉村長策を海軍技師に任用して佐世保鎮守府に配属し、工事の監督にあたらせた。一連の施設の完成により佐世保村もその余水を譲り受け、手桶単位での販売を開始した。これが佐世保における水道事業の嚆矢であった（岡林2009）。

　一方、艦船造修施設については要となる船渠（ドック）が戦争中には完成せず、艦艇の修理は浮ドックを使用するという状態であった。建造中のドックは日清戦争終戦後の1895年10月に完成したものの、漏水や石材の孕みなどの不具合が見つかり完成直後から使用不能の状態に陥ってしまった。調査の結果、この原因は石材の接合や裏込めに使用されていたコンクリートが海水で溶解したことにあった。この現象は佐世保だけではなく大阪や横浜でも確認されており、当時の土木界を揺るがす大問題であった

図2　岡本水源地第二沈澱池

**図3　鎮守府造船部第一船渠**
（現佐世保重工業第5ドック）

（真島1931）。この問題解決のため海軍省は札幌農学校（現北海道大学）を卒業したばかりの真島健三郎（1873～1941）を海軍技師に任じ、佐世保鎮守府に送り込んだ。佐世保に赴任した真島は海水に溶解しないコンクリートを求め、小野田セメントの笠井真三（1873～1942）らと研究を重ねた末、長崎地方で江戸時代から使われていた天川漆喰（火成岩が風化した赤土に石灰を混ぜた三和土の一種）を使用した石垣が海水で崩れないことに着目し、赤土（当時は火山灰と称した）を混入することでついに海水に溶解しないコンクリートを生み出すことに成功した（西澤2000）。赤土を混入したコンクリートは直ちに佐世保鎮守府の第一船渠の改修に用いられ、これを完成に導いた。第一船渠は佐世保鎮守府造船部、のちの佐世保海軍工廠の中核施設として日露戦争にて大いに活躍した。

　これらの二つの事例からは、日露戦争に向けて海軍省が当時最も優れた技術と知識を持つ人材を佐世保鎮守府に送り込み施設の強化を図っていたことがわかるだろう。これらの施設整備は水道、造船だけではなく大規模な石炭置場の造成、衣糧品や兵器類を保管する平瀬、立神煉瓦倉庫群の建設、前畑火薬庫の大規模拡張、佐世保要塞砲台群の構築などあらゆる分野に及んでいた。これらの施設整備は、おおむね1903年までに完成し、佐世保鎮守府の能力は日清戦争時とは比較にならないほど強化された状態で日露戦争を迎えた。

## （4）日露戦争後の施設整備とコンクリート技術の発展

　1904年2月に勃発した日露戦争は、事前の周到な準備や入念な外交的根回しも効を奏し、1905年9月に辛うじて勝利を収めることができた。佐世保鎮守府は想定通り前線基地としての役割を果たしたが、日清戦争時より大幅に強化された諸施設をもってしても不足を感じる部分があった。それはやはり水道と艦艇の造修であった。

　水道施設については第一次拡張工事が行われたものの水源の規模が小さく、

その能力は極めて限定的であった。さらに鎮守府設置以来佐世保の人口は急激に増加を続け、人口が5万人を突破した1902年には村から町を飛び越えて佐世保市が誕生した。しかし急激な人口の増加に対してインフラの整備が全く追い付いていなかった。とりわけ水道施設の不備による水不足と不衛生な水の利用による伝染病の頻発は深刻だった。そのため日露戦争勃発直後から佐世保市における水道施設整備が具体的に検討され始めた。佐世保鎮守府も全面的にこれに協力し、建築科の技師吉村長策を佐世保市に派遣し具体的な設計を行わせた。紆余曲折の

図4　山ノ田貯水池と浄水場
(2013 年撮影)

図5　立神係船池

末、貯水池と浄水場を佐世保鎮守府が建設し、市内への水道管を佐世保市が建設、佐世保市が使う水は海軍水道から無償で分与を受ける、という前代未聞の形で決着し、佐世保軍水道第二次拡張工事と佐世保市水道創設工事が開始された。工事は日露戦争後の1905年11月に着工され、1907年10月に山ノ田貯水池と浄水場、佐世保市内への給水管の一部が完成し給水を開始した。この給水工事の完成により、佐世保市は名実ともに近代都市となったといえる（川内野2016）。

　艦船の造修施設については、日露戦争開戦時に大型艦艇が入渠可能な第一船渠と水雷艇用の小船渠が1基ずつあり、第三船渠が築造中であった。この第三船渠は戦争中に完成したものの、戦争のほとんどの期間を大型艦が入渠可能な船渠1基のみで対応していた状況であり、海軍は薄氷を踏む思いであった。そのため日露戦争半ばから佐世保海軍工廠の修理、整備能力の飛躍的な向上のための大事業を開始した。それが第四、五、六船渠の同時築造と 10,000t 級の艦船9隻を同時繋留できる立神係船池の建設であった。特に大規模な工事となっ

図6 川ノ谷四号重油槽

た立神係船池（修理艦船繋留場）は佐世保湾に突き出した二つの岬と二つの無人島を連結させ、総延長1,699mに及ぶ係船岸壁を築造するものであった。この基本計画は吉村長策が行い、真島健三郎が主任技師として設計、施工を担当した。真島は様々な特許技術を投入して工事を進め、1907年の着工から11年の歳月をかけて1918年（大正8）に完成を迎えた。岸壁面にはもちろん真島が開発した赤土（火山灰）入りコンクリートが用いられていたが、常に海水に触れる岸壁にこれほど大々的にコンクリートを使用した事例は、我が国で初めての事例であり、コンクリートの本格的な海洋進出の画期となったといえる。

日露戦争末期から大正時代にかけて行われた佐世保鎮守府の施設整備では、技術的にも極めて重要な工事がいくつも行われていた。1905年9月には第三船渠烹炊所が完成したが、これは日本初の鉄筋コンクリート建築であった。この設計者は真島健三郎であり、当初煉瓦造で設計されていたものを鉄筋コンクリート造建物の実証実験のために設計変更したという経緯があった。この頃から海軍では佐世保鎮守府を舞台として、鉄筋コンクリート技術の応用実験を行っていた節がある。1904年には海軍工廠内に高さ24mの大煙突が鉄筋コンクリートで建設され、1906年には佐世保橋が鉄筋コンクリート桁橋に架け替えられた。これは当時日本最長の鉄筋コンクリート橋梁であった。1911年にはこれまで鉄製だった重油タンクを鉄筋コンクリートで建設することに成功した。その付帯設備として給油岸壁（川ノ谷第一護岸）を鉄筋コンクリートで築造した。常時海水に触れている岸壁への鉄筋コンクリートの適用は初めての試みであり、のちの立神係船池の築造につながるものであった。初めて建設された重油タンクは地上式であり、容量も3,000tと小さかったが、この成功を受けて容量を2倍の6,000tとし、重油の蒸散防止や防諜の観点から地下式に改めたタンク4基が1915年までに完成した。また1921年には前畑火薬庫内に初めての鉄筋コンクリート造のトンネル状構造物である隧道式無煙火薬庫が建設され、その後火薬庫はトンネル式が主流となっていくきっかけとなった。以上の

ように、佐世保鎮守府建築科では吉村長策、真島健三郎を中心として鉄筋コンクリート技術が建物、橋梁、海洋構造物、高層構造物、地下構造物へ応用可能であることが次々と証明されていったのである。

　このようなコンクリート技術の応用実験ともいえる先駆的な取り組みは、やがて立神係船池をはじめとする超巨大構造物の出現につながっていくことになる。間口が183m、床面積が1haに迫る第五水雷庫、高さ136mの無線塔3本を持つ佐世保無線電信所（針尾送信所）、合計20万tにも及ぶ庵崎地下重油タンクなどである。これらは佐世保鎮守府で発達したともいえるコンクリート技術の集大成ともいえよう（岡林2011）。

## (5) その後の施設整備

　佐世保鎮守府における大規模な施設整備は大正時代末期までで一応の終息を見ることになる。昭和期に行われた施設整備は航空機関連や対米戦を意識したものが多くなるという特徴がある。最大規模の整備は1938年（昭和12）から1943年にかけて無筋コンクリート円形の5万t重油槽が7基、35万t分（計画では8基40万t）が建設された横瀬重油槽と、対米戦の切り札とされた大和型戦艦の造修のために1940年に完成した海軍工廠第七船渠であろう。また1938年の支那事変勃発後には佐世保軍港を取り巻く形で、対空見張所や高射砲台の整備も進められた。同時に佐世保鎮守府庁の地下には見張所や高射砲台からの情報を集約し適切な指揮を行うための大規模な防空指揮所の建設も行われた。これらの高射砲台群は1944年に中国大陸へのアメリカ陸軍重爆撃機B29の配備を契機に飛躍的な能力向上が図られ、田島岳高射砲台には国内で初めて対空射撃用レーダーである4号電波探信儀1型が配備されるなど、国内でも最新鋭の装備が施されつつ終戦を迎えることになる（名和1969）。

　以上佐世保鎮守府の誕生から消滅までの施設整備の状況について概観してきたが、いうまでもなく常に日本海軍の最前線の基地として位置づけられており、最新の技

図7　佐世保鎮守府防空指揮所

術と知識が動員されて施設整備が行われていったことが容易に理解できるだろう。

## 2　近代化遺産の価値の捉え方

　前項では佐世保鎮守府により建設された様々な近代化遺産を紹介したが、軍事関係に限らず、これらの近代化遺産の価値については様々な捉え方がある。

　①単体型：それ単体で一つの価値を物語っているものである。これは寺社仏閣に近い価値の捉え方といえ、銀行建築や公官庁建築、教会建築などが該当する場合が多い。

　②シリアル型：単体でも一つの価値を物語りつつ、それが複数合わさってさらに別の価値を物語るものである。これは世界遺産におけるシリアルノミネーションに近い価値の捉え方で、ダム、浄水場、送水施設など一連の水道施設や駅舎、橋梁、土堤などを含む一連の鉄道施設などがこれにあたる。

　③準シリアル型：単体ではさほど価値は見いだせないものの、一連のシステムの構成要素としてとして考えた場合、総合的に価値が認められるものである。これもシリアルノミネーションに近い考え方ではあるものの、個々の構成要素の価値が低いという点が異なっている。強いて挙げれば埋蔵文化財＝遺跡や史跡に近い価値の捉え方といえる。

　このそれぞれの類型について佐世保市内の近代化遺産から実例を挙げて解説する。

### （1）単体型の事例—旧佐世保鎮守府凱旋記念館（佐世保市民文化ホール）—

　第一次世界大戦における佐世保鎮守府所属艦艇の活躍を記念して1923年に建設された公会堂建築である。佐世保鎮守府管下8県から寄せられた寄付金により建設された。柱は鉄筋コンクリート造、壁は煉瓦造となっており、全体的に古典主義的な意匠で統一されている。正面玄関上に取り付けられた碇のレリーフや内部列柱に取り付けられた桜をかたどった金具受けなど、凱旋記念館にふさわしい装飾性に富んだ建物である。

図8　佐世保鎮守府凱旋記念館

## (2) シリアル型の事例①—山ノ田貯水池と浄水場—

　山ノ田水源地は河川に設けられたダム、緩速濾過池、配水池、量水池などから構成される水道施設であり、1908年に完成した。山ノ田貯水池は、佐世保市で初めての本格的な貯水池であった。形式としては土堰堤（アースダム）であり、堤高は24.5m、堤長310m、貯水容量は約55万t、一日の取水能力は8,000tであった。貯水池からの取水はコンクリート造の取水塔で行われ、取水塔直下までは暗渠（監査廊）が設けられている。取水塔からの水は径45.7cmの鋳鉄管にて第一量水池に導かれ、計量のうえ濾過池に送られた。なお、取水塔に設置されている鋳鉄管には「明三九　釜」の銘と碇のマークが確認できる。

　濾過池は1面あたり一昼夜1,800tの浄水能力を持つものが5面設けられ、4面を常用し一昼夜7,200tの浄水能力を有していた。濾過池群の脇には緩速濾過の必需品である砂を洗い、保管するための砂置場も建てられた。濾過された水は、容量1,350tの配水池2池に貯水された。配水池にはドーム状の木造上屋が設けられていたが、現在は建て替えられている。配水池からは第二量水池を経由して市街地方面へ送水された。第二量水池には浄水を保全するために木造の上屋が設けられた。山ノ田浄水場の浄水能力はそれまでの水道施設とは比べ物にならないほど高い能力であったが、これは海軍同様に水不足に悩んでいた佐世保市に浄水を分与することを前提として設計されたため、このような過剰ともいえる能力を持った水道施設となったのである。

　山ノ田貯水池と浄水場は構成する各施設がそれぞれ非常に特徴的である。貯水池については堤長310mという水道用としては国内最大級のアースダムであり、取水鉄管は国産最初期の鋳鉄管を用いている。また二つの川の合流点に築造されたことから両方の河川にはそれぞれダムへの流入量を計量する量水堰も設けられている。濾過池や配水池については壁体と笠石を異なる種類の石材で造り分け、表に見える笠石については極めて丁寧な仕上げが施さ

図9　山ノ田浄水場施設配置図（黒矢印は水の流れを示す）

れている。砂置場についても腰高まで石を積み化粧目地を施すなど工夫がみられ、小屋組みも自然に曲がった松丸太を用いた和小屋とするなど見るべき点が多い。また市街地への水を計量した第二量水池に設けられた上屋には凝った装飾が施されている。これらの施設群はそれぞれ単体でも土木構造物や建築物として価値を持っているものである。そしてこれらの施設は、貯水池へ流入する水量を計量して貯水量をコントロールし、貯水された原水を計量してから濾過池に送ることで濾過速度をコントロールする。濾過された浄水は外部から隔絶された配水池に一時的に貯水され、市街地へ送り出す量も計量しコントロールする。これらは全て自然流下により行われ一切の動力を必要としないという明治期の緩速濾過システムの運用や仕組みを現在に伝える貴重な施設といえる。

## （3）シリアル型の事例②—佐世保無線電信所（針尾送信所）施設—

　無線通信のための無線塔、発電機室を兼ねた電信室、油庫などから構成される通信施設であり、1922年に完成した。佐世保鎮守府で研究が続けられた鉄筋コンクリート建築の到達点の一つともいえる高層構造物であり、わが国の土木技術史上きわめて重要な施設として重要文化財に指定されている。このことからも針尾送信所を構成する各施設の価値は明らかであろう。次に針尾送信所で送信が行われる過程を見てみよう。資料が少ないため、一部に推測が含まれることをあらかじめ断っておく。まず電信室中央に並べられた二次電池により発電機室に据えられた直流発電機が起動される。その電力がアレキサンダーソン型高周波発電機を起動させる。針尾送信所に装備された高周波発電機は100kWで12,000Hzの周波数を生み出す。これを3倍周波数逓倍器（トリプラー）にかけることで30,000Hz＝波長300kmという超長波の電波を作りだす（中村2019）。発電機室で作り出されたこの電波は送信機の電鍵によってモールス信号として各塔間に張られた長さ300mの琴型四条のアンテナから各方面へと

図10　針尾送信所遠景

発信される。これらの施設は超長波を使う宿命的問題として非常に大規模になり、その維持管理には多くの人員が必要となる。そのための兵舎も施設内に置かれ、渡り廊下により直接電信室へと出入りできるよう工夫されていた。また急潮で有名だった針尾瀬戸を望めることから、送信所への民間人の立ち入りを監視するための門衛所や見張所も設けられた。これらの施設群はいずれも1920年代までに確立されていた超

図11　アレキサンダーソン型高周波発電機（十年式甲号送信機の一部）
(株)東芝京浜事業所蔵

長波による無線電信所の運用や仕組みを現在に伝える貴重な施設である。

## (4) 準シリアル型の事例―田島岳高射砲台―

　田島岳高射砲台は1938年頃に日本海軍により佐世保港を見下ろす弓張岳山頂に建設された敵性航空機を迎撃するための高射砲台である。1944年に大幅な装備強化が行われた。高射砲台というと高射砲が据え付けられていた砲座のみに目が行きがちであるが、高射砲が発砲するまでには様々なプロセスと観測機器類の活動が必要となる。一般的な高射砲台の装備はおおむね以下の通りである。

・高射砲 2～6門　　　　　・望遠鏡 1～2基

・高射器（射撃指揮装置）1基・探照灯及び管制器 1～2基

・高角測距儀 1基　　　　・空中聴音機 1基（後期には電波探信儀＝レーダー）

・発電機 2～3基

　これらの諸装置は全て電気的に接続されており、連動して動く仕組みであった。実際に発砲に至るまでのプロセスの一例をあげると、高射指揮官が敵機を発見してブザーを鳴らし、望遠鏡で敵機を視野に収めると、高角測距儀観測手や高射器の旋回手、俯仰手側のメーター指針が動く。メーターには二つの指針がついており、先に動いた指針に合わせて各自がハンドルを動かして指針を追従すると、それぞれの照準眼鏡は高射指揮官と同じ敵機を視野に収めることが

---

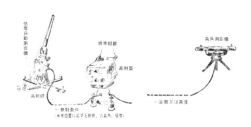

図12　高射砲台概念図（大熊 1944 改変）

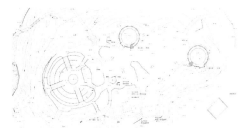

図13　田島岳高射砲台施設配置図

できる。この間高射器は高角測距儀から敵機の高度や直距離をリアルタイムで受信し、発砲に必要な緒元（砲の旋回角、砲身の仰角、砲弾の到達時間＝時限信管秒時）を計算し砲側に伝達する。これらの緒元は砲側でもメーター指針が動いて表示される。砲の旋回手と俯仰手はハンドルを回してこれを追従し、高射器で引き金を引くと追従が完了している各砲から砲弾が発射される。指揮官がブザーを押してから初弾発砲までに実に4秒という短時間であった（遠藤1975）。これは敵機が視認できる昼間の事例であり、夜間などは探照灯の照射がこれに加わり、敵機が雲上などにいて視認できない場合は空中聴音機により測的を行った。非常に高度なシステムであったがどうしてもタイムラグや測定誤差が生じるため、測的には電波を用いるレーダーが使用されるようになった。

　田島岳高射砲台に残されている施設は、砲座2ヶ所、レーダー跡1ヶ所、探照灯跡1ヶ所、指揮所跡2ヶ所、弾薬庫跡2ヶ所が山頂付近に集中しており、そこから離れた谷に発電所1ヶ所が確認されている。これらは一つ一つ単体で見た場合には構造や技術的にそこまで特筆すべき特徴は見当たらない。しかし全体を一つのシステムと捉えた場合、話は全く違ってくる。砲座に装備されていた高射砲は当時世界でも最も優れた高射砲であり、国内で初めて装備された射撃用レーダーと組み合わせることで視界の有無にかかわらず正確な射撃が可能であった。またレーダーの故障や被弾などに備えて探照灯や高角測距儀といった光学照準装置もバックアップのために装備されていた。さらにこれらの施設は、高射砲の発砲による爆風や被弾による影響を考慮して施設の距離を決めるなど、その配置にも合理的な意味があったのである。

# 3 フィールドミュージアムとしての近代化遺産

　前項では近代化遺産の価値の捉え方について類例を挙げて説明したが、特にシリアル型と準シリアル型については広い敷地内にある様々な施設について、全体を一つのシステムとして捉えることで各施設の役割を明確に説明することが可能となる。通常博物館における展示には展示テーマが存在する。学芸員はそのテーマに沿って膨大な収蔵品の中から展示物を選択し、解説をつけて展示を構成する。近代化遺産の多くはそもそもテーマ、つまり本来のシステムが存在している。システムを構成する各施設はテーマを構成する展示物とみなすことができるのである。そして本来のシステムが稼働する順番が展示順路であり、順路に沿って展示物＝構成施設を見学することで全体のテーマ、つまりシステムを理解することができる。したがって近代化遺産と博物館は極めて親和性の高いものであり、全体が残る近代化遺産はそのまま野外博物館、つまりフィールドミュージアムといえるのである。

　また、第1節で紹介したように佐世保鎮守府に関連する近代化遺産は、水道技術、鉄筋コンクリート技術、港湾技術、造船技術、電気電波技術と常に最先端の技術が投入され続けたことを示している。その技術に注目し、複数の近代化遺産を見ることによって、その技術発展についても学ぶことができる場合もある。例えばコンクリート技術に注目した場合、第一船渠で取り組まれた基礎的な技術熟成に始まり、第三船渠ポンプ室、川ノ谷第一岸壁、川ノ谷重油タンクなどの建造物、海洋構造物、地下構造物の応用研究が第五水雷庫、立神係船池、針尾送信所など巨大な構造物への発展につながった。これらは単体型、シリアル型を含む佐世保市域全体をフィールドとしたフィールドミュージアムということもできる。

# 4 近代化遺産の新しい展示のあり方

　第2節及び第3節では現地にある近代化遺産を対象として紹介してきたが、近代化遺産のほとんどがバリアフリーの概念がない時代の設計であるため、現地に行きたくても行けない人もいる。しかし近年のVR技術やAR技術を活用することで、通常の博物館や自宅にいながらフィールドミュージアムである近代化遺産を楽しむことができるようになっている。その一例が360°カメラや

3D レーザースキャナー、ドローンによる撮影を組み合わせて 3D モデルを作成するデジタルフォトグラメトリという手法である。この手法であればパソコンや個人のスマートフォンでいつでも見学することができるだけではなく、通常であれば見ることのできない場所や角度からも見学することができる。佐世保市では民間企業の協力のもと、針尾送信所において簡易 VR ゴーグルを用いた VR 体験やバーチャルツアーのコンテンツを制作し、公開している。現在計画を進めている近代化遺産をテーマとした歴史公園においてもこのような VR 技術や AR 技術を用いた展示を展開する予定である。このような新しい展示の手法は、スケールの大きな近代化遺産の魅力を十分に伝える極めて有効な手法といえる。

## おわりに

　近代化遺産はいずれも土木構造物や建築物である。そのためそのものを博物館に収蔵し展示することはできない。しかし近代化遺産は展示テーマというべき本来のシステムが存在している。そのシステムに注目し、システムが稼働する順番に解説を行うことで、近代化遺産を一つのフィールドミュージアムとみなすことができる。また特定の技術などに注目した場合も複数の近代化遺産を包含するフィールドミュージアムが設定できる。さらに VR 技術や AR 技術と組み合わせることで博物館の中に持ち込むことができるようになり、現地に行くことができない人でも楽しめ、現地に行った人の理解もより深めることができる。本来のシステムを重視した現地での展示と、先進技術を活用した館内あるいは Web 上での展示を組み合わせることが近代化遺産の展示方法として最もふさわしいのではないだろうか。

【引用・参考文献】
遠藤　昭　1975『高角砲と防空艦』原書房、p.148
大熊武雄　1944「新兵器」山海堂、pp.182-183
岡林隆敏　1998「佐世保市の近代化遺産の保存と活用」『長崎県の近代化遺産―長崎県近代化遺産調査報告書―』長崎県文化財調査報告書 140、長崎県教育委員会、p.202
岡林隆敏　2009「佐世保軍水道第一次拡張工事の詳細」『佐世保軍水道第一次拡張（岡本水源地）調査報告書』佐世保市文化財調査報告書 2、佐世保市教育委員会 pp.6-15
岡林隆敏　2011「佐世保鎮守府における鉄筋コンクリート技術開発と針尾送信所」『旧日本海軍針尾送信所学術調査報告書』佐世保市文化財調査報告書 7、佐世保市教育委員会、

pp.45-62

川内野　篤　2013「補助的・臨時的水道施設報告書」『佐世保軍水道初設水道施設等調査報告書』佐世保市文化財調査報告書8、佐世保市教育委員会、p.33

川内野　篤　2016「公文書にみる第二次拡張工事の経緯」『佐世保軍水道第二次拡張施設（山ノ田水源地）調査報告書』佐世保市文化財報告書13、佐世保市教育委員会、pp.9-19

中村英之　2019「送信用アレキサンダーソン型高周波発電機」電気技術史研究会資料（http://www2.iee.or.jp/～fms/tech_a/ahee/study/Manuscript/HEE-19-031.pdf）（2022年11月14日閲覧）

名和　武編　1969『海軍電気技術史（第3部）』防衛省防衛研究所蔵、p.17

西澤英和　2000「海軍技師・真島健三郎の業績（その2）」『建築の技術　施工』

真島健三郎　1931「我国の発達を促した三大築港工事」『創業五十年史』小野田セメント製造株式会社、pp.215-217

山崎　宏・大武圭介編　2017『日本遺産横須賀・呉・佐世保・舞鶴　鎮守府ガイド育成教本』旧軍港市日本遺産活用推進協議会、p.5

# 無形文化遺産としての和食

平野裕子

## はじめに

　この章では「和食」をとりあげるが、和食と聞いたとき、皆さんはどのようなものを想像するだろうか。「和」という言葉のイメージから、料亭などのお膳の上にふるまわれる豪勢な会席料理を思いつく人もいるかもしれない。しかし和食とは、こうした一部の人だけが楽しむものではなく、日本の人が普段日々口にしている食事、一般家庭で親しまれている料理を指している。この「和食」という言葉は、「日本料理」が「西洋料理」に対する言葉であるのと同じく、「洋食」に対する言葉として明治時代から使われている言葉で、西洋から様々な料理が日本に入ってくる中で、日本人の口に合うようにアレンジされ、家庭に普及したものが広く含まれる。そのため天ぷら、トンカツ、すき焼き、丼もの（親子丼等）、カレー、コロッケ、オムライス、焼きそば、ラーメンも、海外から伝わったメニューや食材を工夫し、日本の調味料等を使い独自の調理方法で変化させており、和食に含まれる。

　和食は、2013（平成 25）年にユネスコ[1]の無形文化遺産に登録されている。無形文化遺産というと、歌舞伎や能楽、人形浄瑠璃といった伝統芸能を想像しがちだが、和食のように日常生活に深く根づき、普段意識すらしない食事というものが登録されていることを知らない人も少なくないだろう。

　今日、和食は世界的なブームとなっている。肉や油を多く使う洋食に比べ、米・魚・野菜を中心とする和食は健康的で長寿や美容に良いとされ、注目されている。海外における日本食のレストラン事業の展開においても、店舗数は約18.7 万店にのぼり、分布域は北米・欧州が多いものの、中国等のアジアにおいて約 12.2 万店と急速に増えている[2]。そして、愛好家や現地の日本人滞在者・旅行者だけでなく、近年では地元の人々も通うようになっているという。食

品や調味料の輸出関係も含めて、和食は日本国内外において常に変化しながら人々の生活に息づいている。

## 1　無形文化とは何か

　無形文化とは、文字通り「形のない文化」を指す。人が長い歴史の中で生み育み伝えてきた文化財は、大きく有形・無形の二つに分けられる。有形の文化財とは、形がある遺跡や建築物といった不動産や、仏像や絵画など目に見える動産（モノ）を指す。一方、無形の文化財とは、モノとして残すことができずに、人がそれを体現・表現することによってはじめて存在しうるものであり、演劇、工芸技術、音楽、料理の「技」等をさす。無形文化は人から人へ、人の中で伝え次ぐことによってのみ存在し、守られるという特徴をもつ。

　世界のアジアやアフリカ、ラテンアメリカ等においては、欧米の石造りの文化と異なり、木や土を中心とする自然と密着した文化があり、文化の継承も文字・形として残すのではなく口承・口伝え・歌等で残す等、多様な形がとられている。元国連事務総長であるアナン（Kofi. A. Annan）氏が「アフリカの一人の語り手（高齢者）が亡くなると、一つの図書館がなくなることを意味する」（1999年マドリード会議にて）と述べているが、これはアフリカの人々の文化・生活の知恵・伝統的な教え等が、踊りや歌に表現され、その語り手（担い手）の存在がいかに文化の継承に大きな意味をもつかということを示している。こうした無形文化は、貨幣経済の浸透やグローバル化が進み、社会が急激に変化する中で、高齢化や継承者の減少により、有形の文化財以上に急速に失われつつある。

## 2　日本国内における無形文化の保護の枠組み

　無形文化は、日本においては文化財保護法[3]によって保護・活用されている。無形文化は「無形文化財」という枠組みと、さらに「民俗文化財（無形）」と「文化財の保存技術」にも含まれる（小林ほか編 2019・p.238）。以下に三つの枠組みについて説明したい。

　まず「無形文化財」では、演劇、音楽、工芸技術等において、歴史的・芸術的にみて価値がある技に対して、特に重要とされるものを「重要無形文化財」として国（文部科学大臣）が指定し、経費の補助や助言を行う。無形文化はそれを体現できる人が上演・その他の行為をしなければ、実体としてとらえられ

ないため、その保持者・団体と共に認定し、把握してはじめて保護対象を特定することになる。そのため、無形文化財は、その技を体得している人や団体を「保持者」（一般に「人間国宝」とよばれる）として認定し、保護対象とする。

　無形文化財は大別して芸能（音楽・舞踊・演劇等）と、工芸技術（陶芸・染織・漆芸・金工・木竹工等）の2分野に分けられる。例えば芸能では、安土桃山時代から江戸時代にかけて作り出された演劇・舞踊・音楽が結びついた歌舞伎が指定されている。また雅楽は、日本最古の音楽で1300年以上の歴史をもち、宮中の儀式や園遊会等の行事で演奏されるが、その保持者としては、演技や歌い手・楽器演奏者など舞台を構成する宮内庁式部職楽部部員が認定されている。工芸技術では、例えば茶道の道具として欠かせない「茶の湯釜」では、金属製の釜とその制作技法（金工）保持者が認定されており、また耐久性が強く滑らかな和紙である手漉和紙を作る技術では「越前鳥の子紙」と、その保持団体である越前生漉鳥の子紙保存会が認定されている。

　一方、無形文化の範囲は芸能・工芸技術に限られるものではなく、日本各地にある多様な無形文化への保護対象の拡大が求められてきた。特に私たちの生活にかかわる茶道・華道・書道・食文化といった、より身近な文化活動についても幅広く保護・活用を図る必要がある。そのため、2021（令和3）年に文化財保護法の一部改正が行われ、「生活文化」が無形文化財の新たな分野として作られ、登録[4]の制度が設けられた。これにより「書道」と「伝統的な酒造り」が、無形文化財として新たに登録されている。昔から人々が長い歴史の中で守り伝えてきた技を次の世代に確実に継承していくためには、この技の伝承者を養成し、広く人々に知ってもらう機会をつくることが重要であり、緩やかな規制で広く文化財を守りながら、保存と継承につなげるきっかけになることが期待されている。

　二つ目の「民俗文化財」の枠組みにある無形文化は、無形民俗文化財と呼ばれる。民俗文化財とは、人々が日常生活の中で生み出したものを対象とし、日本に住む人々がどのように生きてきたのかという生活文化、衣食住や、生産・生業（農業、漁猟、狩猟採集など）、あるいはそれにまつわる四季折々の年中行事や風俗慣習、信仰、人の一生のうちにかかわる儀礼等がどのように変化してきたのかということについて、使われてきた用具類や、生み出される住居・施設等の文化的空間を含めて、その推移を理解する上で欠かせないものを指して

いる。無形文化財と違い、歴史的・芸術的な価値よりも、人々の生活の移り変わりを理解するのに不可欠かどうかが重視される。例えば、今では家電製品は毎日の生活で欠かせないものとなっており、1950年代はテレビ・洗濯機・冷蔵庫が三種の神器と呼ばれ普及したが、最近ではロボット掃除機・全自動洗濯乾燥機・食器洗い機に AI（人工知能）搭載など、共働き世帯の増加などの社会や生活スタイルの変化に応じて大きく様変わりしており、日常生活に必要なモノを作り出してきた技術やその基となる慣習は、変化や消滅が著しい。民俗文化財には、無形と有形の二種類があり、無形民俗文化財は、風俗習慣（正月行事・盆行事など）・民俗芸能（田楽・獅子舞・盆踊りなど）・生業にかかわる民俗技術（和紙や茶葉の製造等）が挙げられる。そして、その中で用いられてきた道具・衣服・加工品や、住居や舞台などが有形民俗文化財にあたり、国の指定を受けると「重要無形民俗文化財」「重要有形民俗文化財」と呼ばれる[5]。

　三つ目の枠組みである「選定保存技術」は、文化財の保存のために欠かせない伝統的な技術や技能（「文化財の保存技術」）のうち、保存する必要のあるものを国が「選定保存技術」として選び、その保持者・団体を認定し、技術の向上や伝承者の養成と共に、技術の記録作成を行うものである。例えば、上述した重要無形文化財の雅楽では、演奏される和琴・箏・太鼓等の楽器や、舞台で用いる面や装束（衣装）といった道具等の製作修理の技術と保持者が認定されている。楽器の糸一つを作る（邦楽器糸製作）にしても繊細で熟練した技術が必要であり、芸能の存続自体を左右する。また、漆工品も原材料である日本産漆の木の植栽・管理がなければ成り立たず、また完成した工芸品を保存するにも桐箱が必要なように、文化財は多くの無形文化（技）に支えられてこそ保護を行うことができる。このように、文化財そのものにはあたらないが、材料の製作・保存修理・修復等の技術は、文化財を守る上で欠くことができず、文化財保護法による保護対象となっている。

# 3　無形文化の世界的な保護の枠組み

　世界における保護の枠組みとしては、ユネスコの「無形文化遺産の保護に関する条約（Convention for the Safeguarding of the Intangible Cultural Heritage：無形文化遺産と略）」が挙げられる。条約締約国が181国のうちアジア・アフリカ・南米等の地域の占める割合が比較的高く、日本は登録件数22件で世界第3位と

なっている（2023年時点）。

　当条約においては、無形文化を保護し相互に尊重する機運を高めるために、登録制度を設けている。登録リストは二つあり[6]、一つは「代表一覧表（Representative List of the Intangible Cultural Heritage of Humatity)」である。この代表という言葉については、ベストオブベスト・他と比較をして価値が高い・優れているという意味ではなく、文化の多様性を示すために代表的とされた一覧にすぎず、とある地域の大多数の人が「自分たちの文化をよく表している」と思えるような目立つ事例ととらえられる。そして、リストから多様な無形文化を知り、自分の近くにある文化との相違点を考える契機—関心を寄せて、多様性の豊かさへの意識を高める、対話を促すことが求められている。もう一つの「緊急保護一覧表（List of Intangible Cultural Heritage in Need of Urgent Safeguarding)」は、戦争や内紛等により危機的な状況にあるもの、またはグローバル化や観光化の影響を受けて危機に瀕するもの、継承者の不在・不足により保護が必要なものを指す。

　登録に際し、無形文化は以下の5分野に分けられる。(1)「口承による伝統及び表現」は、口伝えで伝えられてきた知識や歌等を指す。例えばハドハド詠唱（フィリピン：2001年登録）は、ルソン島北部のイフガオ族が、神々や先祖に関する伝説・棚田の稲作技術・日々の生活の教訓や知恵等をハドハドと呼ばれる歌で伝えている。(2)「芸能」は、所謂パフォーミングアーツとも呼ばれる身体・肉体を使って表現するものであり、例えば日本では「歌舞伎」「能楽」（日本：2008年）が登録されている。(3)「社会的習慣、儀式及び祭礼行事」は、お祭りや年中行事、個人の家で行うような慣習等も含まれ、和食もこれに含まれる。(4)「自然及び万物に関する知識及び慣習」は、人間が自然と長く接する中で得た知識や世界観・慣習を指し、例えば「中国伝統医学の針灸術」（中国：2009年）等の医学的な治療法や自然界の薬草等の受け継がれてきた知識やそれにまつわる慣習を指す。(5)「伝統工芸技術」は様々な人々の生業や文化活動にかかわる技術であり、例えば「伝統建築工匠の技：木造建造物を受け継ぐための伝統技術」（日本：2020年）では、木造建築に関する木工や左官、瓦や茅葺屋根、建具等の宮大工や左官職人らが継承してきた17の技術（選定保存技術）が登録されている。

　これらの無形文化遺産の保護に関して留意すべき点が二つある。一つは、無

形文化はフォークロア（folklore：民俗）であり、一般の人々が日常生活の中で担いつつ伝えてきた表現文化の保護を含むことである。例えば「芸能」の分野では、能楽・文楽・歌舞伎等といったいわゆるプロによる興行のみを指すのではなく、日常的に地域社会に根を下ろしている点が重視される。また継承行為において、社会状況・時代や担い手の変化に応じて、無形文化は少しずつ変化を余儀なくされるものの、新しいものを採り入れることは認められている。二点目は、無形文化遺産は文化や技術を保護するものであって、その結果生み出されたモノ自体を守るものではないという点である。陶芸や織布・音楽・料理などもリストにあるが、作られた陶器や織物・楽器・レシピや食品といったモノではなく、それらを生み出すあるいはモノを通して伝えられる慣習や知識・技術といった形のない文化を守る活動である点に注意が必要である。常に再生産され、集団・社会において継続的に人々に影響を与え続けることこそ、無形文化の大きな特徴の一つといえる。

## 4　文化財の活用重視へ―日本遺産を例に―

　近年、有形・無形を問わず、文化財は活用に重点がおかれつつある。現在世界中で観光産業は主産業の一つとなり、世界経済において影響力を強めている。観光資源を整備・開発し集客を行う観光産業は、様々な業種が参入でき、雇用の創出・地方の経済活性化に繋がるものとして、政府の成長戦略の一つとして重視されている。その中で注目されているのが、文化庁が2015年に創設した日本遺産（Japan Heritage）である。これは日本の各地域が、それぞれの歴史や環境・風土に根ざした伝承・風習等を踏まえ、伝統や文化を語る魅力的なストーリーを作り、それを文化庁が日本遺産として認定すると、ストーリーを語る上で不可欠な有形・無形の文化財群を総合的に活用する取り組みを支援するというものである。ストーリーを核（コア）に、地域の有形・無形の文化財を集めてパッケージ化し、活用を図る中で情報発信や人材育成、環境整備等を効果的に進め、海外等へ戦略的に発信することが求められる。当初100件の認定を目指していたが、104件が登録されている（2023年時点）。日本の各地域が観光客を惹きつけアピールできるストーリーを展開して、観光客・来日客によるインバウンド効果を狙い、観光立国として成長するための仕掛けともいえる。この日本遺産が、ユネスコの世界遺産と名前は似ているものの明らかに異

なる点は、主旨に「我が国の文化財や伝統文化を通じた地域の活性化を図るため」と書かれるように、文化財の保全ではなく活用を促すことを目的とする点である。

　観光客誘致のため、構成遺産に郷土料理や名産・加工品等を組み込むストーリーも多く、食文化が大きなウェイトを占めるものも14件と、全登録数の1割強を占める。例えば「琉球王国時代から連綿と続く沖縄の伝統的な「琉球料理」と「泡盛」、そして「芸能」（沖縄県：ストーリー#084)」のように、食文化を前面に出しているものもあれば、「「桃太郎伝説」の生まれたまちおかやま～古代吉備の遺産が誘う鬼退治の物語～（岡山県：ストーリー#064)」では、構成遺産に特産の桃やきびだんご等の名産品を取り上げているものもある。その地を訪れる観光客を対象に、レストランや飲食店、土産物店等が売り場を拡大しており、食文化は利益をダイレクトに地元に反映させていると共に、観光と郷土料理の継承や地産地消の取り組み、伝統的な農業・漁業等の技術の継承に結びつけるキーワードとなっている。

# 5　無形文化遺産「和食WASHOKU」について

　無形文化遺産に登録された和食の正式な登録名称は、「和食；日本人の伝統的な食文化—正月を例として—(Washoku, traditional dietary cultures of the Japanese, notably for the celebration of New Year)」である。この和食は個々のメニューそのものではなく、食べものの生産から加工、準備、そして私たちの口に入る消費に至るまでの技能や知識、実践や伝統にかかわる包括的な社会的慣習を指している[7]。そしてこの慣習のもとにあるのが、「自然の尊重」という精神であり、素材を大事にし、余さず使い、資源を採りつくさない持続可能な土地利用と密接に関係している。自然と食べ物を大切にする食文化、これが和食である。和食は生活の一部として、また年中行事と関連して発展し、人や自然・社会環境の関係性の変化に応じて、常に再構築されてきた。

　和食の特徴として、以下の四点が挙げられる。一つ目は、「新鮮で多様な食材の使用とその持ち味の尊重」である。日本は島国であるため、周囲を海が囲い、山地が約75%を占める多様な地形を持つ。四季の変化に富んだ自然と風土に合わせた産物、季節ごとにしか味わえない旬の食材にも恵まれている。そして季節の節目は自然の神に感謝する時期でもあり、祭りや儀礼等で自然を敬う食に対する知恵や工夫は、郷土料理に表れている。また、食材の持ち味を

**図1　和食　一汁三菜**

引き立てる発酵食品（味噌、醤油、漬物、鰹節等）や、だしをとって素材の味を引き出し、また「生」という魚を種類に応じて切る刺身は、素材にあまり手を加えずに持ち味を引き出す調理法である。さらに、自然への尊重として、例えば「米」は稲わらやもみは肥料に、ぬかは洗剤や漬物に、白米は酒・味噌・みりん・酢・麹・餅や煎餅などの加工・保存へ、全てを無駄なく利用することは、持続可能な土地利用の表れと捉えられる。

　二つ目は「栄養バランスに優れた健康的な食生活」である。一汁三菜と呼ばれる日本型食生活の基本的な献立では、汁は味噌汁、菜はおかず、三菜は主菜（魚か肉）1品と、足りない栄養や彩りを補う副菜2品（野菜やきのこ、根菜類、海藻をつかった煮物や和え物等）を指す（図1）。さらに漬物は、香りを楽しむ「香のもの」もしくはみずみずしさから「お新香」と呼ぶが、魚介類を食べた後で口中をさっぱりさせる効果もある。汁物は水分補給ができ、食べ物を飲み込みやすくする。また魚・大豆や大豆製品によるタンパク質の摂取が多い和食は、肉類や乳製品を代表とする動物性タンパク質が中心のアメリカの食生活等と比べても、理想的な栄養バランスをもち、成人病や肥満防止に役立つと高い評価を得ている。そして食べる際は、汁物は手前の右側、ご飯は左側に配膳し、箸は横置きにし、食べるときには碗を持ち上げて食べる。これらは食卓にスプーンやフォークが入り外来の食事形式が入ってきても、変わることなく踏襲されてきた慣習となっている。

　三つ目は「自然の美しさや季節の移ろいの表現」である。調度品や器、料理に添える草花を通じて、季節や自然の美しさを表現することも、食文化の重要な要素とされる。自然の美しさを表した盛り付けや季節に合った調度品や器を使い、例えば夏には素麺にはガラスの器を用いて涼しさを表現するなど、季節感を楽しむ工夫がある。また、茶の湯やハレの日の宴に食事の部屋をしつらえることも、お客をもてなす「おもてなし」の心の表れである。宴の際には、その意義を料理や部屋のしつらえを通して表し、例えば祝いの席であれば、おめでたい掛け軸を床の間に掛けたり、季節の花を活けたり、料理にも器にもその祝意を表現して趣向がこらされている。

　四つ目の「年中行事との密接なかかわり」は、正月や収穫祭など季節の節目の行事と郷土料理は強く結びついている。例えば一年を通じた年中行事では、節分には御豆、ひな祭りにはあられやちらし寿司、お盆には精進料理、十五夜には月見団子、年越しには蕎麦を食べるといったように、決まった郷土料理を食べる慣習がある。食の恵みをもたらす自然に対して、人々は神を感じ、豊作を祈って尊重する精神を大切にしてきた。そして収穫の喜びは感謝の祭りとなり、例えば「風流踊」（2022年無形文化遺産に登録）は悪霊や災厄を祓い、祖霊供養・豊作などの祈りをこめて、歌や笛・太鼓・鉦などの囃子に合わせて踊る民俗芸能であり、身近な例では、夏の祭りで盆踊りに参加したことがある人も多いだろう。こういった行事や食事は、親戚・家族や地域コミュニティーとの結びつきを強める役割を果たし、人々が住む地域への理解やアイデンティティを確認することにも大きく関わってきた。

　和食の登録題目にあるように、特に正月は、社会的・文化的特徴が典型的にみられる例であろう。正月は歳神様を迎えるために門口に門松、しめ縄を飾り、お雑煮やおせち料理を親類縁者が集って食べる。そのおせち料理は、子孫繁栄や家族の健康・安全等の祈りが込められており、例えば黒豆は一年中「まめに働く」＝元気・丈夫に働けるようにという意味があり、そして田作りは片口鰯の小魚を干して飴炊きにしたものだが、かつて片口鰯を肥料にして畑にまいていたことから五穀豊穣の象徴となっている。そして家族で協力して準備した料理を、めでたさを重ねる願いを込めてお重に詰め、新年の神を迎えるために近隣の人たちが集まって餅つきをするなど、家族や地域の絆を強める重要な意味を持っている。

　また例として、鯛という魚を取り上げたい。鯛は日本人に馴染み深い魚であり（図2）、食べ方は刺身、塩焼き、潮汁、煮つけ等幅広く、さらに骨はだしを取れて全てを余すことなく使うことができる。姿形や赤い色が見た目にも美しく、日本沿岸の広い範囲に生息することから釣り人にも人気が高い。また、七福神の恵比寿に抱かれた縁起物としても、「めでたい」に通じる名前から、尾頭付きのおめでたい魚とし

図2　瀬戸内海の鯛

て、正月のおせちや、結婚式等のお祝い事・行事に欠かせない魚でもある。そして、日本では人が生まれてから死に至るまでの一生の間に通過する様々な儀礼があり、誕生、七五三、成人式、婚礼、還暦等があるが、鯛はその中でも最初に出会う魚でもある。それは「お食い初め」と呼ばれる生後百日目のお祝いで、子供用の小さなお膳に、尾頭付きの鯛等の焼き物を加えた一汁三菜の膳を用意して、一生食べることに困らないようにと願う。和食では、年中行事や祭り等に「ハレ」の食＝日常と少し違う特別な食べ物や郷土料理が準備されるが、こうした人生儀礼も、人の力を超えた自然や神への祈り、健康や長生きすることを祈る意味を持つとともに、儀礼を行うことで社会の一員として認められるという重要な意味ももっている。

# 6　和食離れと継承の問題

　現在、和食離れが進んでいる。例えば、和食の基本となる食材の米は年々消費量が減り、日本の食料自給率をみると、今なお高い推移を保っている唯一の食品であるものの、2000年代から減少が見られる。食用の魚介類も1980年代以降減少し、2020年代には1960年代と比べて半減している。しかし麺類やパンの原料である小麦の自給率は少なく、大豆や肉類も同様であり（表1）、海外からの輸入に依存する状況にある。そして日本人の一年あたりの各食品の消費量をみると、和食の味の基として重要な味噌・醤油の消費量も1960年代と比べて2000年代にはほぼ半減しているが（表2）、肉類や牛乳・乳製品から摂取するエネルギーの比率は年を追うごとに増えており、肉を多く食べる欧米型の

**表1　品目別の食料自給率の推移**（単位：％・農林水産省 令和3年度食料需給表より一部抜粋）

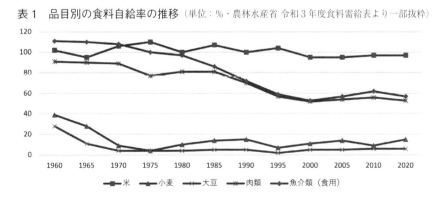

食事が浸透していることがうかがえる（表3）。

また、各地域や家庭で受け継がれてきた料理や食べ方・作法等を受け継ぎ、次世代へ伝えている国民の割合は、全国民の約2人に1人（47.1%）というのが現状である。そして料理の作り方や作法について教わった相手

表2　醤油の出荷量の推移
（単位：リットル、醤油の統計資料
（醤油情報センターより一部抜粋））

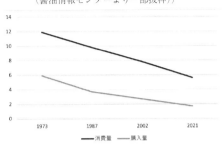

は母親が最も多く、続いて祖母・父親や教師が挙げられていた[8]。このことは、社会が核家族化し、共働き世帯が増え、働き方や食生活の価値観が変化する中でも、和食を伝えていくために家庭や学校が重要であることを示している（小宮2020：p.243）。そのため、全国的に学校での給食に米飯給食や地域の郷土食を取り入れた献立を増やし（江原編著2021：p.182）、地域の行事での郷土料理の提供、親子教室等の食育活動の実施やシンポジウムの開催等による広報活動が進められている。

しかしながら、受け継がれる子育て世代にとって、健全な食生活において和食は「栄養バランスがよい」とポジティブなイメージをもつ一方で、「主食・主菜・副菜をそろえて食べること」が「1日に2回以上ある」のは、20代まで

表3　米・小麦・畜産物・油脂類の一人一年あたり消費量の変化
（国民1人・1年あたり供給純食料（kg）・農林水産省 令和3年度食料需給表より一部抜粋）

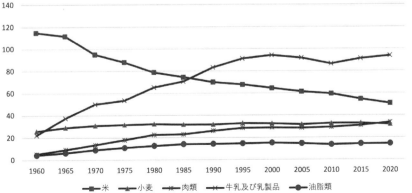

が「ほとんどない」が男女共に 20 数 %、「週に 2〜3 日」が 35% 前後となり、若い世代にとって「手間がかかる」「時間をとられる」と敬遠される傾向が強い[9]。また、学校以外で和食に触れ合えるような年中行事に伴う地域活動も、減少傾向に歯止めがかからず、郷土料理や作法を知る機会も減っている。

　和食は、ユネスコの無形文化遺産に登録された他の無形文化と違い、文化財保護法で保護されていない。そのため、食育基本法（2005 年）に加えて、文化芸術基本法（2017 年）において食文化が「文化」として位置づけられ、国はその振興を図るとともに、食文化に関する活動への支援その他の必要な施策を講ずることとなった。無形文化遺産に登録された「和食」は、日本における全国各地の多様な食文化を含み、空間的な範囲も、食する時期も種類も食する人々も定められてはいない、包括的な社会的慣習である。それがゆえに、私たちの日常生活、ライフスタイルに合わせながら、食べ方や作法、作り方や味、食べ物自体を生み出す農業、山、海などの自然へのかかわり方をどう守りながら伝えていくのか。和食を通じて、自然に触れ自然を大事にする気持ちを育てていく、そして様々な形で地域社会との繋がりを強め広げていく、息の長い継続した取り組みへの模索が必要となっている。

# 7　和食の世界進出とローカル化

　また和食自体も、無形文化遺産の登録と共に、世界に広まりグローバルに発信される中で、変化し続けている。近年、日本酒 SAKE は海外で人気のコンテンツの一つとなり、日本の弁当はフランスなどで受け入れられ BENTO として広まっている。また世界的に握りずしはブームとなっている一方で、本来の和食からかけ離れた料理が増えている懸念もある。

　例えば寿司をみてみたい。世界的に人気な握り寿司は、東京の郷土料理である江戸前寿司が原点である。東京湾で獲れた魚を酢や塩でしめ、煮つけて加工し、シャリとネタを一緒に握ったもので江戸っ子が短時間で腹を満たせる料理であった。外国に登場したのは 1970 年頃のアメリカのロスアンゼルスだといわれ、カリフォルニアロールと呼ばれた巻きずしは、カニカマやアボガド、サーモン等を海苔と内側に巻き、酢飯を外側に巻いたものである。これは黒い海苔に苦手意識を持ったアメリカの人々に応じて、内側に海苔を隠すように巻き込んだ（裏巻き）とされるが、以来各地でご当地ならではの寿司が考案され、

例えばイチゴやパパイヤなどを乗せたフルーツ寿司や、チョコレートを巻くスイーツ寿司、パン粉をまぶして油で揚げた寿司等、もはや形も原型を保っていないものもある。寿司はどんな食材をつかっても「すし」という枠に入る変容性があり、受け入れた地域によってローカル化されやすい。どこにあっても「日本の寿司」であると同時に、江戸前寿司という郷土料理とかけ離れてしまいかねない懸念もある。

　無形文化は形がない文化であると上述した。無形文化を守るということは、「そのままの状態を保ち、維持すること」と同様ではない。有形の文化と違い、維持するべき形がない文化は、自然と人との長い関り合いの中で、人の行為や表現が繰り返され積み重なり、感覚や味覚・感情などが影響しあって、今この時を生きている人が担ってこそ存在する、生きた文化である。

　そして私たちは口から入るものでしか、私たちの体を作れない。私たちの心と体のあらゆる機能を維持し、支えているのは、一日三回、生きてきた年数を、気の遠くなるほどの回数を無意識に繰り返してきた食事である。食べることは、生きることに直結する。日々食べる和食の、その食卓の背景には、自然の恵みを大切に受け取り、豊作を祈り尊ぶ心と、食材を大事にした調理法・味付けや、感謝を伝える作法がある。そうした伝承の裏付けと、多様化する和食の変化と受け継ぐべき人々のこれから―未来―について、絶えず知恵を出し合い考え続けていくことが必要である。

註

1) ユネスコとは国際連合教育科学文化機関（United Nations Educational, Scientific and Cultural Organization）の頭文字をとった略称である。文化、科学、教育の分野における国際協力の促進を行う専門機関であり、世界にある多様な文化を保護するため文化保護の事業、保護のための国際規範の作成や履行を担う。

2) 外務省調査に基づき農林水産省による集計結果による。（2023 年 10 月 13 日）「海外における日本食レストランの概要」農林水産業 HP「日本食・食文化の海外発信」参照。

3) 文化財保護法では、有形（美術工芸品・建造物・民俗資料・考古資料等）、記念物（史蹟・名勝・天然記念物）および無形（演劇・音楽・工芸技術等）を、「文化財」の概念に含めて統一的に保護するとしている。そして保護する対象は改正を重ねて、民俗文化財や伝統的建造物等、時代の要請と共に広げつつ今日に至る。

4) この「登録」と「指定」との違いは支援と規制にある。「指定」は歴史上・芸術上・学術上価値が高いものとして国や地方自治体等が行い、厳しい規制と手厚い援助により

保護を行うが、一方「登録」は、金銭的支援は下がるものの規制が緩やかなため、保存や公開への取り組みをより自由に行うことができる。

5）　無形民俗文化財で、重要無形民俗文化財に指定されていなくても、特に必要のあるものは「記録作成等の措置を講ずべき無形の民俗文化財」として選択される。また有形民俗文化財は、登録有形民俗文化財として登録し、活用をしながら保存を模索することができる。

6）　他に「グッド・プラクティス（Register of Good Practices）」もあるが、これは保護されている最良の事例を無形文化遺産委員会が選んでリスト化したものである。

7）　無形文化遺産では 2010 年以降、世界各地においても食文化が登録されているが、いずれも食文化にまつわる「社会的慣習」として評価されている。例えば「地中海の食事（Mediterranean diet）」（イタリア・ギリシア等 7 か国：2010 年）は、魚介類・麦類・乳製品・野菜等をバランスよく、オリーブオイルを中心にした油脂分を摂取する食事法で、さらに作物の栽培と収穫・漁猟・保存・調理、食事に関する知識・技術・伝統の集合として評価された。またメキシコやトルコ等の料理においても儀式や祝祭等と密接な関係をもつ社会的慣習として登録されている。

8）　「食育に関する意識調査報告書」（農林水産省令和 5 年 3 月）および「令和元年度国産農産物消費拡大事業のうち「和食」と 地域食文化継承推進委託事業（地域の食文化の保護・継承事業）のうち 国民の食生活における和食文化の実態調査報告書」（同省令和 2 年 12 月）：農林水産省 HP maff.go.jp 参照。

9）　「食育に関する意識調査報告書」（農林水産省令和 5 年 3 月）16-18 頁参照。

### 引用・参考文献

石垣　悟　2020「無形の民俗文化財の保存―方策の共有と議論の継続のために―」『文化遺産の世界』HP（http://www.isan-no-sekai.jp/report/7322）

江原絢子編著　2021『日本食の文化―原始から現代に至る食のあゆみ―』アイ・ケイ・コーポレーション

織田紘二・門脇幸恵　2002「無形の文化財の継承活動」河村恒明監修・著、根木　昭・和田勝彦編著『文化財政策概論―文化遺産保護の新たな展開に向けて―』東海大学出版会、pp.129-148

小林秀司・星野卓二・德澤啓一編　2019『新博物館園論』同成社、pp.237-247

小宮恵理子　2020「和食文化の保護・継承の取組」『日本食品科学工学会誌』67-7、pp.242-244

# 第 3 章

# 文化財としての自然史資料

# 植物標本と植物画

太田　謙

## 1　植物標本

### （1）植物標本とは ―標本作成と生態学者―

　植物標本とは、植物を押し葉状にして標本としたもので、正式には「さく葉標本」と呼ばれる。本節では、植物生態学を専門とする目線から、植物標本について解説してみたい。植物の分類や生態を研究する際には、対象となる植物を採取して、保管する必要が出てくる。特に、分類の研究であれば、膨大な量の植物を収集することになる（星野 2019）。植物の体の基本構造は、根・茎・葉・花であるが、それらは立体的な構造となっており、そのままでは保管が非常に難しい。また、植物は大なり小なり水分を含んでいるので、そのまま置いておくと、いずれは干からびてシワシワになるか、腐敗してしまう。これらの問題を解決するため、植物を研究する世界では、植物を乾燥した押し葉状の標本（図1）として保管することが一般的である。

　野外で植物を採集する際には、ひとまずはビニール袋に入れるか、簡易的に新聞紙などに挟み込んで持ち帰る。持ち帰った植物は、新聞紙を半分に切ったものを二つ折りにした中に挟み込むのが標準的である（図2）。植物を新聞紙に挟む際には、枝や葉が重ならないように形を整えることが重要である。そして、もう一つ重要なのが、植物標本を、いつ・どこで・だれが採取したかを記録することである。これは、植物を挟んだ新聞紙に、

**図1　さく葉標本の例**
（ホラシノブ　*Sphenomeris chinensis*）

**図2　新聞紙に挟んだ植物標本の例**
（ブナ　*Fagus crenata*）

油性ペンなどで記録しておくことが多い。近年は、GPSの情報を使って、正確に位置を記録することも多くなっている。

　野外で採取してきた植物を新聞紙に挟むと、驚くほど多くの水分を含んでいることに気づかされる。そのままでは植物が腐敗してしまうため、この水分を適度に抜くことが標本作成では重要である。植物の含水率を下げるために、植物を挟んだ新聞の前後に吸い取り紙と呼ばれる厚手の紙を重ね水分を吸収させる。専用の吸い取り紙が無い場合は、植物を挟まない新聞紙を間に入れて、使い捨ての乾燥紙とする。たいてい、植物を採集すると多数の標本を作製することになるので、乾燥紙・標本を挟んだ新聞紙・乾燥紙・標本を挟んだ新聞紙・・・と積み重ねてゆくことになる。採取した植物をすべて新聞紙に挟んで、乾燥紙を重ねることができたら、適度な重量の重しをかけて保管する。

　ここまでの作業を、植物採集を行った場合は、当日のうちに行ってしまうことが多い。しかし、乾燥紙に挟み込んで一日置いた程度では、植物の水分は抜けきらない。そのため、一日に一回程度、乾燥紙を新しいものに交換することになる。乾燥紙を取り換える際には、新聞紙に挟み込んだ植物の形を整えておくことも重要である。こうして、一週間ほど毎日乾燥紙を交換しておけば、概ね乾燥の作業は完了する。

　このように、植物標本を乾燥するのには多くの手間がかかるため、多量の標本を恒常的に採取する場合は処理に窮することになる。そのため、恒温乾燥機などを用いて60℃/12h程度の処置をして一気に乾かしてしまうこともある。また、調査地が遠方であるため植物標本を直ちに実験室へ持ち帰ることができない場合は、旅先の宿に布団乾燥機などを持ち込んで乾燥させることもある。

＊

　植物の標本は、ひとまず乾燥させることができれば、長期保管が可能な状態となる。生態学などの分野で、植物を採集する目的が、調査の証拠標本や未同定植物の保管の場合は、ここで処置が終わってしまうこともあるかもしれな

い。しかし、本来はこれで標本の処置が終わりではなく、さらに標本を利用しやすくする処置が必要である。

　乾燥した植物は、台紙と呼ばれるやや厚手の紙に、細切りにした紙で押さえて糊付けして固定する。さらに、ラベルと呼ばれる専用の名札のようなものを用意して、植物の種名、科などの分類群、採集年月日、採集場所、採集者などの情報を記入し、台紙に貼り付けておく（図1左下）。種名は、同定しても分からない場合はとりあえず保留にしておいてもよく、重要なのは、いつ・どこで・だれが採取した標本であるかを記録しておくことである。

　台紙に植物とラベルを貼り付ければ、さく葉標本の完成である。後は可能な限り湿度の低い冷暗所で、水平な状態を保ちながら保管することになる。本格的な研究施設であれば、専用のスチール製植物標本庫などに保管する。

　残念ながら、植物標本は虫害などにあいやすく、シバンムシ類などに注意が必要である。対処としては大きく二段階あり、一段階目は新たに作成した標本に対する冷凍処理で、害虫の侵入を防ぐこと。二段階目は、植物標本を保管する部屋に、一年間に一回程度、燻蒸の処置を行うことである。これらの処理を遵守すれば、虫害を軽減することができるが、多量の植物標本を扱う場所では、自然界に存在する虫たちが常に入りこんで来たり、新規受け入れの標本に潜んでいるため、完全に排除することは難しいのも現状である。

## (2) 植物標本が行き場を無くしてしまったら

　植物標本はこのように手間暇をかけて完成される。収集された植物標本は、植物の実物が、いつ・どこで・だれが採取したか分かる実物として残るため、研究や調査の証拠となることはもちろん、植物分類の比較検討や、地域の植物誌・植物目録・レッドデータブック（たとえば、岡山県野生動植物調査検討会 2019・2020）を編纂する際の重要な情報源となる。

　さて、一回の調査で採取する植物の量はどのくらいだろうか。それは調査者や目的次第であるが、一日で数点から数十点になる。そのような調査を年間に複数回行うのだから、植物標本はどんどん増えることになる。そのため、植物の研究者や、植物標本を収集している自然系博物館などには、数千から数万点が蓄積することになる。

　もし、収集された植物標本が行き場を無くしてしまったどうなるだろうか。

ここでは、実際にあったケースを紹介してみたい。頌栄短期大学（以下、頌栄短
大と略記）植物標本コレクションは、約25万点のさく葉標本からなる一大コレ
クション群である（兵庫県立人と自然の博物館HP　2022年10月確認）。頌栄短大は
保育教育の歴史が長く、その生物学教育の担当として、植物分類学を専門とす
る教員が在籍していた（高野2020）。しかし、植物分類学を専門とする教員の定
年退職後に、同じ分野の後任の採用が無く標本が行き場を失いかねないため、
兵庫県立人と自然の博物館に寄贈されることとなった（高野2020）。寄贈される
標本点数は、受け入れる側の標本数を上回る数であり、その受け入れは困難を
極めたが、標本登録のデジタル化を推し進め、関係者の多大な努力によって整
理が進められた（高野2022）。結果的には、頌栄短大コレクションは人と自然の
博物館に引き取られ、その貴重なコレクション群は現在も研究や教育に活用さ
れている。

## (3) 広がるセーフティーネット

　先に紹介した頌栄短大植物標本コレクションのケースでは、関係者の並々な
らぬ努力により植物標本が失われることは回避されたが、将来どこかで同様の
ケースが起こることが懸念される。そこで人類共有の財産として、植物標本を
含むナチュラルコレクションを未来に継承する取り組みが始まっている。
　国立科学博物館は、日本を代表する自然誌系の博物館である。国立科学博物
館では、標本・資料統合データベースが整備されつつあり、所有する標本・資
料の情報を誰でも無料でインターネット上で検索することが可能である。この
データベースではデジタル画像の登録が行われたものは、高精細画像を閲覧す
ることも可能である（国立科学博物館HP）。国立科学博物館で進められている標
本・資料のデジタル化と公開の動きは、各地の博物館などでお手本にされている。
　また、国立科学博物館では、植物の学名を付ける際の基準となるタイプ標本
について電子カタログ化され、デジタル画像が公開されている。タイプ標本
は、輸送中に起こる破損などのリスクから貸し出しが難しく、収蔵されている
現地で確認するしかないのが現状である。しかし、データベースの技術が進化
したおかげで、離れた場所にいても、タイプ標本の詳細な画像を見ることがで
きるようになった（TYPE SPECIMEN DATABASE）。
　このように、自然誌系博物館のフラッグシップとして活動する国立科学博物

館では、全国的な自然史系標本セーフティーネットという取り組みが行われている（全国的な自然史系標本セーフティーネット HP）。自然史系標本セーフティーネットとは、標本の消失を防ぐために、寄贈を円滑に行える可能性を上げるために作られた組織である。植物標本の寄贈を検討する際には、通常、標本の所有者が最寄りの博物館へ打診することになる。しかし、収蔵スペースに余裕がある博物館は少なく、寄贈を打診されている標本に価値が認められたとしても、簡単に受け入れることができないのが現状である。そこで、標本の寄贈を打診された博物館が、セーフティーネットに情報を提供することにより、寄贈者の負担を増やさずに、効率的に受け入れ先を探索することが期待されている。

## 2　植物画

### (1) 植物画と植物図鑑

　植物画は、博物画の一つであり、植物の姿を線画や点描で詳細に描いた絵である（図3）。現代では、植物画といえば、いわゆるボタニカルアートとして芸術的な側面が強いものとして認識する場合も多いかもしれない。しかし、もともとの植物画は、生物の形態を記載するために、図鑑の図版として重要であった。植物の特徴は、何といっても生物学的に正しいことである。形態が正確であることはもちろんのこと、葉や付属する器官が、どこに付属していて、毛がどこから生えているのか、それが正確でなければならない。そのため、植物画を描くには、生物学的な知識と、確かな観察眼が必要となる。

　植物画を用いた植物図鑑といえば、牧野新日本植物圖鑑（牧野 1989）が代表的であろう。この歴史的名著の特徴は、精細な線画で描写された図版である。これは本書の序文でも触れられているとおり、精細な線画は必要な部分を強調し違いをよく分からせるという意味で、カラー写真では色彩に目を奪われがちな読者の注意力を、詳細な線画に集中させるという点で、カラー図版とはまた別の意義を持っている（牧野 1989）。

図3　植物画（植物の線画）の例
（マルバルコウ　*Ipomoea coccinea*）

## (2) 植物画から写真・デジタル画像へ

　先ほど話題に触れた牧野新日本植物圖鑑の初版が世に出たのは 1940（昭和
15）年のことであった。その後、印刷技術の進歩に伴い、植物図鑑にはカラー
図版が盛り込まれるようになった。そんな中で、特に植物の知識の普及に貢献
したのは、平凡社から出版された『日本の野生植物』のシリーズであろう。こ
のシリーズは、日本の種子植物について約 3,700 種を、草本編 I 〜 III 巻、姉妹
版の木本編 I 〜 II 巻にまとめた大作として 1989 年に完成した（佐竹ほか 1981・
1982a・1982b・1989a・1989b）。このシリーズは版を重ねて、2015（平成 27）年に新
しい系統分類体系 APG III に対応した改訂新版（大橋ほか 2015）が出版されるま
で、植物の生態・分類を研究する場をはじめ、様々な場面で大活躍した。

　写真は、植物の生態と環境を如実に写すことはできるが、種類ごとの特徴を
的確に表すことは難しい（佐竹ほか 1982a）。しかし、植物図鑑に写真を用いるこ
との利点は、実物を写したが故の、直感的な分かりやすさであろう。『日本の
野生植物』シリーズの写真は、並々ならぬ調査努力と、卓越した技術によって
撮影されているため非常に美しく、見ているだけでも非常に楽しいものとなっ
ている。

　植物の名前を覚えようとすると、最初は分からないものばかりである。ある
程度、自分の中で植物を見分ける体系みたいなものができてくると、初めて
見た植物でも、ある程度はどの仲間（科あるいは属）であるか見当がつくように
なってくる。それでも、季節や場所が変われば、知らない植物といくらでも出
会うことになる。時として、採集してきた植物が、どの仲間であるのか、属ど
ころか科すらわからないこともある。そんな時、初学者であった頃の筆者は、
写真であれば直感的に分かることを期待して、平凡社の『日本の野生植物』の
総当たり戦をよく行っていた。総当たり戦とは、文字通り図鑑の写真ページ
を、1 ページ 1 ページめくりながら、名前の分からない植物に出会うまでひた
すらページをめくり続けるのである。そんなことを繰り返していると、次第に
図鑑のどこに、どのような植物があったかを覚えてくる。そのため、全く名前
の分からない植物を目の前にしても、何となく草本編の III 巻に載っていそう、
などの予想ができるようになる。使い方は人それぞれであったと思われるが、
カラー写真で日本全国の植物を網羅した『日本の野生植物』シリーズは、発刊
以来、植物の知識の普及に絶大な貢献をしただろう。

＊

　近年には、新たな手法を用いた植物図鑑も登場している。林（2019）の「山渓ハンディ図鑑 14 樹木の葉」は、豊富な樹木の画像を収録した図鑑である。この図鑑は、樹木の葉に特化したものになっているが、収録されている画像には特徴がある。林（2019）の画像は、一見するとカラー写真に見えるが、妙に植物全体にピントの合った、遠近感の無いものとなっている。これは、著者の林氏が編み出した手法で、植物の葉をイメージスキャナで読み取って画像を得ているためである（林 2019）。この手法の利点は、機器さえあれば植物が生育するその場所で新鮮な画像を得られる点と、植物の葉の微細な構造まで写し取ることができる点であろう。特に、スキャナを用いているため、光源が常に一定であり、野外で写真を撮影する場合に避けることのできない光条件のばらつきを無くすことができている。これは、デジタル機器の進歩を、柔軟な発想により植物図鑑の作成に取り入れた好例と言えるだろう。

## (3) スマホで撮影すれば植物の名前が分かる？

　植物の名前を調べることに関して、近年は革命が起きつつある。グーグル社がスマートフォン向けに提供している無料アプリケーションの「Google レンズ」（アプリケーションの名称は「レンズ」であるが、本節では Google レンズと記した）は、いわゆる画像検索に特化したアプリケーションである（Google レンズ HP）。

その使用方法は簡単で、Google レンズを起動し、スマートフォンのカメラ撮影機能でデジタル画像を撮影するだけで、その被写体に一致するものが検索されるという機能である（図4）。

　以前から、グーグル社の検索サービスには、テキストから画像を検索する、画像検索モードが存在していた。このアプリケーションは、デジタル画像からデジタル画像を検索できるという、一昔前であれば信じられないような技術である。

　使い方としては、たとえば、野山を歩いていた時に、美しい花を見かけたのだが、名前がわからない。そんな時に、スマートフォンでパシャリと一枚

図4　Google レンズの
　　操作画面

撮影して検索ボタンを押すだけで、手軽に植物の名前を調べることができるのである。筆者も以前から、野外を調査しながら時々利用していたが、その性能は侮れないものであった。種名までをピタリと当てることは稀なのだが、分類の属レベルまでは高確率で候補を返してくるのである。そのため、検索結果を鵜呑みにすることはできないが、不明な植物についてある程度の目星を付けるのには、十分に役立つのである。もはや、野外においてスマートフォンの電波の圏内でさえあれば、いとも簡単に調べものができてしまう。近年の大学生はスマートフォンの取り扱いに慣れているので、植物学の実習のさなかにも、次々と撮影して Google レンズで調べていってしまう始末である。

＊

　本書の執筆にあたり、ごく簡単に Google レンズの正答率を調べてみた。今回は、筆者が所蔵している植物のデジタル画像をスマートフォンで撮影する形で、種類の選択はランダムにして 30 種類を撮影し、正解、属まで正解、科まで正解、不正解の 4 つで評価してみた。なお、検索に用いる画像は、花や果実・球果、葉などである。検索結果の判定は、画面の左上に表示された候補とした。

　その結果が図5である。正解率は 20％に達し、属までのレベルで一致していたのは半数を超える結果となった。科までのレベルで合っていることは少なく、まったく見当違いの不正解は約 40％であった。

　今回の結果は、筆者がこれまでに野外で利用してきた感触に比べると、正解率が高くなっている。その要因としては、今回、検索に用いた被写体が、非常に良好に撮影されたものであったため、植物ごとの特徴をとらえやすく、検索結果の向上につながったからではないかと推測される。一方で、これまで野外においてスマートフォンで撮影していた被写体の植物は、花の開き方が完全でなかったり、撮影するアングルや光の加減、被写体を揺らす風によるブレなど、必ずしも良好な条件でないものが多かったため、正解率を下げる原因の一つになったのかもしれない。

　こうしたデジタル検索技術の進歩により、

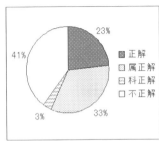

図5　Google レンズによる
　植物の検索結果

植物だけでなく、昆虫や魚などの生物、果ては、出土した土器や骨に至るまで、様々なものがデジタルで検索できてしまう時代が到来しつつあるのかもしれない。

## （4）それでも植物画は残る

　さて、デジタル技術の発展が著しい近年であるが、植物図鑑に植物画を用いることが無くなってしまったかといえば、そんなことは無い。たとえば、日本のイネ科植物図譜（長田 2002）や、岡山県カヤツリグサ科植物図譜Ⅰ、Ⅱ（星野・正木 2002・2003）、近年発刊された日本カヤツリグサ科植物図譜（星野・正木2011）では、図版に植物画が全面的に用いられている。これは、イネ科やカヤツリグサ科植物は、果胞や鱗片の形態、葉のざらつきなど微細な形質で分類されるものが多く、写真では種の特徴を表現するのが困難なためである（星野・正木2011）。特に、図鑑のような限られた紙面に、必要な情報を掲載する必要がある場合は、重要なポイントを要約することに適した植物画が、最善の選択なのであろう。そのため、今後も少なくとも植物を科学する世界の、とりわけ図鑑においては、植物画は活躍し続けることだろう。

#### 引用・参考文献
岡山県野生動植物調査検討会編・著　2019『岡山県野生生物目録 2019』岡山県環境文化部自然環境課

岡山県野生動植物調査検討会編・著　2020『岡山県版レッドデータブック 2020 植物編』岡山県環境文化部自然環境課

大橋広好・門田裕一・邑田　仁・米倉浩司・木原　浩　編・著　2015『改訂新版 日本の野生植物 第1巻 ソテツ科〜カヤツリグサ科』平凡社

Google レンズ　https://lenslayers.withgoogle.com/intl/ja_jp/instructions-android/（2022年10月確認）

国立科学博物館 HP『標本・資料統合データベース』http://db.kahaku.go.jp/webmuseum/（2022年10月確認）

国立科学博物館 HP『全国的な自然史系標本セーフティネット』https://www.kahaku.go.jp/safetynet/（2022年10月確認）

佐竹義輔・大井次三郎・北村四郎・亘理俊次・冨成忠夫　1981『日本の野生植物 草本Ⅲ』平凡社

佐竹義輔・大井次三郎・北村四郎・亘理俊次・冨成忠夫　1982a『日本の野生植物 草本Ⅰ』平凡社

佐竹義輔・大井次三郎・北村四郎・亘理俊次・冨成忠夫　1982b『日本の野生植物 草本

II』平凡社

佐竹義輔・原　寛・亘理俊次・冨成忠夫　1989a『日本の野生植物 木本I』平凡社

佐竹義輔・原　寛・亘理俊次・冨成忠夫　1989b『日本の野生植物 木本II』平凡社

高野温子　2020「博物館と生態学（32）自然史標本の価値と情報をすべての人に」『日本生態学会誌』70、pp.129-133

高野温子　2022「収蔵資料展　頌栄短大植物標本コレクション〜そんなに集めてどうするの〜」『ひとはく通信』109、pp.2-3

長田武正　2002『日本イネ科植物図譜　増補版』平凡社

National Museum of Nature and Science HP『TYPE SPECIMEN DATABASE』http://www.type.kahaku.go.jp/TypeDB/（2022年10月確認）

林　将之　2019『山溪ハンディ図鑑14 増補改訂 樹木の葉 実物スキャンで見分ける1300種類』山と渓谷社

兵庫県立 人と自然の博物館 HP『収蔵資料展「頌栄短大植物標本コレクション〜そんなに集めてどうするの〜」』https://www.hitohaku.jp/exhibition/planning/shoei-herbarium2020.html（2022年10月確認）

星野卓二・正木智美　2002『岡山県カヤツリグサ科植物図譜（I）岡山県スゲ属植物図譜』山陽新聞社

星野卓二・正木智美　2003『岡山県カヤツリグサ科植物図譜（II）岡山県カヤツリグサ科植物図譜』山陽新聞社

星野卓二・正木智美　2011『日本カヤツリグサ科植物図譜』平凡社

星野卓二　2019「植物と博物館」小林秀司・星野卓二・德澤啓一編『新博物館園論』同成社

牧野富太郎　1989 小野幹雄・大場秀章・西田　誠　改訂増補・編『改訂増補牧野新日本植物圖鑑』北隆館

# 文化財としての古人骨

沖田絵麻

## 1 古人骨とは

人類が誕生してからおよそ 700 万年が経つ。人類学では、おおむね 1 万年前より古い時代の人骨を化石人骨、1 万年前よりも新しい時代の人骨を古人骨とよぶ。日本列島においては旧石器時代に属する化石人骨資料の出土は僅かであり、扱う人骨のほとんどは縄文時代以降の古人骨である。

古人骨は、その多くが遺跡から発掘されることから、埋蔵文化財と言える。文化財保護法に古人骨を文化財とする直接の文言はないものの、遺跡から出土した古人骨が「死体（またはその一部）」ではなく、埋蔵文化財としての取り扱いを受けるものとして関係者には認識されている（篠田 2015）。市町村や都道府県の指定文化財になる古人骨はあるが、国指定史跡から出土した古人骨であっても、古人骨そのものが国宝や重要文化財に指定される例はないようである。

古人骨は、過去の人類の身体形質、人類の進化や適応、集団のルーツや移動、人口変動、寿命、健康状態や栄養状態、病気や怪我の内容や治療法、食生活、身体活動、身体装飾や埋葬などの文化儀礼、各個人の DNA など様々な情報を内蔵する。現在の人類により良い未来をもたらし得る学術資料であると言える。したがって、自然人類学だけではなく、考古学・文化人類学・歴史学・医学・歯科学など幅広い分野の研究資料となる。

古人骨資料を所有する博物館の主な役割には、①資料を守り後世に伝える収蔵・管理と、②観覧者に研究成果を伝える教育普及の二つがある。本稿では、まず古人骨の特性について、次いで収集から収蔵・保管までの過程、最後に博物館での教育普及活用について述べる。

## 2　古人骨の特性

　人骨の主成分は、リン酸カルシウムとタンパク質である。火山が多く、土壌の大部分が酸性で雨の多い日本列島は、骨の保存にはあまり適しておらず、古人骨が良好な状態で保存される（出土する）場所は、ほぼ石灰岩洞窟、貝塚、低湿地等に限られる。そのような場所に残された古人骨も、数千年～数百年におよぶ経年変化により脆弱化している場合が多く、取り扱いには細心の注意が必要となる。

　また、古人骨は人の身体の一部であり、過去に生きた先人の遺骨である。したがって、故人の尊厳を守り適切に取り扱う必要がある。

## 3　古人骨の収集から収蔵・保管まで

### （1）古人骨資料の収集（発掘調査）

　古人骨は遺跡から発掘されるのが普通である。埋蔵文化財の発掘調査において古人骨が出土した場合、それを掘り出して記録する作業と、劣化を防ぐための措置を並行しておこなう必要がある。

　古人骨を最初に発見するのは、埋蔵文化財の調査担当者である場合が多い。土器・石器・金属器などの人工遺物には、各々の特性に基づいた取り扱いや保管の方法があるが、前項で述べたように、古人骨にもその特性に応じた取り扱いや保管場所が必要であり、専門知識を持つ者が対応する必要がある。

　研究の目的や方法も考古学とは異なるため、資料収集の段階から自然人類学を学んだ者が臨

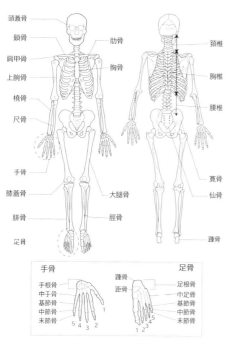

図1　ヒトの骨格

場するか、その指示を受けることが望ましい。そのような研究者は大学などの研究機関や、科学系の博物館や総合博物館に所属する場合が多く、発掘された古人骨資料は通常それらの施設に移送して、整理・同定をおこなうことになる。

・埋土からの露出

古人骨を埋土から露出させる作業は、骨の位置関係（図1）を確認しながらおこなう必要があるため、その作業に慣れた者がおこなう。金属製の道具は避け、竹串・竹べら・刷毛・筆等で骨の周りの土を崩し、おたま・移植ごて・スプーン等で少しずつ土を取り除いてゆく。このとき、道具が骨に触れないよう注意する。

古人骨は、露出した時点から劣化が進行する。劣化を防ぐため、露出～取り上げの作業はできるだけ短い時間でおこなう。直射日光、急激な乾燥、降雨などは古人骨の劣化を加速させるため、出土した遺構の上にテントを張るなどの対策をとる場合もある。

・出土状況の記録

出土状況の記録方法は、通常の考古学調査における遺構・遺物の場合と同様に、写真撮影および実測図面の作成である。古人骨の多くは墓に埋葬されるか、それに類似した状況で出土するので、上層から膜をはがしてゆくように平

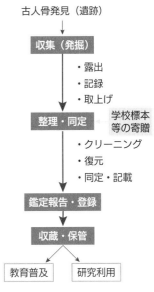

図2　古人骨の収集から収蔵・保管までの流れ

表1　作業に必要な道具の例

| 作業内容 | 使用する道具の例 |
|---|---|
| 露出・取り上げ | 移植ごて、竹ベラ、竹串、割り箸、刷毛、筆、おたま、スプーン、篩、小分け用のトレー、新聞紙 |
| 一時保管と輸送 | コンテナや丈夫な段ボール箱、筆記用具、粘着テープ、梱包材（新聞紙など） |
| クリーニング | 竹串、歯科用器具（先端の尖った丈夫な道具）、筆（硬さの異なるものを複数）、歯ブラシ、ピンセット、ルーペ、篩、小分け容器 |
| 復元 | 砂を敷いた箱、頭骨を乗せる輪（硬すぎず、形が崩れないもので作る）、筆、ピンセット、マスキングテープ、接着剤（セメダインＣやボンドなど）、充填物 |

海部ほか（2003）の表1を基に作成

面的に土を取り除いて埋葬状態を確認しながら、必要に応じて写真やスケッチを取る。実測図面は平面だけでなく、側面図も取る。図3は膝を立てた状態で出土した埋葬人骨である。平面図だけでは膝の状態がよくわからないが、側面図に骨の上下関係を示すことで、埋葬姿勢が一目で理解できる。

　経年劣化の進んだ古人骨は、取り上げ後に崩れてボロボロになってしまうことがあるため、埋葬の順序、各骨の位置関係、姿勢などの情報を現場で確認する必要がある。そのため、骨学の知識を持つ者が発掘と記録をおこなうことが望ましい。

・取り上げ

　遺構から骨を取り上げる際も、できるだけ短時間で済ませる。保存状態の良好な骨であれば、掘り上げたその場で軽く土を落とし、骨ごとに新聞紙で包む。保存状態のよくない骨の場合は、周りの土ごとブロック状に掘り出して新聞紙で包む。非常に保存状態が悪い場合は、枠を作り遺構ごと切り取る方法、発泡ウレタンで包んで取り上げる方法、その場で薬剤をしみこませて強化する方法などもある。ただし、先々でDNA解析や年代測定などの分析をおこなう場合があるため、なるべく薬剤は使用しないようにし、使用した場合は薬品名を記録しておく。

・一時保管と輸送

　骨を包んだ新聞紙の表には、遺跡名、遺構名、取り上げの年月日、人骨番号、包んだ骨の部位名等を明記するか、あるいはそれらを記載したラベルを添

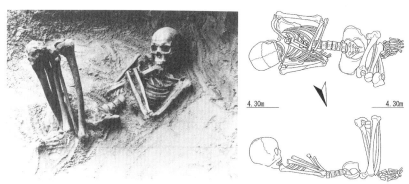

図3　膝を立てた人骨の出土状況写真と実測図（土井ヶ浜遺跡130号人骨）
（土井ヶ浜遺跡・人類学ミュージアム提供）

付する。実測図の中に取り上げ用の番号を振っておき、その番号を記すこともある。これは、後日その包みに何が入っているのかを、開かずともわかるようにしておくためである。

取り上げた古人骨は、遺構や人骨単位で箱に詰め、整理作業をおこなう施設に搬入する。箱詰めの際は、移動中の振動で古人骨が破壊されないように空白部分に緩衝材を詰める。

### ・発掘調査によらない収集

発掘調査によらない古人骨の収集例には、学校標本等の引き取り（寄贈）がある。

歴史の古い中学校や高等学校などには、理科標本としてヒトの骨格標本が置いてあることがある。それが模型ではなく本物と鑑定されると、取り扱いに困った学校から、博物館に寄贈の相談が来る場合がある。こうした標本は、人骨標本の売買が許されていた近代に入手したものが多く、標本の由来（作成時期や作成地）が不明な場合は、「古人骨」に含まれるかどうかわからない。しかし、こうした人骨標本も研究に資する学術的価値があるとともに、本物の人骨がやり取りされていた時代の証拠としての歴史的価値も備わっているので、人類学の研究部門がある博物館等に保管されるのが望ましい。

## (2) 整理・同定

### ・クリーニング

ここからは、発掘調査で得られた古人骨の場合について述べる。取り上げ後の古人骨は、室内で十分に乾燥させた後、クリーニングをおこなう。骨は湿気を含むと強度が落ちるため、基本的に考古遺物のような水洗はおこなわない。クリーニングには筆や竹串などの非金属の道具を使用し、骨自体を道具で傷つけぬように注意する。細かい砂が付着しているような場合は、柔らかい筆や刷毛で、骨表面をこすらないように取り除く。硬化した粘土等ががっちり付着している場合は、先端が尖った金属製の道具（歯科用器具等）を用いる場合もある。

この作業は篩の上でおこない、骨に付着していた土を篩にかけて、舌骨や耳小骨などの小さな骨を見落とさないように注意する。副葬された玉類や、被葬者が装着していた入れ歯などの人工遺物が見つかる場合もある。

### ・復元

クリーニングの後は、割れた破片を接着剤で接合して骨を復元する。この作

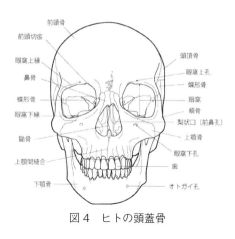

図4　ヒトの頭蓋骨

業には、骨の形状や構造についての知識が必要となる。

特に、頭蓋骨（図4）の復元には経験が必要である。風船のように膨らむ脳頭蓋は、破片の角度を調整しながら接合する必要がある。そのため、マスキングテープ等で仮止めし、最後に接着剤を使用する。小さな薄い骨が存在する顔面頭蓋は、それぞれの破片の正確な位置を特定しながら接合する必要がある。さらに、土圧で歪んでいる場合もあるため、復元が難しい部位である。

完全な状態に復元できず、空間があくことで接合が脆弱になる場合は、補強のために割り箸や竹串を切ったものをあてがう場合や、可塑性のあるものを充填する場合がある。充填物にはエポキシ樹脂、木工用パテ、紙粘土、パラフィン等が挙げられる（馬場1998）。

・同定・記載

復元が終了したら、現場段階でおこなった同定の確認や、クリーニングの過程で新たに見つかった破片の同定などをおこない、部位の同定結果から個体数を算出する。個体ごとにカルテのような記録票を作成し、出土した部位を記録する。歯については、植立する歯と欠損した歯、さらには萌出・交換の状況も記録する。各骨の計測値や、性別や推定年齢なども含め、基本的な記載をおこなう。

（3）鑑定報告・登録

個体数や年齢・性別に加えて、各骨の計測値や、病変やケガの痕跡等の古病理学的所見、抜歯や埋葬姿勢のような文化的所見等を整理し、古人骨の鑑定報告書を作成する。鑑定報告書は遺跡の発掘調査をおこなった機関に提出し、その遺跡の発掘調査報告書に掲載されるのが普通である。

鑑定報告書を提出した後の古人骨は、遺跡の発掘調査をおこなった機関に返却する場合もあるが、後述するように、保管環境の条件を満たす収蔵施設を持つ博物館に収蔵（寄託）される場合が多い。博物館に収蔵する場合は、収蔵資料として台帳に登録する。

## （4）収蔵・保管

　後の研究利用がしやすいように、遺跡名・遺構名・人骨番号等の他に、発掘調査報告書に掲載された図や写真の番号、収蔵台帳の番号などを明記したラベルを古人骨に添える。ここまでの過程を経た古人骨が、博物館収蔵資料となる。特に脆弱な部分や特徴的な病変等の特記事項があれば、それも収蔵資料台帳やラベルに記入しておくと良い。

　古人骨資料は、できるだけ個体別に収蔵する。緻密質の薄い脆弱な骨の上に重い骨が重ならないように、骨同士をきつく詰めすぎないように配慮し、適切に緩衝材を配して箱に収納する。骨の突起に引っかかりやすい脱脂綿や目の粗いスポンジ等を緩衝材に使うことは避ける。箱内では、小さな骨は「右手指」や「左肋骨」のように部分ごとに袋を分けると、後に研究や展示に利用しやすい。箱および梱包材は、酸性のガスが発生しない素材のものが望ましい。土井ヶ浜遺跡・人類学ミュージアムでは、中性紙製の箱や、プラスチックのコンテナを使用している。

　保管する施設の条件としては、外光を遮断できること、温度と湿度を管理できること、害虫の侵入を防げること、防犯対策がとれること、等が挙げられる。さらに言えば、研究や展示に活用しやすいよう、出し入れのしやすいレイアウトの部屋が望ましい。

# 4　博物館での研究利用と教育普及

## （1）研究利用

　博物館に保管される古人骨は学術資料であるため、研究の進展のために外部の研究者が研究できる体制を作る必要がある。

　古人骨を資料とする研究は、かつては形態の記載や比較が中心であったが、近年では同位体分析やDNA解析など骨そのものを試料として採取し分析する研究方法が増加している。破壊（試料の採取）を伴う分析をおこなう際は、形態研究などに影響が出ないように採取箇所を検討し、場合によっては破壊前にレプリカを作成する。また、同じ研究目的で同一の古人骨から何度も試料採取をする事態にならぬよう、採取ごとに採取箇所を記録し分析結果を共有する必要がある。

## （2）教育普及

### ・展示

　博物館の展示に古人骨を用いる場合にも、古人骨は先人の遺骨であり、代替のきかない資料であることに注意する必要がある。したがって、破損や劣化を防ぐことと同時に、故人の尊厳を守ることを念頭に置き、展示をおこなう。

　古人骨は、日常生活で目にすることがないという意味で希少性があり、それ単体でも人目を引くことから、展示の目玉になり得る。ただし、やみくもに多数の実物資料を並べたり、過剰な装飾を加えて見世物のように扱ったりすることは避け、展示のテーマに沿って適切に使用する。展示することで劣化が著しく進行することが懸念されるなど、実物資料を使うことが困難な場合は、レプリカなどの代替資料を使うことも考えるべきである。

　古人骨を多数所蔵する博物館では日々研究がおこなわれており、そうした研究成果を公開・普及するために展示をおこなう。実物の古人骨だからこそ伝えられるものがあるが、実物資料を展示する際は、破損しないように細心の注意をはらう。

　古人骨を展示する際は、養生用のマット等の上で箱から取り出し、作業場所を広くとって周囲に物を置かない。また、作業する者は、指輪や腕時計等の資料を破壊する可能性があるものを前もって外しておく。

　急激な環境（湿度や光など）の変化は資料劣化の要因になるため、展示ケース内の湿度を管理し、古人骨に当たる照明は控えめにする（熱を持たない LED 照明が良い。光が強すぎる場合は、資料と光源の距離を大きく取る、光源にトレーシングペーパーを被せる等の措置を講じる）のが望ましい。

　展示では、古人骨を使って何を伝えたいのか、そのためには古人骨のどこをどのように見せたいのか、という展示企画者の意図を伝えるべく、資料の設置の仕方を工夫する。観覧者の目線の高さは様々であるため、見せたい部分が見やすいような高さ・角度等を調整して設置する必要がある。例えば、縄文人の頭蓋骨と弥生人の頭蓋骨の顔高の違いを示したい場合には、人骨の顔面部を観察しやすいように、設置位置や角度等を調整する（図5）。角度を調整して設置する場合には、骨の弱い部分に重力が集中しないよう、接地面と骨の間にポリウレタンフォームやシリコーンなどのクッション材を挟む（目の粗いポリウレタンフォームや脱脂綿などは、骨の突出部分に引っかかることがあるので、目の細かい布等

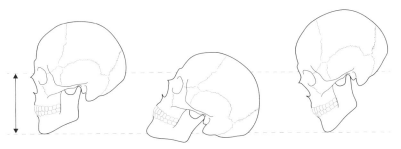

**図5　頭蓋骨の置き方で変わる、見た目の顔高**
(矢印は顔高。下顎の先端を揃えている)

で包んで使用する)ことで破損を防ぐ。展示設備は施設により様々であるため、ケースバイケースで工夫をする必要がある。

・ワークショップ

個人的な感想ではあるが、来館者が博物館に求めるものが30年前と現在とでは少し変わり、より体験型の展示が求められているように思う。実際勤務している博物館では、比較的若い世代の来館者は、展示会で実物の出土資料を見るよりも、触ることのできる展示物や、レプリカを使ったワークショップの方が好評である。古人骨のように日常的に親しむことのない資料の場合、まずはワークショップを通して骨に関心を持ってもらい、その後に実物資料から学んでもらうという流れが、教育普及としては良い流れなのかも知れない。

しかし、古人骨の特性を考えると、実物資料を使ったワークショップは難しいのが現実であり、レプリカを使った体験内容を構成する必要がある。

実例として、土井ヶ浜遺跡・人類学ミュージアムの体験講座を紹介する。ここでは、自然人類学に触れてもらうため、「ホネホネウォッチング」[1]という体験講座を、小中学校の夏休み期間を中心におこなっている。講座の主な内容は、「ホネホネパズル」と「発掘体験」の二つである。

ホネホネパズルでは、交連していないバラバラの骨格模型を用意し、骨格図を見ながら制限時間内に正しい位置に並べてもらう。並べた後は、交連した骨格模型を使って各骨の位置や関節の動きを解説しながら、答え合わせをおこなう。

発掘体験では、屋外に穴を掘り、骨格模型を入れて砂をかぶせておき、参加者に掘り出してもらう(図6)。実際の古人骨発掘で使用するような道具・手順

図6　人骨模型を使った発掘体験講座の様子
（土井ヶ浜遺跡・人類学ミュージアム提供）

で人骨模型を露出させた後は、自由に出土状況写真を撮ってもらい、骨格図や交連骨格模型を見ながら各骨の位置や関節の動きを学習する。

　この講座は参加費無料でおこなっており、参加者には子ども連れの家族が多く、中には3世代で参加する家族もいる。最初は骨を怖がる子どももいるが、模型に触っているうちに恐怖心は薄れるようである。

　今後も古人骨資料を守り伝えてゆくためには、若い世代の関心と理解が不可欠である。この体験講座のように、最初の「骨＝何だか怖いもの」という感情が、模型に触れることで和らげば、自身の身体に当てはめながら学んでもらうことで知的好奇心へと変わり、将来的に古人骨研究への理解につなげてゆくことができるのではないだろうか。

　このように、教育普及の役割はこれから増々博物館に求められてゆくと思われる。そのためには人材育成が必要であるし、古人骨資料の実物のほかにレプリカを所蔵する必要もある。3Dスキャナーと3Dプリンターがあれば実物資料からレプリカを作ることができる時代であるが、レプリカの作成には費用がかかる。予算規模の小さい博物館では、教育普及のためのレプリカを所有することが困難な場合が予想される。ソフト・ハード両面の環境をどう整えるかが課題である。

註
1）　ホネホネウォッチングの開催状況や内容は執筆当時のものです。

引用・参考文献
海部陽介・馬場悠男・溝口優司・松村博文　2003「古人骨」国立科学博物館編『標本学
　　―自然史標本の収集と管理―』pp.221-228
篠田謙一　2015「人骨標本と人類学」『学術の動向』20―5、pp.15-19
馬場悠男編　1998『考古学と自然科学』①　考古学と人類学、同成社

# 田能遺跡出土人骨の発見から現在まで

足立　望

## 1　田能遺跡とは

　田能遺跡は兵庫県尼崎市田能に所在する。尼崎市の東北端に位置し、北は伊丹市、東は大阪府豊中市の市境に接し、猪名川と藻川が分流した北岸に立地する弥生時代の全時期に及ぶ集落および墓地遺跡である。

　遺跡の発見は 1960（昭和 40）年 9 月に遡る。工業用水園田配水場の建設中に大量の弥生土器が発見されたことによって存在が知られた。当時は高度経済成長の真っ只中であり、尼崎は地下水を工場用水として使用していたことで地盤沈下が深刻化していたことや、尼崎市・伊丹市・西宮市の 3 市合同での一大プロジェクトであったことから、配水場の建設工事は緊急性の高いものであった。これらの理由から工事を中断しての発掘調査はできず、工事と並行した緊急発掘調査が行われることとなる。調査は翌年 1961 年 10 月 1 日まで行われ、住居跡や柱穴、溝や方形周溝墓などの遺構、大量の弥生土器片や石器などの遺物、人骨、獣骨や貝殻などの動物遺存体などが見つかった。特に、第 4 調査区で発見された複数の弥生時代人骨やその埋葬施設は、当時不明であった近畿地方の弥生時代の墓制研究に大きな影響を与えることとなった。

　火を受けた痕跡のある銅剣鋳型や、人骨とともに検出された 632 個の碧玉製管玉（第 16 号墓）と白銅製釧（第 17 号墓）はその重要性から兵庫県指定文化財となっている。

　当初、破壊される予定であった田能遺跡は、市民を中心とした「永久保存」を求める保存運動の結果、1961 年 6 月には配水施設の予定地を変更し、第 4 調査区を中心に遺跡の保存が決定した。保存地区は盛土をして地下に遺跡を残し、地上には住居や方形周溝墓・墓を復元した史跡公園と、田能遺跡から出土した遺物の収蔵・展示棟が 3 年がかりで整備された。1969 年には国史跡に指

定され、1970年には「田能資料館」として開館。現在も展示会や体験学習を通じて、考古学や弥生時代、そして田能遺跡を含む地域の歴史について発信しつづけている。

## 2　人骨の発見から取り上げについて

　田能遺跡では、17基の墓から16体の人骨が確認された。田能遺跡で人骨が発見されたことは全国的なニュースとなり、市民のみならず全国から多くの見学者が集まった。発掘の様子は連日新聞に掲載され、テレビの取材も入ったが、発掘調査に携わる人員は少なく、工事車両に追われながら行った、時間的にも人員的にも厳しい制約があった中での調査であった。

### （1）人骨の発見

　1960年11月22日第4調査区の北辺で木蓋土壙墓に納められた第1号墓が発見され、木棺墓・木蓋土壙墓・土壙墓・土器棺墓や方形周溝墓など、様々な形式の17墓の墓が検出された。

　なかでも、弥生時代の確実な木棺墓の発見は田能遺跡が初めてのことであり、それまでも人骨や木の痕跡などから木棺の存在は推定されていたが確証はなかったため、田能遺跡で木棺材と人骨が伴って出土したことは、弥生時代の墓制の一端を明らかにしたと注目を集めた。第16号墓からは、近畿地方の

図1　破壊される第4調査区と第1号・2号・3号墓
（尼崎市教育委員会提供）

管玉出土数としては最多である 632 個の碧玉製管玉が被葬者の胸元に着装した状態で見つかり、第 17 号墓からは白銅製の釧が左腕に着装した状態で発見された。また、この 2 基は第 3 方形周溝墓の墳丘部から見つかり、二重掘形を有していた。第 16 号墓の掘形は外側長さ 3.6m ×幅 2.0m、内側長さ 2.8m ×幅 0.8m、木棺は長さ 2.25m ×幅 0.6m で、第 17 号墓の掘形外側長さ 3.45m ×幅 1.85m、内側長さ 3.1m ×幅 1.13m、木棺は長さ 2.6m ×幅 0.65m であり、田能遺跡の中では一際大きな墓であった。以上のことから、この 2 基に埋葬された人物は政治的指導者であったと考えられる。

　このように田能遺跡での発見は、当時は詳しくわかっていなかった近畿地方における弥生時代の埋葬風習や墓の構造、社会関係を知る手掛かりとなった。

## (2) 取り上げと保存処理

　一般的に人骨は露出後に脆弱化するため、早急に写真撮影や実測などの出土状況の記録を取り、出土から取り上げまでを短時間で行うことが望ましい。できるようであればその場で仮同定を行い、部位ごとに取り上げる。乾湿を繰り返すことは人骨を急速に劣化させてしまうため、やむをえず現場に留める場合

図 2　第 1 号墓の取り上げ（左）、第 7 号人骨の計測（右上）、
第 16 号墓の発掘（右下）（いずれも尼崎市教育委員会提供）

147

は仮設テント等で日光や雨水を避けることが必要だ。田能遺跡の場合、写真の撮影および実測図の作成などの記録と人骨の調査は早急に行われたようで、形態計測や部位同定までなされており、その結果を実測図に記載している。しかし、先述のとおり、田能遺跡の発掘は工事と並行した緊急発掘調査であり時間的・人員的に切迫した状態であったため、人骨の早急な取り上げは難しく、筵や市民から寄付された防水シートを用いて一時的に日光や雨水を防いだ。

　12 月 13 日、破壊される第 1 号・2 号・3 号墓について、調査員たちが徹夜にて墓壙の取り上げを行った。第 1 号・3 号墓は全身を墓壙ごと取り上げたが、第 2 号墓は木棺をブルドーザーで破砕されてしまったため、もともと残存していた歯牙の周囲のみを木棺の底板ごと切り出して取り上げたようである。

　田能遺跡出土人骨の残存状態は悪く、大半が土と同化した状態であった。第 7 号墓については「先ず自家製常温硬化アクリルエマルション[1]を人骨に注入含浸させた。この場合には、あら目の泥炭層に、腐って粉末状態に近い骨が壌った状態であったため、エマルションの吸収は比較的よく、樹脂強化の効果はかなり上ったと思われた。但し処置後の土質化した人骨は硬化はするが、乾燥に伴って収縮し亀裂が入る可能性が充分にあった。またこの人骨を土壙墓と一緒に取り上げるのは、当時の現場における時間的制約と発掘現場の状態から無理と判断されたため人骨のみを取り上げることになり、人骨の下の土層を、厚さ 5〜7cm 程度の所に厚板をさし込んで、そのまま保管場所に運搬した。」（樋口 1976）とあり、樹脂で人骨を硬化した後、人骨のみを先に取り上げ、墓壙においては別途取り上げを行ったようだ。

　田能遺跡のように泥地で人骨が発見された場合、樹脂硬化をするタイミングと樹脂の種類、そして含浸方法が重要である。撥水性のある樹脂を湿った人骨に用いると樹脂を浸透させることができずに表面に膜を張ってしまい、内部に水分を閉じ込めてしまう。そのため、湿っている人骨に対しては親水性のある水溶性エマルジョンなどの硬化剤を、ブラシやスポイト、スプレーを使用して含浸する。ただし、水溶性エマルジョンは水分が蒸発すると硬化するため、その際にひび割れが起きる可能性がある。

　保存処理として樹脂硬化をする場合は各分野の専門家と今後の処理や分析の方法などを詳細に話し合い、その先の展示を含めた活用まで視野に入れて検討する。当たり前のことではあるが、人骨に一度樹脂を含浸してしまうと、それ

を完全に除去することは不可能であり、当然各種の化学分析に影響を及ぼす。樹脂で固定し取り上げることが妥当なのかどうか、慎重に議論し形態的に重要である場合のみ固定するなどの判断をする必要がある。DNA分析や食性分析の技術が進歩した現在においては、なおさらその資料の今後の価値を見越して決定することが求められる。

## 3　田能遺跡出土人骨の現在

　現在、田能資料館に収蔵されている人骨は、第1号・2号・3号・7号・10号・12号墓・20号墓の7体であり、その全てが実物展示されている。

　そのうち第2号墓と第7号墓は収蔵庫に保管されていた。2体とも樹脂を含浸して保存処理がなされているが、収蔵庫内の環境は湿度・温度の変化が大きく、人骨の保管にあたって必ずしも良いとはいえない状態であった。第7号墓は遺構ごと取り上げたことで収納棚には収まらずに外壁側に寄せられており、保護シートが巻かれていたものの、温度・湿度の変化が著しく、また日光も差し込む場所であった。これらの影響を軽減するため、2020（令和2）年に第7号墓を、2022年に第2号墓を比較的環境の安定する常設展示室内に移動した。第7号墓に生じていた亀裂は現在修復されている。また人骨と土壌を別に取り上げたため再配置を行っているが、出土当初の状態と比較すると形態的特徴の把握については多少劣るものの、外観的には博物館資料としての価値は保たれているようである。

　乳幼児骨は土とともに土器棺内に残存していた。第12号墓については歯牙のみの残存であったため、周りを石膏で固めて取り上げている。第10号・20号墓は骨の取り上げを行わず付着している土器ごと保管しており、第10号墓については人骨の付着する土器体部を石膏で固定して、土器棺は人骨付着部分を別途石膏で補完している。この乳幼児骨については

図3　現在の第10号墓の展示の様子　左前に人骨、左奥に復元模型、右に土器棺を配置している（尼崎市教育委員会提供）

現在詳しく調査を行い、埋葬姿勢などの情報を展示に反映しているところである。

　そのほか、第15号墓については現在大阪市立大学医学部に保管されている。樹脂による保存処理は行われておらず、化学分析に対する可能性も期待できる。

## 4　今後の活用

　これまでの田能資料館の墓の展示は、墓の形式や副葬品については詳細に解説されているが、被葬者については年齢・性別・身長などの調査結果のみが述べられているところがあった。これは考古学と人類学の分野が近いようで遠く、人骨の持つ情報がどれほど考古学へ寄与できうるかを具体的に提示できていないからではないだろうか、と私自身も少なからず感じているところである。田能資料館では人骨の観察ポイントなどを踏まえた展示に順次切り替えており、埋葬姿勢やその人骨の形態的特徴をイラストや写真で解説し、観察に慣れていない人にも人骨に含まれる多くの情報を知っていただけるように努めている。弥生人を自らと同じ人であると理解を促し、そこから昔の人々の営みに興味を抱いてもらうには、人骨に対して敬意を払うとともに、その価値を十分に理解して活用していくことが必要となっていくだろう。

### 註

1)　国立文化財研究所化学室（当時）が、メチルアクリレートとブチルアクリレートの共重合体エマルションを合成。PVA を使用せず、専ら界面活性剤のみを使用したため、常温硬化、粘度がやや低くなり、貯蔵性も比較的安定化した（樋口 1976）。

### 引用・参考文献

尼崎市教育委員会編　1982『田能遺跡発掘調査報告書』尼崎市文化財調査報告 15

デイビッド・ワトキンスン、バージニア・ニール　2002『出土遺物の応急処置マニュアル』柏書房

谷畑美帆　2004『考古学のための古人骨調査マニュアル』学生社

樋口清治　1976「遺構の取り上げ保存」『保存科学』15、pp.88-101

# 文化遺産としての剥製

富岡直人

　博物館における剥製資料は、動物から作成された剥製によって、動物の身体の一部を残し、その残された部分から間接的に動物やそれを取り巻く環境を学ぶ「よすが」を提供するものである。量の多寡があるものの多くの博物館は剥製を有し、学芸員はその活用と維持・更新に取り組む必要性がある。本稿は剥製の歴史性と維持管理を中心に述べる。

## 1　剥製の種類

### a.　本剥製

　生前の生態を示すべく、剥皮し保存処理を施して、自然な姿勢に組み上げられた資料を本剥製と呼び、この形式が一般的に剥製と呼ばれる。頭部や指、風切羽根の基部等には骨格を残している場合があるが、体部の中で脂肪や筋肉に覆われる部分では骨格は抜かれているケースが多い。大きい動物の芯材には鉄材や木材、小型の動物の芯材には針金、木毛（木綿とも呼ばれる）や発泡樹脂類等が入っている。でき上がった本剥製の構造を外側からの観察のみで把握するのは困難であり、長期間保管されてきた歴史的剥製の構造を把握するには、CT スキャンやソフト X 線撮影装置で観察する場合もある。

　また、皮革を剥ぐ手技を伴わない場合もあるため、剥製と分類するべきではないとも考えられるが、近年はフリーズドライ（凍結乾燥法）により、細胞内から水分を抜いて本剥製のように仕立てる画期的な技法もある。

　フリーズドライ法は従来の本剥製の処理方法と異なり、骨格や筋肉を抜く事はほとんどない。一方で皮革に脂肪が多い場合は、皮革の劣化を遅らせるために脂肪を減らすプロセスが必要である。また、内臓が標本に残される場合、菌類や動物によって害される可能性が高く、防菌防虫処理や保管ケースへの収納に配慮が必要である。

## b.　仮剝製

　標本剝製とも呼ばれるもので、鳥類と哺乳類にみられる事が多い。標本がコンパクトに収納できる事から、学術的に重要な標本が仮剝製として処理されている場合も多くあり、収集者が整理棚に大量に収納できる利便性がある。仮剝製の内部には綿や麻緒等を詰めるのみの場合や、標本の形態を維持するために頭蓋や指骨等の一部の骨格を残したり、体部の形態を維持するために針金や芯となる木棒、ボール紙を使ったりする場合がある。生前の生態を示す目的の本剝製と異なり、皮革や体毛・羽根や指と爪をコンパクトに残す事に主眼がおかれて作られている場合が多く、生体を真似た芯材や義眼も省略される場合が多い。

## c.　半剝製

　仮剝製に似ているが本剝製や仮剝製を作る途上で作業を止めた標本をこのように呼称する。多くの場合、半剝製は剝皮と防腐処理と標本ラベルが付されただけの簡便なものであるが、本剝製への処理を意識して丁寧な作業が施されている。

## d.　羽根標本

　鳥類の羽根だけを抜いて解剖学的な秩序で配置し、展開させた標本。羽根の状態が良ければ劣化した死体や古くなって傷んだ剝製からでも、作成が可能である。

# 2.　剝製の作成

## a.　剝製師への依頼

　条件の良い動物の死体が入手できた場合、剝製師に依頼して剝製の製作をお願いする場合がある。事前に死体の写真を Email で送付し、体長や頭部の最大長・最大幅、尾長等を伝えると良い。

## b.　剝製の製作

　剝製を製作する事もできる。初心者は指導者に教えを受け、軟部組織の廃棄法等を含め学ぶ事が必要である。また、外部に委託する場合も、剝製の維持管理には剝製の製作工程を理解する必要があることから、以下に簡便に内容を記す。

　ここでは鳥類のニワトリを例に説明をする。剝製を製作する前には、標本の身体についていた血や脂、土壌類等の汚れは作業を行う前に水や洗剤を利用して丁寧に洗浄する。鳥類の種類によって羽の抜け易さが異なるので、ワシタカ類のように羽根が抜け易い資料については水洗作業についても注意して行う。

　野性鳥類は伝染病のおそれがあるので、洗浄・消毒には注意し、伝染病が蔓延している場合には、死体自体を動かさず、家畜保健衛生所や保健所に連絡をする。また、健康な鳥類でもハジラミがいる場合が多いので、エチルアルコールでハジラミの液浸標本を作ったり、ダニアースやバルサンを施したりする等すると良い体験になるであろう。

　剝皮する前に、標本として必要なデータとして撮影と記録シート製作を行う。記録シートのデータは剝製の仕上がりの参考ともなる。最初に現状写真を撮影し、その後洗浄工程と一緒に頭尾長、嘴峰長、頭長、頭幅、鶏冠全長、肉髯、頸長、胸幅、胴長、胴横幅、胴の背腹幅、片翼長、尾羽長、跗蹠長等mm単位で測り、また新鮮な状態でないと把握できない虹彩や瞳、鶏冠、肉髯、耳朶、耳羽、脚の色を撮影して記録する。また、汚れが取れて乾燥した後に羽を広げた様子も背面側と腹面側について撮影しておく。また、胴に対してどのような位置に上腕骨と大腿骨が接続しているか、わかるように撮影する事も重要である。計測には濡れてもよいコンベックス等を利用する。また、性別、骨折や銃創がある個体はそれも記録しておくと良い。これが最終的な本剝製の姿勢を決める事がある。

　剝皮は、「1. 胸剝　2. 腹剝　3. 背剝」の方法があり、本例のようなニワトリの場合は、「2. 腹剝」と後頸の「3. 背剝」を実施する。剝皮をした後に筋肉や内臓を除去する。必要に応じてこれらをホルマリン溶液に漬けて保存する場合もある。

　胴芯は取り出した胴部を観察し、測定した胴部の測定値も参考にし、木毛や発泡樹脂で成形して製作する。木毛の場合は木綿糸を巻いて形を整え、胴部に木綿糸を通した針を刺し通して木綿糸を固定する。頸部や大腿部が接続する部分は窪ませて接合しやすくする。

　剝製の中に頭蓋は残す方法と全て除去して置き換える方法があるが、ここでは頭蓋を残す方法を述べる。骨である頭蓋から頸椎を外し、脳、眼、舌、食道、気管等を抜く。残した骨格は洗浄し、煮沸したりして筋肉等の軟部組織を

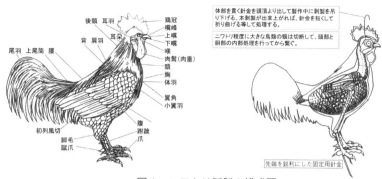

図1　ニワトリ剥製の模式図
剥製外形（左）　剥製の内部構造（右）

外し、乾燥させて骨格標本とする。脚部は大腿骨や脛足根骨、翼部は上腕骨、橈骨を抜き成形する場合もあるが、足根中足骨は鱗と指が接続し、尺骨、中手骨、指骨は羽軸が接続するので骨を抜くのは難しく、抜いた場合は剥製の形が崩れやすい。

　中身を抜いた皮に関しては、余計な皮脂や肉等の軟部を除去し、焼ミョウバンや防腐剤を塗り込んで羽が抜けるのを防ぐ。焼ミョウバンの利用は、剥製師によっても意見が異なるので、指導を受ける場合はその方に従うのが良い。

　鶏冠・肉髯・耳朶は袋状に切開して内部の軟部組織を除去し、防腐処理をした後に空いた部分にボール紙等の芯を入れ、乾燥し変形するのを防ぐ。尾羽は根元を針金で固定し、胴芯の針金の尾部をシャベルの柄状に曲げた部分に繋ぎ、外れないように加工する。

　骨折した骨格があった場合は、接着剤で固定した上で針金と綿と木綿糸や木綿紐を巻いて補強する。

　大腿骨近位端側にドリルや錐で径0.5mm～1mm程度の穴を開け針金を通し、足根脛骨、跗蹠骨（足根中足骨）の後側を通し、足蹠より突き出す。足蹠より突き出た部分は、止まり木や台に固定するのに利用する。針金は大腿骨の端から出ている部分も足蹠から出た部分も針のように尖らせておく。大腿骨や脛足根骨は綿や木綿糸で成形する。大腿骨は胴部に沿う場合、木綿糸であらかじめ窪ませた胴部に合うようにして木綿糸で巻いて固定する。長く残した大腿骨側の針金は胴芯に刺し、胴芯から出た部分は更に折り返し胴芯に刺して処理をする。

　翼の骨格にも脚の場合と同様に針金を通し、中手骨、指骨あたりまで貫き、

成形に利用する。翼は重い場合があるので、翼の芯になる骨格は脚の場合と同様に綿や木綿糸で補強し、必要に応じてそれぞれを結束する事もある。胴芯への接続は脚の場合と同様に行う。

その後、頸部、翼、脚を接合した胴芯を皮部に収め、尾羽を胴芯の尾部に接合し、適宜綿や粘土を入れて各所の形態を整える。蝋糸と剥製用の針を利用して切開した部分を縫合して仕上げる。最後に足蹠から突出した針金を止まり木や台に固定して、脚や翼や頸部の位置を整え仕上げる。

## 3 剥製取り扱い

### a. 剥製の取り扱いの注意

剥製に対する菌類や動物類の害は製作直後から数年の間について、起きやすいので、この時期に最も慎重に扱った方が良い。剥製の保存は、室温20℃未満、湿度60％未満の環境に維持し、乾性カビが繁殖する事を避けるべきである。コップに水を入れて保管する例も見られるが、湿気を補う特段の必要はない。また、フリーズドライの動物標本も同様に乾燥状態で保管する事が望ましい。

樟脳やナフタリン等の防虫剤は、半年～1年で交換を行い、基本的には同じタイプの薬剤を連続して利用する。また、エキヒューム等による燻蒸の実施が可能であれば、年に1回程度実施する事が望ましい。

剥製の保管場所は紫外線が入り込む場所を避け、さらに煙草の煙やカフェや食堂からの油煙や水蒸気も避けるべきである。そのため、剥製を独立してガラスやアクリルのケースに保管する事も望ましい。

剥製の取り扱いでは、手指の油や汚れを移さないため、素手で触らず手袋を利用するべきである。ホコリもカビの原因になるので、気が付いた時には羽箒等で除去する。室内で羽箒を使うと、カビの胞子が拡散しかねないばかりか、作業者の健康も損ないかねないので、二日以上晴天が続いた日のお昼前後の約4時間を使って、日陰の屋外で虫干しの要領で剥製のホコリ払いを実施するのが良いであろう。

### b. 剥製の汚れ

羽箒で除去できないような汚れは、剥製を破損しないように配慮しながら除

去する作業に取り組む。動物の体毛や羽根は本来耐水性があるので水拭きも可能であるが、皮革との接合が弱い場合は塊になって抜けかねないので注意を要する。また、剥製の芯材に浸み込むと風乾に時間がかかり、カビの繁殖を誘発しかねないので、加減しながらクリーニングすべきである。

　剥製の剥皮は先述の通り、胸剥ぎ・腹剥ぎ・背剥ぎ等によって行われる。また頸・尾・四肢の内側等展示の表面に見えにくい部分に皮を切って剥ぎ、筋肉や内臓を除去しているが、軟部や骨格の物理的処理や防腐処理が不十分な場合、切開された部分の皮革や羽毛が劣化する場合がある。

### c.　剥製の脱色

　剥製に着色する事は、生態を示す上で無理からぬ部分はあるが、その着色で標本の価値が損ねられる事がないように、リムーバルな水性絵具等を利用する事が望ましい。また、そのような処理をした場合は、資料記録カードに追記する事が望ましい。

## 3　日本での剥製のはじまり

　日本の剥製の歴史は明治初頭からがよく知られているが、剥製という言葉は西洋から来たのではなく、東洋の言葉であり、皮革処理技術はそれ以前より存在しており、そこに西洋式の剥製製作技術が移入されたとみるべきであろう。そして 1950 年代には、「（日本のはく製の）技術は決して外国に劣るものではない」とも記されている（橋本 1959：p.3）。

　その後、1970 年代頃には所謂「剥製ブーム」が起こった。現在多くの博物館に収蔵している剥製もこの頃に属するものが多い。その時期より 50 年を経て剥製が虫やカビの害を受けたり、扱い方が不適切なために人為的に損壊されたりした事から、この時に製作された標本が失われつつある。

## 4　剥製ブーム

　伊勢市倉田山中学校の教諭であった橋本太郎は 1930 年代以来坂本喜一、坂本三六の指導を受けた人物で、彼が著した『動物剥製の手引き』は、第 2 次世界大戦で被災し失われた標本を再び製作する研究者や教員に向けて書かれたものであった。この時点では特段剥製ブームについては触れられていないが、既

に坂本による講習会が行われていた事が言及されている。

　1977年に橋本は『坂本式動物剥製法』を著し、「はじめに」の中では「現代は剥製もまた、低技術、量産、消耗品扱いの時代に押し流されていて、戦前からの剥製師を歎かせている・・・」（橋本1977：p.ⅰ）と記し、「おわりに」の中で、「今の日本は今後、経済的なブレーキと鳥獣の減少により、この異常な（剥製）ブームは次第に沈静化していくだろうと思っている」（括弧内は富岡補筆）と述べ、当時の剥製ブームの様子を伝えている（橋本1977：p.248）。

## あとがき

　筆者らは、2011（平成23）年3月11日に発生した東北太平洋沖地震で全館・全収蔵資料が深刻に被災した陸前高田市立博物館の剥製資料のサルベージに当たり、劣化した剥製の安定化処理を試みたが、複数の剥製師や学芸員との協力を受けても劣化が深刻な資料は救う事はできなかったが、劣化した剥製であっても羽根を展開させた羽根標本に置き換える事で資料点数を減じる事は回避できた。

　また、これをきっかけに動物遺存体研究の視点から剥製や剥製史を研究する新たな視座を得た。本稿はその経験を踏まえたものである。

引用・参考文献

富岡直人　2015「4）剥製標本の安定化処理」『安定化処理～大津波被災文化財保存修復技術連携プロジェクト～（2015改訂版）』、pp.170-173

富岡直人　2018「岡山からの陸前高田市立博物館被災剥製・動物遺存体標本救援」『文化財防災ネットワーク推進事業　地域の文化財防災に関する研究集会報告書Ⅰ　第4回全国史料ネット研究交流集会』独立行政法人国立文化財機構　文化財防災ネットワーク推進室、pp.37-40

武田丑之助　1911『最新動物剥製法』積文社

中村元為　1965『入門新書　剥製の作り方　鳥類編』藤田印刷

橋本太郎　1959『動物剥製の手引き』北隆館

橋本太郎　1977『坂本式動物剥製法』北隆館

原田三男　1936『博物採集と標本の作り方　模型製作ニューハンドブック　第五編』東京科學教材社

# 骨格標本の作製と活用
## —魚類を中心として—

松崎哲也

## 1 自然史資料とは

### (1) 自然史資料の役割

　自然史資料は、自然史標本または単に標本と呼ばれることもあるが、松浦編 (2014) において説明されているように、「生物や鉱物などの全体または一部を抜き出して繰り返し観察ができるように保存処置を施したもの」である。したがって、対象となる範囲は非常に幅広く、動物、植物、化石、岩石、鉱物など自然界に存在するあらゆるものが含まれ、これらの収集されたものすべてが自然史資料となり得る可能性を持っている。

　千地 (1979) は、博物館に収集される資料は、「学術研究用資料」、「展示・教育用資料」、「歴史的・文化財保全用資料」の3つの種類に大別されると述べている。重要な点は、すべての資料が同じ目的で収集されるのではなく、それぞれの研究目的や収集目的に応じた役割や保存形態が存在することである。たとえば、自然史研究[1]に用いる標本の場合には、いつ、どこで採集されたのかといった時間的・空間的な情報が必要不可欠である。この情報があることで時代や地域ごとの生物の分布域の拡大、縮小等を把握することが可能になる。また、標本は研究材料としての役割を持つことに加え、研究の成果を保証する重要な記録・証拠としての役割も担っている。そのため、標本の採集地や採集年月日などの情報が欠けていると、標本としての役割が果たせず、資料的価値が低下してしまうことになる。標本とともに、こうした情報が失われないよう適切に管理することも忘れてはならない。

### (2) 標本の保存形態

　標本には様々な形態が存在するが、大きく乾燥標本と液浸標本の2種類に分

けることができる（図1）。乾燥標本には哺乳類、鳥類、爬虫類、両生類、魚類などの動物を対象とした剝製標本や骨格標本のほか、昆虫標本や軟体部を除去した貝殻標本もこれに含まれる。植物ではさく葉（押し葉）標本や木材標本などが該当する。全体を標本化するものもあれば一部を標本として保管する場合もあり、哺乳類などでは分類学的に重要視される頭骨のみが保管されることがある。一方で液浸標本は、剝製標本や骨格標本とは異なり内臓や筋肉などの軟組織も含めて標本化するため、より多くの情報を保存することができる。ただし、ホルマリンやアルコールといった人体に有害な薬品を保存液として使用し保管するため、取り扱いや管理には十分注意する必要がある。このほか、花粉や寄生虫などの非常に小さな生物を対象としたプレパラート標本、樹脂の中に生物を入れて固めた樹脂封入標本や、DNA解析のために組織の一部を冷凍して保存する冷凍標本なども存在する。どのような標本にするかは対象となる生物の種類や研究目的によって選択されるものであり、同じ生物であっても複数の保存形態が採用されている。

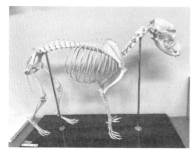

**図1　様々な標本の保存形態**
左上：剝製標本　　左下：骨格標本　　右上：液浸標本　　右下：樹脂封入標本

　また、当然ながら標本は現代のものだけに限られない。古生物学で扱う化
石、人類遺跡から出土する動物の骨や貝などの動物遺存体も含んでいることを
忘れてはならない。とくに後者は過去社会における人と動物の関わり合いを研
究する動物考古学にとって不可欠なものであり、自然史資料としての価値だけ
でなく文化財としての価値も有する。

　そこで本項では、研究目的に応じて様々な標本の保存形態が存在することの
一例として、魚類の骨格標本に焦点を当てる。後述するように、魚類標本は一
般的に皮膚をはじめとした軟組織を含めて保存する液浸標本として博物館等に
収蔵されている。しかしながら、古生物学や動物考古学などの研究分野では、
堆積物中に残存しやすい骨や歯などの硬組織から分類・同定がおこなわれるた
め、比較資料として現生動物の骨格標本が極めて重要な役割を果たす。以下で
は骨格標本について概説的に触れた後、魚類骨格標本の特徴と作製、保管方法
について述べていく。

## 2　骨格標本の特徴

### (1) 骨格標本の特徴と種類

　骨格標本とは、皮膚や内臓、筋肉などの腐敗しやすい軟組織を除去し、骨格
を取り出して標本化したものである。ホルマリンやエタノールなどの薬品を保
存液として使用する液浸標本や防虫・防カビ対策に十分注意する必要がある剥
製、毛皮標本などと比べると比較的保存しやすいことから、哺乳類をはじめと
して多くの動物で骨格標本が作製されている。ただし、骨の内部に含まれる脂
が経年によって骨の表面に染み出し、ベタつきや黄ばみが生じる場合がある。
そのため必要に応じて再度脱脂することはよくあるが、脱脂しすぎると骨表面
に剥離や亀裂などが生じるおそれがあるので注意が必要である。骨格標本は全
身もしくは一部の骨格を組み立てて保管する「交連骨格標本」とバラバラの状
態で保管する「分離骨格標本」に分けられる。

　交連骨格標本は生きていたときの状態を模して骨格を組み立て、台座などに
固定したものである（図2左）。接続部は接着剤、針金などを使用して固定する
が、交連状態を維持するために敢えて若干の軟組織を残す場合もある。動物の
生き生きとした姿を再現することができるために博物館等の展示でよく見ら
れる。また、骨のつながりや位置関係を理解するための教材としても適してい

図2　交連骨格標本（左）と分離骨格標本（右）

る。一方で、立体的に組み立てた標本であるため、分離骨格標本よりも作製に
手間や時間がかかるほか、より広い保管スペースが必要になる。

　分離骨格標本は骨格を組み立てず、分離させた状態で保管しているものであ
る（図2右）。骨格部位の種類や個々の形態について学ぶための標本として適し
ている。骨を部位ごとに小分けにしてコンテナやタッパーなどに収納すること
ができるため、交連骨格標本と比べて保管スペースが少なくて済む。また、再
度脱脂などの処理が必要になった際に、交連骨格標本では一度組み上げたもの
を分解する手間が生じるが、分離骨格標本は元からバラバラの状態で保管して
いるため、作業がしやすいという利点がある。ただし、骨を分離させた状態で
保管するという標本の性質上、骨の構造や部位についての知識がある程度求め
られる。加えて、別個体の標本と混じってしまうとどちらの個体のものか分
からなくなってしまう可能性があるほか、小さな部位などは紛失のおそれもあ
る。こうしたリスクを避けるために取り扱いには十分注意し、適切に管理保管
しなければならない。


## (2) 魚類の骨格標本

　魚類では分類形質として体表の色彩、鰭条数、鱗の形態と鱗数、鰓耙数など
が用いられることが多く、これらの情報の大部分を維持した状態で保存するた
めに液浸標本とされることが一般的である。分類学的研究において重要な標本
の保存形態であるとともに、その他にも種内変異、雌雄差、地域差、成長段階
による差異など様々な研究に用いられる（松浦編2014）。もちろん骨格が分類形
質として用いられることもあり、日本産魚類の検索図鑑として最も詳細に記載

されている『日本産魚類検索　全種の同定　第三版』(中坊編 2013) においても、骨格の形態差が分類項目として少なからず使用されている。したがって、骨格標本もまた重要な魚類標本の保存形態と言える。中でも魚類の骨格標本が頻繁に使用される研究分野として、現生種と比較検討することで絶滅種との識別や分類・同定をおこなうことが多い魚類化石を研究対象とした古生物学、遺跡から出土する魚類遺存体を対象とした動物考古学などが挙げられる。堆積物中では軟組織は容易に分解され、骨格が唯一の手がかりとなる場合も多いため、こうした分野において骨格標本の果たす役割は非常に大きい。

## 3　魚類の分離骨格標本の作製方法

　魚類の骨格標本の作製方法は、鍋などで煮沸した後に水に浸けて腐敗や脱脂させる方法が多く用いられる。この方法が最も簡単で手間も少ないが、時間の経過によって腐敗・脱脂されるのを待つ必要があるため、完成するまでに相応の時間がかかる。そこで、水に浸ける代わりに薬品を使用して軟組織を溶解させる方法も実施されている。この方法ではより短時間で骨格標本を作製することができるが、薬品によって骨も痛んでしまうために注意して作業する必要がある。哺乳類ではこの他にカツオブシムシに食べさせる方法や、土に埋める又は野ざらしにする方法などが用いられる。しかしながら、魚類に関しては薄い骨や細かな骨が多数存在しており、哺乳類ほど骨が丈夫ではないため、骨の劣化、虫食い、紛失などのおそれがあることに注意する必要がある。

　筆者らは博物館実習の講義において、魚類の分離骨格標本の作製を実施した。魚類の分離骨格標本を選択した理由として、①標本にする魚類の入手が容易であること、②交連骨格標本は標本づくりに不慣れな学生にとっては作製難易度が高いこと、③組み立てる工程がないため作製時間が短くて済むこと、④交連骨格標本に比べて保管場所や保管方法にそれほど注意を払う必要がなく、スペースもあまりとらないこと、⑤標本作製の一連の流れを学習できること、などが挙げられる。実習では今後展示等に

図3　標本作製の工程

標本情報の記録 → 同定・計測 → 写真撮影 → 除肉・煮沸 → 脱脂・漂白 → 乾燥 → 登録・ラベル作成 → 収納・保管

図4　ウロコ取り

図5　除肉後の状態

図6　メモ写真の撮影

おいての活用も視野に入れ、体側の一方を骨の表面を見せるように展開させて標本台に配置した骨格添付標本（八谷・大泰司1994）を完成させることを最終的な目標とした。なお、サメなどの軟骨魚類の骨格は軟骨のみで構成され、椎骨など一部を除いて骨格標本の作製難易度がやや高いことから、ここでは硬骨魚類を対象として標本の入手から作製、保管までの工程について、実習で実施した内容をもとに説明する（図3）。

## （1）魚類の入手方法

　標本の材料となる魚類の入手には、専門家自らが採集する方法と漁業関係者や魚市場などで入手する方法がある。前者では、釣りや網などを使用して採集することができるが、禁漁区などの採集が禁止されている場所や漁業組合等に許可を得る必要がある場合があるため、事前に情報収集した上で採集をおこなうようにする。後者では、漁業関係者に直接依頼して入手する方法と、魚市場やスーパーなどで販売されている鮮魚を購入する方法がある。漁業関係者に依頼する際には先方に迷惑がかからないようにし、具体的にどういった魚種が必要なのかを事前に伝えるなどの配慮を忘れてはならない。また、販売されている鮮魚を購入する方法は最も簡単であるが、活け締めによる傷がある場合や鱗、内蔵、鰓を取り除くなどの処理がされていることも多いので、魚の状態をよく確認した上で購入するかどうか判断する。

## (2) データの記録

　骨格標本は液浸標本とは異なり、表皮、内蔵、筋肉などの軟組織を除去してしまう。つまり、これらのデータは標本化する過程で失われ、二度と手に入らない情報になる。そのため、骨格標本の作製前に必要なデータをしっかりと記録し、残すことが重要である。

　骨格標本として最低限必要なデータは、採集地、採集年月日、魚体の写真とサイズ、そして種名である。種同定は一般的な魚類図鑑も参考になるが、先述の『日本産魚類検索　全種の同定　第三版』（中坊編 2013）が最も詳しく記載されており、種の形態的特徴が図とともに分かりやすく説明されている。ただし、それでも種の同定が難しく判断に迷うこともあるため、そういった際には専門家に同定を依頼することが望ましい。また、性別についても可能であれば記録しておきたい。

　体サイズは図鑑や論文等で細かく計測部位が提示されているため、それらを参考に計測する。主要な計測項目としては全長、標準体長、尾叉長、体高、体重などが挙げられる。写真については液浸標本でも色彩を保存することが難しいとされているため、カラー写真を撮影してデータを残しておく。

## (3) 除肉

　データの記録が終了したら、除肉作業に入る。多くの魚類には体表を保護するための鱗が存在しているため、まず鱗の除去をおこなう。鱗の除去には市販されているウロコ取りなどを使用すると取りやすい（図4）。

　次に、大まかな除肉をおこなう。実習では除肉にメスを使用したが、包丁等で代用することもできる。肛門からメスを入れて腹部を開き、内臓を取り除く。尾側は臀鰭に沿って尾鰭の手前まで切れ込みを入れる。背側についても背鰭に沿って切れ込みを入れていき、肋骨や上肋骨などを避けながら注意深く切り進めていく。なお、頭部は落とさずに胸鰭の手前を迂回するように切ることで骨を傷つけずに身だけを取り除くことができる（図5）。

　大まかな除肉が終了したら、熱湯をかけながら身をほぐし、骨を外していく。このとき、骨の位置関係が分からなくならないように、こまめにメモや写真を撮っておく（図6）。外した骨にはまだ軟組織が残っているので、ピンセット、竹串、歯ブラシなどを用いてクリーニングする。取り切れない軟組織はこ

図7　ネットに入れて水に浸けた状態

図8　定温乾燥器

の後の工程で除去できるので無理に取らずにそのままにしておく。その後、新聞紙やペーパータオルの上に元の位置関係を維持した状態で並べる。

## （4）脱脂

　除肉・クリーニングが終了したら、取り切れなかった軟組織の除去および脱脂、漂白をおこなう。脱脂は骨格標本を作製する上で重要な工程であるとともに、最も難しい工程でもある。脱脂が不十分だとベタつきや黄ばみの原因となり、逆に脱脂しすぎると骨がもろくなって表面の剥離や破損が発生する。主に水に浸けて放置する方法と薬品を使用する方法があるが、それぞれにメリット・デメリットがあるため、状況に応じて使い分けるようにする。

### 水に浸けて放置する方法

　タッパーやステンレス製のバットに水を入れ、骨を浸ける。骨は三角コーナー用のネットに左右や部位ごとに分けて入れておく（図7）。骨の隙間や溝などにこびりついた軟組織は入れ歯用洗浄剤を使用することでタンパク質の分解が進んで取りやすくなるので、1日ほど置いてピンセットや歯ブラシでこすり落とすか流水にさらして取り除く。水に浸けて数日すると濁ってくるので、濁りが出なくなるまで定期的に水を替えながら放置する。なお、腐敗により異臭が発生する場合があるため、作製する場所や周囲への配慮を忘れてはならない。

　水に浸けて腐敗・脱脂させる方法は、定期的に水替えをする以外は基本的に放置しておくだけなのでそれほど手間はかからない。しかしながら、脱脂されるまでには多くの時間がかかる。魚のサイズにもよるが、気温が高く腐敗の進みやすい夏場でも最低1週間は水に浸けておくことが望ましい。夏場以外

の季節では腐敗が進みにくく脂も抜け
にくいため、より多くの時間が必要に
なる。定温乾燥器（35〜40℃程度に設定）
を使用することで多少時間を短縮でき
るものの（図8）、完成までに数ヶ月以
上かかることもある。筆者が以前作製
した全長282cm、体重446kgのクロマグ
ロでは脱脂にほぼ1年を費やした。ま
た、低温の水に長く浸かると残った脂
肪分が蝋化や鹸化して白くベタつきの
ある物質に変質する。これらが骨にこ
びりつくと取り除くのに手間がかかる
ため注意が必要である（図9）。

図9　屍蝋が生じたメバチ神経頭蓋

　したがって、標本の状態をよく観察
して脂の抜け具合を確認しつつ、魚種
やサイズ、季節や気温によってどの程
度の期間、水に浸けておくかの見極め
が大切になってくる。

図10　キッチンハイターによる薬浴

## 薬品を使用する方法

　薬品を使用する方法は、水に浸けるよりも短期間で骨格標本を作製すること
ができるが、骨を痛めるおそれがあることに注意する。佐々木・岡（2010）は
衣類用の塩素系・酸素系漂白剤である花王の「除菌ハイター」と「ワイドハイ
ター」を併用して脱脂、漂白をおこなう方法を報告しているが、実習では台所
用の塩素系漂白剤である花王の「キッチンハイター」を使用した。キッチンハ
イターにはタンパク質を溶解する次亜塩素酸ナトリウムに加えて界面活性剤が
含まれており、より少ない時間・手間で軟組織の溶解、脱脂、漂白ができるた
めである。ただし、1本ですべての工程を済ますため、骨が痛まないよう浸け
る時間は最低限に留める必要がある。そのため、脂が多い魚類では脱脂が十分
にされず、後々脂の表出や黄ばみが生じることがある。その場合はワイドハイ
ターをぬるま湯で希釈して数時間浸ける、または台所用洗剤を使用してこすり洗
いをするか沸騰しない程度に煮沸すると、ある程度きれいにすることができる。

**図11　標本の乾燥**

　手順としては、まずタッパーや深めのバットにキッチンハイターの原液を入れ、骨を浸ける（図10）。キッチンハイターは塩素ガスが発生するため、必ず換気し、肌に直接触れないようゴーグルやビニール手袋を着用した上で十分注意して作業する。ピンセットで骨をつまんで薬液内で動かすか、容器ごと揺らすと残った軟組織の溶解を早めることができる。溶解・脱脂が進むとキッチンハイターが濁ってくるので、多少の濁りが出てきた頃合いを目安に薬液から取り上げ、水ですすぎながら確認する。浸ける時間が長くなるほど骨が痛み、表面の剥離や縁辺の破損・溶解が生じるため、こまめに薬液から取り出して確認するとよい。浸ける時間は一度に数十秒から長くても数分に留め、骨の状態に注意しながらこの工程を繰り返しおこなう。軟組織が残るようであればピンセットや歯ブラシなどを用いて取り除く。鰭や頭部の薄い骨、小さな骨については数十秒程度で十分きれいになるため、早めに取り上げる。最後に水を使ってよくすすぎ、薬液を洗い流す。なお、使用後の廃液の処理については自治体ごとに廃棄方法が定められている。そのまま流すと水質汚濁になるため、排水には極力流さないようにし、事前に廃棄方法を確認しておくようにする。

## (5) 乾燥

　除肉・脱脂が終了した骨は、新聞紙や紙ウエス、キッチンペーパーなどの上に並べて乾燥させる（図11）。急激に乾燥させると薄い骨は変形してしまうおそれがあるため、最初は室内の日の当たらない場所でゆっくりと乾燥させる。このとき、骨の上に紙ウエスなどをかぶせることで骨から染み出た脂が吸着される。数日から1週間ほど陰干しした後、1～2日ほど日干しにしてしっかりと乾燥させる。脂がひどく浮き出る場合は、先述したワイドハイターや台所用洗剤を用いた方法を試すか、アセトンを含ませたティッシュペーパーなどで脂を拭き取る方法もある。アセトンは市販されている除光液などで代用することができる。

十分に乾燥したら分離骨格標本としては完成である。ただし、今後展示等で活用することを見据えるならば、ここで一度骨格添付標本になるよう骨を並べて写真を撮影しておくことを勧めたい。そうすることで、今後骨格添付標本として再度活用する際に、各部位の配置を確認しながら並べることができる。詳細については次項で述べる。

図12　保管方法の一例

## (6) 標本登録とラベル

標本番号を付け、標本リストに登録する。標本リストはパソコンで作成し、事前に記録した標本情報を入力してデータとして保存することで管理が便利になる。自然災害をはじめとした不測の事態によって標本情報が失われると標本の資料的価値が低下してしまうため、データは必ずバックアップを取るように心がける。また、紙媒体の標本リストを出力して保管しておくとデータが破損した場合のバックアップにもなるため、必要に応じて保管しておきたい。

標本ラベルは標本番号や標本の情報を記載したものであり、標本番号・種名・学名・採集地・採集年月日は記載しておきたい。分離骨格標本は一見しただけではサイズが分かりにくいため、体長も併せて記載しておく。ラベルの紛失・消失のリスクを防ぐために、ラベルには耐水紙を使用し、鉛筆で書くのが望ましい。プリンターを用いてラベルをつくることも可能だが、経年劣化によりインクが薄れて読み取りにくくなるという指摘があるため、ラミネート加工するなどの工夫をするとよい（松浦編 2014）。

最後に、作製した標本とラベルをタッパーなどの容器に収納する（図12）。分離骨格標本はバラバラの状態で保管されるため、部位ごとに小分けにしてチャック付きビニール袋に入れる。標本の散逸や他標本との混在を防ぐため、ビニール袋には標本番号や種名などを記入する。使用する筆記具は黒の油性マジックでよいが、経年や擦れによって文字がかすれることがあるので注意が必要である。可能であれば標本に直接番号を記入しておくとより効果的である。

# 4　魚類骨格標本を使用した展示・研究

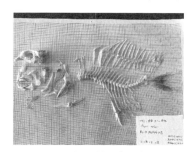

図13　マダイ分離骨格標本の展示

図14　出土したクロマグロの腹椎と
クロマグロ現生標本（松崎 2019）

## （1）展示での使用例

　魚類の分離骨格標本を使用した展示例として、骨格添付標本を紹介する。骨格添付標本は体側の一方から見たときの骨格の構造や位置関係を平面的に示したものである。交連骨格標本では観察が難しい骨の重なりや関節のつながりが俯瞰的に見られるとともに、各部位の形態を観察するのにも適している。

　まず、標本を作製する過程で記録したメモや写真を確認しながら元の位置関係に合わせて台紙上に配置する。頭部は左側のみを使用し、魚体の左側から見たときの骨格添付標本になるようにする。記録がない、あるいは骨の部位や位置関係が分からなくなってしまった場合には、骨のつながりが図とともに説明されている文献を参考に並べていく（松原ほか1979、木村2010 など）。骨格添付標本は接着剤や針金、ネジなどを使用して標本台に固定されることが多い。しかしながら、経年によって骨の表面に脂が染み出して標本台にベタつきやカビなどの汚損が生じ、骨を外して脂の除去作業や台座・台紙の交換が必要になる場合がある。そのため、必ずしも骨を固定する必要はなく、目的や使用方法に応じて選択するとよい。実習では標本を固定せず、台紙上に並べた状態で完成とした（図13）。

## （2）研究での使用例

　遺跡からは様々な魚類遺存体が出土する。種の同定は、基本的に現生魚類の骨格標本との比較により判別されるため、多種多様な魚類骨格標本を収集する必要がある。ここではマグロ属の椎骨を対象とした研究を紹介する（松崎2019）。

　マグロ属はスズキ目サバ科に属する回遊性魚類である。日本近海ではクロマ

グロ、メバチ、ビンナガ、キハダ、コシナガの5種が生息し、縄文時代以降全国各地の遺跡から出土例がある。先行研究によりマグロ属の椎骨には種ごとに形態差があることは指摘されていたが、遺跡では通常散乱・破損した状態で出土するため、交連状態を前提としたこれまでの研究を適用することは難しく、遺跡出土マグロ属の種同定には検討の余地が残されていた。

そこで、マグロ属の骨格標本を所蔵する博物館等での標本調査や標本作製を通して各種の椎骨の形態を比較観察し、種同定の可否を検討した。その結果、一部の腹椎に限るものの、個々の形態から種の識別が可能であることが明らかになった。実際に、出土したマグロ属の椎骨からクロマグロとキハダの2種が同定され、出土資料への適用も可能であることが確認された（図14）。マグロ属は種ごとに生態や生息域が異なるため、過去の人々の漁撈活動や漁撈技術を解明する上でも有用な情報である。こうした研究成果は、魚類骨格標本の蓄積があってこそ得られたものであり、標本を長期的に収集・保管していくことも博物館や研究施設に求められる使命の一つと言える。

註

(1) 自然史研究とは、「自然界の構成員である鉱物・岩石、植物・動物などの性状、類縁関係、成因、相互のかかわり合い、進化発展の過程など、自然の体系とその歴史を明らかにするとともに、人間の生活や文化の自然環境から受ける影響を明らかにして未来の人類社会のあり方に対してその分野で貢献しようとする」ものである（千地 1979）。

引用・参考文献

木村清志監修　2010『新魚類解剖図鑑』緑書房

佐々木彰央・岡　有作　2010「硬骨魚類の骨格標本作製法」『海・人・自然』10、pp.51-57

千地万造編　1979『博物館学講座1　博物館学総論』雄山閣

中坊徹次編　2013『日本産魚類検索　全種の同定　第三版』東海大学出版会

八谷　昇・大泰司紀之　1994『骨格標本作製法』北海道大学出版会

松浦啓一編　2014『標本学　第2版　自然史標本の収集と管理』東海大学出版会

松崎哲也　2019「椎骨の形態比較によるマグロ属同定への試み」『動物考古学』36、pp.1-19

松原喜代松・落合　明・岩井　保 1979『新版魚類学（上）』恒星社厚生閣

第 4 章

# 記録と展示のメディア

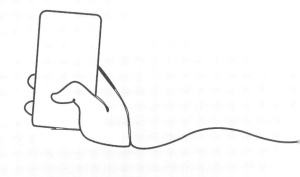

# レプリカのもつ情報と価値

村野正景

## はじめに

　レプリカは進化している（内川2018）。とりわけ3Dをはじめ情報技術の進展は、原物（複製対象物）の緻密なデジタル記録化を実現し、さらにこれまでなしえなかった、視覚以外の文字どおり五感で味わえるレプリカを生み出しつつある。レプリカの弱点とされてきた原物の情報の一部しか写せないという点を解決してしまうかのような勢いだ。その意味では、近い将来、従来のレプリカは駆逐されてしまうかもしれない。

　いや実は、将来を待たずしてすでに役目を終え、収蔵庫に眠っている、あるいは廃棄されたレプリカもある。一次資料たる原物が未来永劫価値を有するのに対し、その情報を写した二次資料としてのレプリカは明らかに異なる扱いをうけている。そんなレプリカに私たちはどんな情報や価値を見出せるだろうか。本書には「3次元データ」（三阪論考、本書201頁）が収録されているため、ここでは、その従来のレプリカを扱っていこう。

## 1　レプリカとは

　ところで、レプリカとは何か。模作、模造、模写、復元、写し、模型、復刻、再制作、あるいは偽造、贋作等といった似た用語と何が異なるのか。これらはオリジナルに似たものを作り出す行為、ないしそれによって作り出されたものを指すのだが、行為の仕方には違いがあり、それらを説明するために多数の概念が用意された。しかしその用法は博物館界で統一されておらず、「濫用」とでもいうべき状況であることが、残念ながら実証されてすらいる（原2004）。なぜこのような状態であり続けているのかを問う必要はある。学芸員らが無関心だったわけではないだろう。

慎重な検討が必要と思うものの、一因はレプリカやコピー等の外来語と日本語との併存にあるのではないか。レプリカの原義はローマ時代に求められ、ギリシャ彫刻の模刻だったという（近藤2001）。それが、ルネサンス期には原作者自身および原作者の統率する工房によって制作された絵画作品の写しを指し、今も美術研究者を中心にこの限定的意味でレプリカを用いる場合がある。しかし日本では原作者によらない精巧な複製物もレプリカと言い、むしろこの広義の用法が一般的と思われる。原作者がもはや遠い過去の人間である考古資料を現代人が型取りして複製したレプリカはその典型例だ。こうして、狭義と広義の2つの意味あるいはそれ以上の意味が同時に存在する状態となり、それが模作、模造といった他の用語にも起きると、用語の統一性は失われる。

　どう解決したら良いだろうか。回答の一つは、どんな言葉も意味は変化するから、その時代の社会一般の理解に沿って、できるだけ広く定義すべきという意見で、それは一理ある。しかし、この立場では広がり続ける意味を肯定し続けることになり、語の意味はますます曖昧模糊となる以上、例えばマルセル・デュシャンによるレプリカ制作についてのような深い省察は生まれにくくなる。とすれば、私たちは用語の指す内容を定めるのが生産的であろう。その点で、外来語が濫用の要因の一つならば、元の言語と日本語の用語を比較・確認し、意味を詰めていく作業は有効だろう。東京大学総合研究博物館で2001（平成13）年に開催された『真贋のはざま』では、多数の関連用語が集められ、外国語と日本語の訳語や用法が説明されており（近藤2001）、2013年の国立歴史民俗博物館の『大ニセモノ博覧会』でも引用される等、効果をあげている。本稿でもこれを踏襲する。なおレプリカは、そこでは「写し」「模型」が訳語にあてられており、立体物のみや型取複製のみに限定しないで用いることにする。

# 2　レプリカの意義

　さてレプリカはなぜ生まれたのだろうか。その必要性は、日本で古くは1906（明治39）年発行の美術研究誌『國華』に記されており、遠隔地や個人蔵の作品を博物館等で公開して鑑賞し楽しむことができるよう「正確なる模造品」制作が提案されている（筆者不詳1906）。

　レプリカは作品鑑賞という以上に、原物では見えにくい情報を伝えやすくする力もある。生物の拡大模型は、肉眼では見えにくい微小な生物の構造がはっ

きりとわかるようになる。考古資料、例えばサビの進行した鉄剣や木々に覆われた古墳は元の姿がわかりにくいが、復元模型は往時の姿が理解しやすくなる。さらに縄文土器表面のくぼみ（圧痕）から型取りしたシリコン・レプリカは、当時存在した植物の種実を判断する証拠となる（阿部2018）。

レプリカは見るだけでなく、手で触ることも可能となるから、ハンズオン展示で活用できる。日本博物館育ての親と評される棚橋源太郎が理科器械模型で博物館来場者自身が実験操作できる展示をおこなって以降（国立科学博物館1977：p.185）、現在も各博物館の学校向け貸出キット等にレプリカが含まれるのは、その教育効果が期待されてのことである。

ところで絵画の写しは、原作入手が困難で鑑賞の代替品となる作品を求める場合以外にも、本来様々な目的があったという。若い画家の技術訓練としての模写、原作者である画家を讃える気持ちから別の作家がおこなう模写、それに完成作の記録や手控えとして原作者やその工房による模写がある（三浦2006）。

この最後の作品の手控えは、万が一原物に亡失があった際の保険ともなる。日本考古学の父とも称される濱田耕作はこの点を重視し、後の考古学者たちに広く影響を与えた名著『通論考古学』で、考古遺物の保存法を講ずる一策として、記録による保存に加え、レプリカ制作を奨励している（濱田1922：pp.201-211）。しかも考古遺物をはじめ各種資料は発見出土した場所、つまり現地保存が望ましいという考えや展示による原物の状態劣化を避けられるという利点は、多数のレプリカを生み出すきっかけとなっている。

また技術訓練に近い発想として、レプリカ制作は資料研究の行為としての意義がある。絵画に限らず各種博物館資料のレプリカの制作は、原物の入手困難な場合の資料収集にも展示内容を補うことにも意義があるが、原物を超えるものでない以上、レプリカ制作が純粋に価値を持ち得るのは、制作する立場になって資料を見直すことではないかと指摘されている（小島1993）。レプリカ制作は、原物の筆使いや色味、質感、材料等を観察し複製する行為であり、ある種の復元実験とも言える。その過程で、各種技法や制作のプロセスを明らかにできる可能性があり、過去の人々の行為すなわち歴史の解明にもつながる。

さらにレプリカはミュージアムグッズとしてもお馴染みである。購買者にとっては自宅等での鑑賞や学習等に役立つが、販売者側にとっては経済的価値を持つ上、オリジナルの広報・普及にも資する。

このように美術品ないし資料の代替の鑑賞品、研究素材、博物館教育等の教材、技術訓練の模範、新たな創作の源泉、原物紛失や資料劣化を見越した保険、博物館展示の補完、PR 等の多数の価値が見出されている。

## 3　レプリカの弱点

　しかし同時に弱点も指摘されている。最たる指摘は、レプリカは原物の写しである限り、原物以上の情報を持ち得ないというものだ。小島は、レプリカ制作は自動的・機械的な方法でなく、どんなに観察し精巧に写そうとしても、制作作業に人の手が加わる以上、誤差を避けがたいと指摘する。それゆえに、レプリカは「原品の持つ情報の一部のみを、しかも相当の差異を含んだ形で転写したもの」で、それ自体としては「本質的に研究の対象とはなり得ない」という（小島 1993：p.453）。レプリカは文献資料や絵画資料でいうところの「写本」であって史料批判が欠かせず、複数集めて比較研究することが唯一の有効な利用法と、極めて限定的に研究素材としてレプリカを捉える見解を示している。

　レプリカ単体では研究素材にならないという見方は、展示素材としてもあてはまるようだ。小島は、ケース内に 1 点だけ入れ、鑑賞をうながす美術展示のようなやり方は、レプリカには推奨されないという。なぜなら、レプリカは情報の欠落したものだから、それ自体を原物と同じように鑑賞させるとするなら、それは鑑賞者を欺くものとすらいう（小島 1993：p.455）。なお原品に備わる美や迫力がレプリカでは伝わらないという意見もあるが、小島も言及するように、レプリカに美がないならば、絵画の複製や画集、あるいはコンサートの録音レコードを楽しむ行為は成立しないはずだが、実際には私たちはそこから「芸術的感興」を得ている（小島 1993：p.457）。生物の拡大模型に対し、時に原物以上に「驚き」「気味わるさ」等を感じることもある。

　したがってレプリカは、無味乾燥な情報のみならず、感情に訴える情報も持つが、原物とは異なる点があり、見方や評価の仕方によってそれは弱点にも誤解の元ともなる。そこに注意が必要なのである。

## 4　レプリカの生涯

　ところで、レプリカの持つ情報の限定性を重くみた小島は「レプリカは、特定の展示を前提に、それに必要な基準を満たすものとして製作されるにすぎず、

原則としてはそれ以外の用途に用いることはできない」と結論する（小島 1993：p.456）。誤解を恐れずに言えば、展覧会が終わればお役目終了というわけだ。

　この論はさらに延伸しうる。情報や当初の利用目的に誤りがあった場合だ。例えば、以下で述べるように、戦前の帝国主義的教育においては、統治領域にある人々を学校で教えるため、「人種模型」が作られていた。そのような模型は、戦後の教育において利用の意味がないどころか、問題の多い教材ですらある。実際、役目を終えた模型の多くは学校で処分されたようで、現存数は限られている。

　また、そこまで倫理的・政治的問題含みでなくとも、学校では学習指導要領の改訂に伴い、学習内容が変化するから、そのたびに扱う教材も変わっていく。学校教材として近年まで使われていた考古や地理模型は、より鮮明かつリアリティのある 3D 画像が容易に迅速に利用できる今、従来の模型の複製水準の甘さや学習時間の少なさの問題等とあいまって、ほとんど利用価値はないとすら、筆者は現役教員から聞いたことがある。こうして学校では、多数のレプリカが死蔵され、また廃棄対象となっている。

## 5　レプリカを二次資料から一次資料へ転換する

　最新技術による新レプリカが進化を遂げる一方、対極にある旧レプリカを、私たちはどう扱えるだろうか。先述の学校における廃棄の問題は慎重な議論が必要で、安易な答えは出せないものの、少なくとも廃棄という判断を下す前に、今いちど価値の検討ができないだろうか。その点で、旧レプリカ、しかも明治期から昭和初期に作られた考古学・人類学模型類の価値を見直す取組・研究は注目に値する。特徴の一つは、レプリカが生みだされた過程の重視だ。といっても原物の制作過程を理解するため、復元実験や技法訓練を行うという意味ではない。誰がどのような目的で、どんなレプリカを制作したのかという、制作の経緯や動機への着目であり、レプリカそのものの研究である。

　レプリカは機械的・自動的につくられるものではなく、考古学者等の研究者および複製作業をおこなう技術者が作り出す（小島 1993）。それならば制作に研究者らの意図が反映されていると考えられ、背景には当時の研究者の問題意識や社会的要請が想定される。このように見方を変えるとレプリカは、それが作られた当時の歴史を解明するための一次資料となる。原物の複製として二次資

料に分類されるレプリカが、この領域ではそれが原物となる。具体的に事例を
とりあげてみよう。

# 6　具体的事例

## (1)　上野製作所標本部と濱田耕作

　筆者らは学校（小学校、中学校、高等学校）で考古資料を含む多数の資料を確認
している（村野・和崎2019）。例えば、京都府立鴨沂高等学校では、縄文土器・
石器、弥生土器、埴輪、須恵器、奈良・平安時代の瓦等、優に千点を超える遺
物を持つ（村野2020・2023）。考古学の専門学習が始まる高等教育以前の学校に、
なぜこれほどの考古資料があるのか。その探索自体、興味深いことなのだが、
こうした品々と共に各種のレプリカもよく目にする。それらは、今も現役で授
業に活用されるものがある。しかし箱に詰められたままのものもある。

　図1もそんな学校資料の一つだった。京都府立京都第一中学校の旧蔵品で
ある。これが古墳時代の石棺の縮小模型であることは、考古学に関心ある方
の多くがすぐ判断できよう。しかしこれが「日本考古学の父」濱田耕作の指
導したものと気づく方は少ないだろう。筆者も初見ではわからなかった。こ
の時点で、もしも学校から廃棄予定と言われても異存なかっただろう。それが
本書に取り上げるほど現在は価値を感じている。なぜなら本品はレプリカの価
値、それに考古学史を豊かにする上で重要な資料と気づいたからだ（平田・村
野2020a）。濱田耕作は、京都帝国大学で日本初の考古学講座が開かれた際の初
代担当者であり、同大学の総長もつとめた。考古学の定義や研究・発掘手法の
普及、報告書の出版等、日本考古学の基礎構築に大きな功績を残し、多数の人
材を育成した。その彼が模型の効用は考
古学研究と教育にとって非常に大きいと
評価し、「千の言葉も、百の図画写真も、
一個の模型に及ばない」とまで言い切っ
ている（岡山1931）。『通論考古学』では
「複製の意義」として、資料が災害等に
あった場合の保存手段になるほか、他の
博物館とレプリカを交換して収蔵品の充
実を図る、それに組織的展示に役立つこ

**図 1　石棺模型**
（京都府立鴨沂高等学校蔵）

と等、複数にわたる意義を挙げている（濱田 1922：p.198）。この考えは実行に移され、濱田は大学の考古学演習等で模型制作をおこなった。さらに例えば彼の薫陶を受けた末永雅雄らが発掘した唐古・鍵遺跡の木器は、出土後すぐに複製模型が作られた。その精巧さのゆえ、乾燥・変形した原物の代わりに使用痕や加工痕等について、現在の研究の材料ともなっている（京都大学総合博物館 2014）。

その濱田が、大学外へも模型とその重要さの普及を図っているのだが、それを担ったのが上野製作所標本部であった。同所の目録である『考古学関係資料模型図譜』（1931 年発行、岡書院）では、人類学者の清野謙次は模型を学校や博物館、研究所に展示して「装飾」となり研究の参考となるとして、学術性と並び美術性を称えている。加えて濱田は欧米と比べ「日本に於ては従来とかく模型の製作利用に意を用いず、ただ貧弱なる古物を蒐集することを喜ぶ骨董癖のあるのは、学術の研究と教育に関する真意義を知らない結果に外ならない」と安易な実物主義に警鐘を鳴らしてすらいる。そうならぬため、同所の精巧なレプリカが活用されることを期待したのである。同所は、大正末から昭和初期にかけて、考古学・人類学模型の制作に参入した。京都市東山区に本社を置いたが、模型制作は同所所員で彫刻家の荒谷芳雄が京都帝国大学文学部陳列館内の工作室でおこなった。工作室の位置からうかがわれるように、複製の主な対象となったのは同大学の考古資料であり、濱田が監修を担った。

そこで生み出された一つが本写真の石棺模型である。原品は、京都府城陽市久津川車塚古墳出土の長持形石棺で重要文化財に指定されている。1915（大正4）年に大学が本石棺の寄贈を受けるにあたり、全ての部材が梅原末治によって実測された。石棺模型を観察すると、石肌の表現や色調が工夫して表現されているほか、棺蓋内部の彫り込みや組み合わせ部分の窪み等外面を見ただけではわからない情報も盛り込まれていることに気づく。大学による豊かな調査記録類を活かして本品が制作されていた証拠である。

こうした学史をまとうレプリカの学術的価値を読者はどう思われるだろうか。このようなレプリカは他にも多数ある。もう一例紹介しておこう。

## （2）井上式地歴標本と坪井正五郎

上野製作所標本部は、島津製作所標本部と共に大正から昭和初期の模型類制作の中心であったが、時期を少し遡った明治期のそれは東京と福岡にあった。

東京では東洋社が1900年に「歴史教授用標本」を販売し、これが日本の考古学模型標本の嚆矢となる（平田2011）。そして福岡では、博多人形師の井上清助が「井上式地歴標本」を制作した（北垣1914、幡鎌2018）。これは全国に流通しており、筆者らは福岡以外にも京都や奈良、青森の学校、それに台湾でも所在を確認できている（平田・村野2020b）。

　図2は「世界人種模型」である。本品には京都府立京都第一高等女学校の備品札の貼付があり、同校の収蔵品だったとわかる。実物をみると台座のラベルに「理學博士坪井正五郎松村瞭撰定」と監修者の名前を記す。台座裏面には焼成前に押された約5㎜四方の各印があり、花押風の字で「清助」とある。井上式地歴標本社の商品の印である。

　坪井正五郎は、東京帝国大学教授で、草創期の日本の人類学における中心人物で、松村瞭も同大の自然人類学者である。なぜ坪井らは博多人形師の模型づくりの監修をしたのだろう。そこには現代では伝統産業として名高い博多人形の盛衰が関わっていた。井上清助が修行を経て独立した1887年において博多人形の主な製品は江戸時代以来の素朴な節句人形や面類だったようだ（末吉2012）。それに飽き足らない井上は新商品の開発、そして海外等の販路拡大を図る。しかし1909年には「自分ガ一代ノ商運ヲ此ノ一挙ニ決セン」と望んだ会で販売に失敗する（末吉2012）。そこで再起を図って、相談した相手が、坪井正五郎だった。そのとき坪井は考古学や人類学の模型標本づくりを奨励し、自らも監修するほど熱を入れ、そして生まれたのが「井上式地歴標本」であった。

　「井上式地歴標本」は非常に売れたようで、1911年が総生産額24,450円だったのに対し、1912年には51,200円と2倍以上に生産を増やしている（北垣1914）。これによって博多人形と井上の名は世の中に広く知られることになったのだが、この普及活動にも坪井は関わる。例えば、1911年に華族会館で井上式地歴標本を華族に披露することを目的とした博多人形陳列会が開催された

図2　人種模型標本
（京都府立鴨沂高等学校蔵　平田健撮影）

（平田 2011）。これを主催したのが、二条基弘侯爵ら華族人類学会と坪井正五郎であった。このとき考古学や人類学関係の教材模型標本をはじめ各種人形200体が陳列され、博多人形の買い上げもおこなわれている。

　坪井がここまで肩入れしたのは、いまだ草創期の人類学を、学校等を通じて広く普及を図るべく、そのためのツールとして価値を見出していたためと考えられている（幡鎌 2018）。写真の品をみても、文章や図等の情報を得た程度では表しにくい各人種の身体的特徴や衣服、装身具類が全身像で再現されており、坪井や松村ら人類学者の調査成果が模型には盛り込まれていることがわかる。なお一方の井上も学術研究成果を必要とし、坪井らを含め20名以上の研究者に協力をあおいだという（末吉 2012）。こうした積極的活動の結果だろう、井上は1912年に博多人形商工業協同組合長に就任している。博多人形の振興にかかわる重要な役を担ったのである。

　このように、井上式地歴標本の誕生物語は、私たちが今学ぶ学問がどのように生まれ、普及されてきたかを考える上で学史的価値をもつ。また学校教材として用いられたという経歴からは教育学史、それに博多人形の振興に大きくかかわる点で伝統工芸や産業史にもと、重層的な価値を持つ。改めてレプリカを見直す意義がここにあろう。

## (3) レプリカの課題

　ただし、戦前のレプリカ、なかでも「世界人種模型」や「日本帝国人種模型」、「新占領地南洋諸島土人模型」等は世界の人々を写して紹介するだけではなく、帝国主義的思想を広めることにも加担した。なぜなら、これを見る人に占領下にある人々を具体的にイメージさせ、その版図を視覚化させるツールとなったと考えられるからだ。またこれらの模型は、一つの「人種」が男女一組のみで構成されるから、実際には多様な人々で構成され、歴史的に衣服も装飾類も変化していくはずの人間集団を偏って表現することになる。そのため戦後この模型が公開・展示された際、抗議の的となり国際問題に発展したこともある（李 2009）。こうした諸課題は、現在これらを授業や展示に活用することを困難にさせる。活用のあてのない問題含みの品が迎える結末は想像できるであろう。

　これらは極端な事例かもしれない。しかしだからこそ、このレプリカを現在に活用しようとする取組は注視する価値があるだろう。

鴨沂高校所蔵「人種模型」で考えたこと

テレビやインターネットなどがない時代で、「人種模型標本」が、学校の教材として果たした役割はとても大きいと思います。しかし、私たちは、一つの問題に直面しました。それは、模型から受けるイメージや偏見についてです。その問題について考えるために、「京都人」や「日本人」から連想するイメージについて学級内でアンケートをとりました。

「京都人」のイメージ

「公家さん」「舞妓さん」「着物」「和装」「紳士」「淑女」「おしとやか」「落ち着いている」「気品がある」「上品さの中に、しっかりとした面がある」「いい人そう」「やさしい」「ほんわかしてる」「古いことが好きそうだが実は新しいもの好き」「和食も好きだが、洋食も好き」「パンを意外と食べる、牛肉の消費量も日本一」「腹黒い」「話し方はやわらかいけど、裏がありそう」

「日本人」のイメージ

「秋葉原、渋谷、原宿にいる人（それぞれイメージが違う）」「おとなしい」「まじめ」「マナーが良い」「自己主張する人が少ない」「おしゃれな人が多い」「個性がなくなりつつある」

図3　生徒制作の解説パネル

## （4）学校の取組

　京都府立鴨沂高等学校は、同校が継承・保管してきた考古資料や古写真、各種模型類の活用の一環として、「世界人種模型」を用いた取組をおこなった（村野ほか2017）。授業で、模型が研究者により監修されたことや博多人形師により制作されたこと、「マオリ民族」「バリ民族」「イタリー人」「支那人」「ユータ人」の男女10体で構成されること、現在の人権意識上適切でない用語が用いられていること等の基礎的学習をおこなった上で、現在学んでいる地理や世界史と、どこが同じでどこが違うのかを考え、理解を深めた。

　その上で、教員は生徒らに「京都人」や「日本人」を表現してみようと問いかけた。生徒らは学級内でアンケートをとり、一口に「京都人」と言っても、そのイメージが多岐にわたることを確認した。その結果、問題が用語にとどまらず、模型の示すイメージが非常に固定的で、偏見すら生むことに気づいたのである。そしてこの模型が当時の授業で使われたことの影響まで思い至ることになる。図3は、授業で生徒が考えたことを、生徒自身の手で、作成した解説パネルである。これは京都文化博物館の展覧会で掲示され、生徒が自ら来館者に内容を紹介した。その際に、生徒らは学びの内容に加えて、今後も学校で模型をはじめ各資料を大切にしてほしいと熱心に語っていた。展示案内後のアンケートを読むと、一定数の生徒は、授業開始前は余所事だったレプリカが、自らどのようなものかを語れる存在となっていく過程で、それに一種の親近感や重要性、歴史性を感じるようになり、その保管や継承までを自分事と捉え意識するようになって、結果、展示案内での発言となったようだ。

# 7 来歴を伝える、価値を多層化する

　この取組は複数の点で注目できる。まずレプリカが近代史理解の授業教材となっていること、レプリカが持つ情報を鵜呑みにせず問題を検討するいわば「史料批判」をおこなっていること、身近な人々や自分自身が含まれる人間集団の気づきや見直しにつながっていること等である。しかし最も重要なのは、生徒がレプリカに込められた意図や考えを受け取り、その問題も検討した上で、自らのメッセージを発したことではないか。メッセージは同級生や来館者、そして教員や学芸員に届き、レプリカの保存・継承の意識を高めた。

　これは、レプリカの来歴の中に、新たな価値の語りが加わったことを意味する。このことはとりわけ重視してよいはずだ。3D技術による仏像のレプリカが、仏像の盗難被害にあう和歌山で、地域住民に受け入れられ、身代わり菩薩として実物の代わりを果たしており、レプリカの新たな活用法として高い評価を受けているが、それにも通じる。なぜなら、そこでは、単なるレプリカが信仰の対象に置き換わることは困難と考え、これを地域に納める際に、必ず、レプリカ作成を担った生徒らにこれにかける思いを住民に対して語ることをおこなうという（大河内2018）。それが地域住民に受け入れられるための唯一の鍵とも主張されている。これは極論すれば、レプリカそのものではなく、レプリカに込められたメッセージが受け入れられていると言える。とすれば、レプリカ仏像もメッセージが忘れられ、仏像の単なる写しとなったとき、地域の大切な信仰対象として価値を持ち続けられるだろうか。

　以上を重視すれば、次のように言えるだろう。レプリカの命は、写した原物の情報を伝えたところで終わるのではなく、写す行為のはじまったところから今に至るまでの来歴情報を私たちが伝え続けることによって、何度も生まれ変わることができる。レプリカの進化は、最新技術の導入による進化だけではなく、それを扱う私たちの見方や考え方の進化によってこそ起きる。その鍵は、レプリカの写しの対象物の情報のみならず、来歴情報をあわせて伝え、そのメッセージとの対話を可能にして、アートや教育、研究等多様な領域の人々がそれを受け取ったり、読み替えたり、新たに発話したりすることにあるはずだ。

**謝辞**　京都府立鴨沂高等学校並びに学校資料研究会の皆様より頂いた多くのご教示に感謝申し上げます。本研究の一部はJSPS科研20K01073の成果を含みます。

引用・参考文献

阿部　敬　2018「研究に活用される二次資料—第2の発掘としてのレプリカ法」『博物館研究』53—8、pp.19-22

内川隆志　2018「進化するレプリカ Evolving Replica」『博物館研究』53—8、pp.4-5

大河内智之　2018「博物館機能を活用した仏像盗難被害防止対策について—展覧会開催と「お身代わり仏像」による地域文化の保全活動—」『和歌山県博物館研究紀要』25、pp.33-54

岡山浅吉編　1931『考古学関係資料模型図譜』岡書院

北垣恭次郎　1914「教授用具としての井上式博多人形」『教育研究』128、99-101

京都大学総合博物館編　2014『学問の礎を受け継ぐ：文化大学陳列館からの出発』京都大学総合博物館

国立科学博物館　1977『国立科学博物館百年史』第一法規出版株式会社

小島道裕　1993「博物館とレプリカ」『国立歴史民俗博物館研究報告』50、pp.443-460

近藤由紀　2001「関連用語集」西野嘉章編『真贋のはざま—デュシャンから遺伝子まで—』東京大学総合博物館、pp.201-211

末吉武史　2012「博多人形名品展3—井上清助の世界—」http://museum.city.fukuoka.jp/archives/leaflet/405/index.html

幡鎌真理　2018「天理参考館所蔵「井上式地歴標本」について」『天理参考館報』31、pp.75-89

濱田耕作　1922『通論考古学』大鐙閣

原　あゆみ　2004「歴史系博物館に於けるレプリカ活用の研究」『國學院大學博物館学紀要』28、pp.125-156

平田　健　2011「学校教育における考古資料教材の開発とその学史的意義—ドルメン教材研究所『古代土器複製標本』の評価をめぐって—」『学習院大学史料館紀要』17、pp.1-26

平田　健・村野正景　2020a「博多人形師の作った人種模型標本—井上式地歴標本—」村野正景編『学校の文化資源の「創造」—京都府立鴨沂高等学校所在資料の発見と活用Ⅰ—』学校資料研究会・京都府立鴨沂高等学校京都文化科、pp.6-23

平田　健・村野正景　2020b「京都で発展した考古学模型標本—島津製作所標本部と上野製作所標本部—」村野正景編『学校の文化資源の「創造」—京都府立鴨沂高等学校所在資料の発見と活用Ⅰ—』学校資料研究会・京都府立鴨沂高等学校京都文化科、pp.24-33

三浦　篤　2006「複製とオリジナリティをめぐる考察」住友和子編集室・村松寿満子編『レプリカ　真似るは学ぶ』INAX出版、pp.4-12

村野正景編　2020『学校の文化資源の「創造」—京都府立鴨沂高等学校所在資料の発見と活用Ⅰ—』学校資料研究会・京都府立鴨沂高等学校京都文化科

村野正景編　2023『「学校博物館」を成長させる—京都府立鴨沂高等学校所在資料の発見と活用Ⅱ—』学校資料研究会・京都府立鴨沂高等学校京都文化科

村野正景・島田雄介・岩﨑俊之・西村大輔　2017『京都文化博物館と京都府立鴨沂高等学校の連携授業および展覧会の報告：学校所蔵考古・歴史資料展の取組を中心に』『朱雀』29、pp.1-20

村野正景・和﨑光太郎編　2019『みんなで活かせる！学校資料　学校資料活用ハンドブック』京都市学校歴史博物館

李子寧　2009『轉型博物館—陳奇祿先生與省博早期民族學収藏與展示的形成—（1945－1962)『國立臺灣博物館學刊』62（2)、pp.45-72

著者不詳　1906「美術品の模造」『國華』193、pp.10-12

# アーカイブスの写真・映像から見る地域史
## ―占領期後期の岡山の暮らし―

谷口陽子

## はじめに

　デジタル時代を生きる私たちにとって、写真や映像は大変身近な存在になっている。いまやパソコンやスマホは1人が少なくとも1台を持つ時代であり、私たちは自分の記憶能力を頼らなくても、その便利なツールを使って大量の情報を記録・保存することが可能になっている。私たちが肌身離さずどこへでも持ち歩くスマホに内蔵される高性能のデジタルカメラ機能は、私たちがいつでもどこでも好きなだけ写真や動画を撮影して確認することや、SNSによって他者と気軽に共有することを可能にしている。今日におけるカメラ利用の手軽さは、写真を記憶を補うためのメモ感覚での使用から、SNSと結びつくことによる重要なコミュニケーションのツールとしての使用にまで用途を拡大させている[1]。しかし、このような状況が生じたのは、せいぜいここ10年ほどのことではないだろうか。

　日本でフィルムカメラが一般家庭に普及し始めたのは1960年代中盤からといわれているが、それでも当時は2世帯あたりに1台の所有といった状態であったし[2]、その頃はフィルムもカメラ自体も現像代も大変高価であったことから、今のように何でもない日常の光景を好きなだけ撮影することなどできようもなかった。それが、約50年の間に、1人あたり複数台の"カメラ"が所有される時代になったのである。こうした変化に呼応するように、写真の用途は、単なる記録や記憶の保存を超えるものへと変化してきたのである。

　さて、本稿は、図書館や資料館のアーカイブスの写真や映像資料を活用し、いかにして地域史を描くことができるかの方法を検討することを目的としている。具体的には、第二次世界大戦後に日本が連合国軍最高司令官総司令部（GHQ）の占領下にあった1950年頃の岡山県の農山漁村の暮らしを撮影した写

真や映像を通じて、岡山の現代史に新たな光を当てることができるのではない
かとの考えから、その活用方法について検討してみたいと考えている。

　既述のように、日本において一般的に各家庭でカメラが所有され始めるの
は、1960年代半ば以降のことであることを考える。とすると、本稿が検討の
対象とする写真は、一般家庭にあるカメラで家族や地域の人が撮影したという
可能性はかなり低い。それならば、この時期に撮影された岡山県内の農山漁村
の写真は、どこの誰が撮影し、いかにして現在まで保管されてきたのだろう
か。このことを探るため、本稿第一節では、占領期後期の岡山の人々の暮らし
の様相を収めた写真が、いかにして米国のアーカイブスに、どのような経緯で
保管されているのかについて概観する。第二節では、なぜその時期に、日本の
他の地域ではなく岡山の農山漁村が写真撮影の対象に選ばれたのかという社会
歴史的背景について触れる。そしておわりに、アーカイブスの写真と映像資料
を活用することの意義について考えていく。

# 1　占領期から1960年代の岡山の農山漁村の暮らしとアーカイブス

　まず、そもそもアーカイブスarchivesとは何だろうか。アーカイブスとは、
組織または個人がその活動に伴って生み出す記録のうち、重要なものを将来の
ために保存する施設であり、同時に資料そのものも指す語である[3]。そして、
そのような資料には、紙の文書のみならず、写真、音声映像記録、電子データ
（データベース、ウェブサイトのHTMLデータ等）も含まれる。写真や映像資料は、
それがどこで誰によってどのような目的で撮影されたのかという情報と一組に
なってはじめて、それが映し出す歴史を知るための資料的価値を持つ。そのよ
うに考えるならば、特定の写真や映像資料がどのような目的で撮影され、保管
されてきたのかということを知っておくことは、写真や映像資料を読み解くた
めの重要な手掛かりとなる。

　本節で主に対象とするのは、米国のミシガン大学にあるベントレー歴史図
書館（Bentley Historical Library）である。本節では、当該図書館に、占領期から
1960年代の岡山の農山漁村の暮らしの様相を収めたいかなる写真や映像が収
蔵され、一般公開されているのかについて概観し、それらの写真や映像を手掛

かりに周辺資料を調べ、当時の岡山の人々の暮らしをいかに読み取ることができるのかを検討する。

## (1) ミシガン大学ベントレー歴史図書館を中心とした米国のアーカイブスに保管される岡山の写真と映像

　ベントレー歴史図書館は、ミシガン大学のノース・キャンパスに所在する11,000の研究コレクション[4]から成る歴史資料を扱う図書館である。1971年秋にアルヴィン・M・ベントレー財団がミシガン大学歴史コレクションへの多額の寄贈を行い、その資料を収蔵するための新しい図書館を現在の場所に建造したことから、その名がついたといわれる。ミシガン大学は、米国中西部の州で五大湖地域の中心に位置しているミシガン州アナーバーにある米国で最も歴史のある名門公立大学であり、メイン・キャンパスには、1947（昭和22）年に米国で最古の日本研究に特化した学際的研究所として創設された日本研究所（Center for Japanese Studies──以下 CJS）が設置されている。第2節で詳述するが、CJS は、1950年4月1日から1955年3月31日まで、岡山市内にミシガン大学日本研究所岡山分室（研究所兼宿舎は岡山フィールドステーションとも呼ばれる。1952年までは北区南方、それ以降1955年の閉所まで北区京山）を設置し、岡山県下の農山漁村の調査研究に従事した。ベントレー歴史図書館には、CJS の研究者が1950年から1960年代までの岡山県で撮影した写真および映像資料の他、2000（平成12）年に至るまでの研究所としての教育研究活動の詳細を記録した紙媒体およびフィルム等に、"Center for Japanese Studies records, 1945-2008 (bulk 1950-2000)" というタイトルを付して収蔵している。なお、これらの資料は、全20個の段ボールにテーマ別に整理され、当該図書館のホームページ上で目録を確認して目当ての資料を特定し、アーキビスト（資料の査定、収集、整理、保存、管理し、閲覧できるよう整える専門職）に必要事項を記入した申請書を提出することで閲覧や利用が可能となる。当該コレクションの中には、戦後直後のむらの暮らしを写し出す写真が数多くある。例として図1「山村の暮らし（薪を背負子で運ぶ男性）」を見てみよう。

## (2) 写真から見る戦後岡山の山村の暮らし

　図1は、薪を背負子に括り付けて背負って歩く男性の写真である。筆者は、

図1　薪を背負う男性

ベントレー歴史図書館での CJS コレクションの調査中に この一枚の写真を見つけた。 ちなみにこの写真には日付や キャプションなどは一切ない が、この写真が撮影されたの は、1950年から1951年の岡 山県の吉備高原中央部に位置 する阿哲台の山村 M である

と断定できる。阿哲台は、山口県の秋吉台に次ぐ規模を持つ石灰岩台地であ り、台地上には幾つもの鍾乳洞がある。一般的に、石灰岩は細孔が多いため保 水性がよくなく、乾燥しやすい傾向があるため、稲作よりも畑作が向いている とされる。当時の山村 M では、水田農耕も行うが、コメよりもむしろコムギ、 オオムギに依存しており、その他主要な換金作物である葉タバコの栽培や木挽 き、炭焼きなどの山仕事を組み合わせて生計を立てていた。実は、この写真 は、米国人文化人類学者のジョン・B・コーネル[5]が撮影したものである。彼 は、1950年から1951年まで隣村に滞在し、メモパッドとペンとカメラを携帯 して山村 M を歩き、通訳を介さずに一人で戦後まもない時期の山村 M の人々 の暮らしを調査研究した。この調査を通じて、彼は写真やカラースライドをは じめとする数多くの資料を残しており、ベントレー歴史図書館に収められてい る写真はそのごく一部である。写真の背景に写る建物はむら共有の精米所で現 在は存在していない。ちなみに、筆者が図1の写真はコーネルが撮影したもの であると判別できたのは、以前から山村 M に通っていたためである。

　さて、写真の男性が背負っているのは、当時の山村 M の各家庭で米を炊く ためのカマドや風呂の湯を沸かすための燃料として使用されていた薪であると 思われる。山村 M では、薪には集落に群生するマツやアベマキを乾燥させた 木材が使用された（コーネル1977：p.11）。当該地域には薪を売る専門職があるわ けでもなく、また、薪は店などから購入したりするものでもなかった。薪集め は、秋から冬にかけての農閑期の間、縄綯いと並んで各家庭の年配者が行う仕 事とされていた（同論文：p.120）。各家庭には、住居としての母屋をはじめ、納 屋あるいは廏舎（うまや）、穀物等を収蔵する倉、風呂、便所があったが、その他に薪小

屋と呼ばれる薪専用の小屋があり、薪小屋に関しては、万が一の発火に備えて母屋からは離れた場所にそれぞれ建てられたという（同論文：p.130）。

図2は、牛に鋤（ウシンガ）を牽引させて田んぼの土の破砕やならしを行う男性の写真である。この鋤は、木の枠に鉄製の歯が取り付けられており、牛に牽引させることによって、田畑の地面が掘り起こされる仕組みである。山村Mでは、牛以外の家畜はほとんど飼われておらず、各家庭に約一頭の牛が鋤を引かせるために飼育されていた（同論文：p.109）。ここで飼育されているのは、山道を歩くのに適した剛健さと寒さへの強さがある在来の有角の黒毛和牛であり、畜牛は重要な産業であり、毎年16〜17頭の子牛が生まれると、年に二度行われる牛のセリ市で売ったようである（同論文：p.同頁）。牛は、むらにある二つの共同牧草地へ毎日連れていかれ、放牧される。小学校から帰宅した男子たちは、家で飼われている牛をそれらの牧草地に連れていき放牧している間に、自分たちは野球などをして過ごし、夕方になると牛を連れて戻ったという。石灰岩台地の山村Mでは、作物の栽培のために地力を上げる必要があり、牛の糞は最も有用な自然肥料にもなった（同論文：p.102）。

このように、アーカイブスで保管・公開されている二枚の写真に写し出された人やモノ、風景を手掛かりにしながら関連資料を調査したり、地域の人に写真を閲覧してもらいながら聞き取り調査をしたりすることによって、むかしの日本のむらの暮らし、ないしは地域の歴史をリアルに辿ってみることができるのである。

むかしの日本のむらの暮らしを伝える写真や映像は、日本で初めて1953年2月1日にテレビの本放送を開始したNHKや同年8月に放送を開始した民放各局にも豊富に保管されている。では、なぜ筆者が、とりわけベントレー歴史図書館のCJSコレクションに注目するのかというと、それは、戦後まもない1950年代という日本にカメラが一般に普及していない時期に、このようなふつうのむらの暮らしを鮮明に

図2　牛に鋤を引かせて農作業をする男性

191

映し出した写真は、CJS の研究者が撮影したもの以外には極めて少ないからである。しかも、次節にて述べるが、戦後岡山のむらの写真は、ミシガン大学だけではなく米国のあちこちの大学のアーカイブスにも膨大に収蔵され一般利用の道が開かれているという事実は、日本の現代史を文化人類学および民俗学の視点で研究する筆者からすると大変興味深く映るのである。では、いったいどのような経緯で、ミシガン大学の研究者が戦後岡山のむらの写真を大量に撮影し、その後アーカイブスに収蔵されるようになったのかについては、次節を見てみよう。

## 2　戦後岡山の農山漁村の写真が米国のアーカイブスに収蔵されていることの経緯

　実は、わざわざ米国にまで出向かなくても、岡山県立記録資料館に行けば、前節で言及したミシガン大学の CJS に関する写真や文書の一部を見ることは可能である。たとえば、同館のホームページからアーカイブスの資料検索ができ、「ミシガン大学」というキーワードで検索をすると、「1955（昭和 30）年 6 月 22 日」、「昭和 30 年代」「1958（昭和 33）年 2 月 20 日」という三つの日付もしくは年代にカテゴライズされた写真、および「1974（昭和 49）年 ~」と書かれた文書の目録が表示される。写真に関しては、インターネット上で閲覧することはできる[6]。しかし、これらの写真は、前節第 1 項で触れたミシガン大学 CJS の岡山フィールドステーションを拠点とした 1950 年から 55 年までに撮影されたものではなく、1955 年以降に CJS の研究者たちが再訪した際に撮影されたものに限定的である。また、本資料館に、いかなる経緯でそれらの写真や文書が収蔵されることになったのかや、CJS が岡山の何を研究していたのかなどの解説はなされていない。いつ誰が何のために何を撮影したのかという情報を含めて写真の背景を知ったうえで有効な資料として活用するためには、ミシガン大学のベントレー歴史図書館のアーカイブスを利用しながら周辺資料を独自に調べていく必要がある。

　本節では、CJS の岡山フィールドステーションでの戦後岡山のむらについての研究が行われた経緯、その目的、撮影された写真や映像が調査研究終了後に辿った足跡について明らかにしてみたい。

## (1) 1950 〜 1955 年の CJS 岡山フィールドステーション

　米国人研究者たちは岡山市内のフィールドステーションを拠点にしながら農村 N に通い、戦後岡山の農村の暮らしを調査研究した[7]。1950 年という時期は、いまだ日本が占領軍（連合国最高司令官総司令部, 正式名称：General Headquarter and Supreme Commander for the Allied Powers, 略称：GHQ/SCAP）によって統治されていた時期である占領期に当たる。しかし、そのような時期に行われた CJS の岡山研究は、GHQ の研究プロジェクトとして実施されたのではなく、米国の民間財団の助成を受けた、あくまでも戦後日本はじめての文民（non-military）[8]の米国人による学際的研究プロジェクトとして実施された（Tonomura 2014：pp.57-58）。

　占領期とは、第二次世界大戦が 1945 年 8 月 15 日に終結して半月後の 9 月 2 日から 1952 年 4 月 28 日までを指し、この期間に、GHQ は第二次世界大戦の敗戦国となった日本を対象として非軍事化や民主化に関わる各種の改革を次々に行っていった。占領軍[9]は、日本統治のため、沖縄県を除く 46 都道府県に軍政部と呼ばれる組織を配備した。岡山県に関していえば、占領軍の先遣隊として、1945 年 10 月 12 日に米軍のローバー代将以下 28 人が来県し、同月 23 日からコート代将を司令官とする米第 6 軍第 10 軍団第 24 師団の第 20 連隊が進駐を始め、同月 29 日までに約 5,000 人が旧兵舎（現岡山大学）に入ったという（蓬郷 1976：p.119）。なお、岡山軍政部は、1946 年 4 月には米軍から英印軍へと交替し、その後もしばらく米軍は駐留したが、1947 年 8 月には縮小し大部分が撤退し、1949 年 11 月に閉鎖した（同書：pp.120-121）。軍政部の初代部長であったエドウィン・C・ホイットニー少佐は、駐留中に戦後まもない岡山の街並みや風景をフィルム映像に残した。その映像は、現在、岡山映像ライブラリーセンターの視聴ブースにて閲覧することができる。本センターは 2015 年 4 月に開設され、RSK 山陽放送が所有する大正から昭和にかけての映像や音声などの素材をデジタル化して保存するとともに、センター一階には岡山や香川の古い映像を視聴できるブースや、メモリアルエリアと称した、かつて取材現場で使用された映像機材や一般家庭で使用されたテレビ等の現物を直接手に取って閲覧できる一角がある。

　先述のように、岡山軍政部は 1949 年 11 月に閉鎖したが、それから 1952 年 4 月 28 日までは、いまだ日本は GHQ によって統治されていた。ミシガン大学

のCJSは、GHQの総司令官であったマッカーサー元帥の許可の下、岡山県庁、県の財界や発足してまもない岡山大学（1949年発足）等からの全面的な協力も得て、1950年4月に岡山フィールドステーションを開所させた[10]。彼らの研究プロジェクトの大きな目的は、戦後日本の民主化や農業機械化が今後いかに進められていくか、そしてそれが日本のむらをどう変化させていくのかを予見することにあったが、同時に、日本研究者の養成にも力を入れており、教員だけでなく、地理学、人類学、政治学、歴史学、極東研究、日本語学の分野の大学院生が、1955年3月に惜しまれつつ閉所するまで入れ替わり立ち替わり滞在したようである。フィールドステーションの外観と内部での生活の様子は図3、4、5、6、7から窺える。

ベントレー歴史図書館のCJSコレクションの文書によると、フィールドステーション内部には、研究室、寄宿舎、共有スペースとしての居間、台所、使用人の部屋が併設され、岡山市内在住の日本人の通訳、事務員、フラワーアレンジメントを行う女性スタッフなどが雇用されていたようである（Hall：9 June 1950）。また、室内の内装や調度品は西洋式であり、開所時には米国人の料理人がいた（同文書）。以上のようなフィールドステーションについて、招かれたことがあると筆者に語った山村Mの男性住民は、「（フィールドステーションの周りには）木が覆い茂っていて塀も高く、『別世界』であった」と回想し、日本人の目には周囲の生活からあたかも遮断された空間であるかのように映ったようである（谷口2022：p.142）。しかし、2022（令和4）年現在となっては、当時の様子を知る関係者はごくわずかとなり、米国人日本研究者がCJSのフィールドステーションが岡山市内にあったことや、戦後の

**図3　南方のフィールドステーションの外観**

**図4　米国から出発するC**
**JS研究者の第一陣**
（1950年3月10日に
山陽新聞に掲載）

岡山の暮らしを研究していたことを直接知る人はほとんどいないのが現状である。とするならば、今は、ベントレー歴史図書館を中心とした戦後岡山の写真と映像のアーカイブスに注目し、それを手掛かりにした岡山の現代史を掘り下げていく最後のチャンスなのかもしれない。

## (2) 全米に広がる戦後岡山の写真と映像のアーカイブス

前項において、岡山フィールドステーションには日本研究の専門家を目指す米国人大学院生が多く滞在していたと述べた。当時概ね20代後半であった大学院生たちは、岡山調査後に博士論文を作成してミシガン大学で博士号（Ph. D.）を取得した後、日本研究の専門家として米国の様々な地域の大学に就職して教鞭を執り、やがて退職した。大変興味深いのは、これは米国の研究者の慣習なのかもしれないが、筆者が調べた限り、岡山フィールドステーションに滞在した文化人類学、地理学者、

図5　北区京山のフィールドステーションの外観

図6　南方のフィールドステーションのダイニングでの食事風景

図7　フィールドステーションの図書室で調査データをまとめる所員

歴史学者の多くが退職後、自らが教員として奉職した大学図書館のアーカイブスに、大学院生時代から研究のために収集した各種の調査資料や写真・映像、さらには作成した論文や講義ノート等を寄贈していることである。

たとえば、先述した *Village Japan* の筆頭執筆者であった文化人類学者のリチャード・K・ビアズリは、日本の他、スペイン等での調査記録も含めた資料をベントレー歴史図書館に資料を寄贈し、"Richard K. Beardsley papers,

1950-1975"という7箱に整理・収蔵されており、その中には写真も多く含まれている。また、前節で言及したコーネルは、山村Mで撮影した白黒写真を、ベントレー歴史図書館のCJSコレクションに寄贈したほか、一部の写真とカラースライドは、山村Mの調査で関わりのあった友人に贈っている。また、他の調査に関するフィールドノート、原稿、出版物、写真などは、米国南西部の北東にあるオハイオ州立大学のレア・ブックス・アンド・マニュスクリプト図書館に収められている。日本語訳された著書[11]があり、現代日本の祖先崇拝の研究で知られる文化人類学者のロバート・J・スミスが集めた資料は、ニューヨークのコーネル大学の図書館のレア・アンド・マニュスクリプト・コレクションズ部門に、"Robert J. Smith papers, 1950-2005"というタイトルの下に収蔵されている。さらに、歴史学者のジョン・W・ホールは、ミシガン大学に就職した後に移り、退職するまで米国北東部のコネチカット州ニューヘイブンにあるエール大学に勤めたが、彼の資料は、エール大学図書館のアーカイブスに"John Whitney Hall papers, 1930-1999"というタイトルを付されて保管・一般公開されている。その中には、岡山滞在時に撮影した写真や映像フィルムも含まれている。

　以上で示したのはほんの一例であるが、それでも、CJS岡山フィールドステーションがあった時期に撮影された戦後岡山の写真や映像が、いかに米国の幾つもの大学図書館のアーカイブスに散らばっているかということがわかると思う。それらのアーカイブスの写真や映像資料は、確実に現在の岡山そして日本には存在しないものであり、地域の現代史を知るという意味で極めて資料的価値は高いと考えられる。それらの写真や映像資料の大まかな内訳は、各施設のホームページで閲覧可能である。しかし、それらに当時の岡山のむらや人々の何がどのように写っているか、そして、それらは何を目的に撮影されたものであるかを知り、現在の私たちが戦後岡山の歴史を学ぶための生きた資料として利用可能なものにするには、実際に米国のアーカイブスに出向いて直接目で見たうえで、各写真を手掛かりに周辺資料を調査することのほか、現在80代以上となっている関係者や当時の事情に詳しい人たちへの聞き取り調査を迅速に進めていく必要がある。そうしなければ歴史の記憶が失われてしまう。

## おわりに

　本稿の第1節では、米国のベントレー歴史図書館のアーカイブスに収蔵されている CJS コレクションの写真や映像——具体的には、1950年の岡山県北部の山村 M で撮影された写真——を手掛かりに、戦後まもない時期の岡山の山村の暮らしの一端を探った。アーカイブスの写真や映像の中には、日付やキャプションがないものは決して少なくはなく、それ単体では歴史資料としての利用価値は決して高くはない。それを歴史資料として活用するためには、周辺の資料を調査していく作業が必要不可欠となる。たとえば、実際に写真の現物を関係者に提示し、共に閲覧しながら聞き取り調査を行うことは、写真の時代背景を知るうえでかなり効果的な方法である。写真や映像は、それまで眠っていた記憶を引き出す効果をもたらすことがあるためである。しかし、そのような写真や映像資料の活用の場を「研究」にのみ限定してよいのだろうか。

　第二節で述べたように、CJS 戦後岡山のむらの写真や映像は、今日、ベントレー歴史図書館を中心に、米国の大学図書館のアーカイブスに散在している。まずは、ミシガン大学 CJS 岡山フィールドステーションに関係する写真や映像の全体像を把握したうえで、それを岡山地域に資する「財産」と位置づけ、活用することも重要ではないかと考える。

　『図説占領下の東京』の著者である佐藤洋一は、占領期の写真の研究を通じ、写真を「地域資源として地域へ戻すローカルな取り組み」として、「地域版の占領期写真アーカイブ」つまり、その地域で撮られた写真を地域へと戻し、地域資源として活用するアイディアを提示している（佐藤 2021：p.14）。佐藤の視点にしたがいつつ、現在の岡山にはない戦後岡山の写真と映像を収集して分析し、地域資源として地域に還元する手立てを見出すことによって、岡山のあるいは日本の現代史に新たな光を当てることができるかもしれないと、筆者は考えている。

註
1)　大平哲男「スマホと SNS によって変化した写真概念の一考察」『関西ベンチャー学会誌』p.13-23
2)　「第4章ワールドエンタープライズを目指して」『富士フィルムのあゆみ——50年の

『あゆみ』https://www.fujifilm.co.jp/corporate/aboutus/history/ayumi/dai4-03.html

3）　森本祥子「アーカイブスとは。大学のアーカイブスとは。」『Ouroboros 東京大学総合研究博物館ニュース』Vol.18、No.1

4）　ベントレー歴史図書館のコレクションの内訳は、大学の 200 年におよぶ行政関係文書、大学での学生と教員の生活の記録、ミシガン州政府関係資料（7 つのコレクション：南北戦争に関する資料、Detroit Jewish News Archives（1978-1994）、American Citizen（アフリカ系アメリカ人向けの新聞）のデータベース、その他デジタル化されている重要資料としては、アフロ - アメリカンおよびアフリカ研究、初期の大学の女性卒業生に関する調査記録など。（https://bentley.umich.edu/about/ 参照）。

　　なお、本稿に掲載した写真の利用に関しては、ベントレー歴史図書館から許可を得ている。

5）　コーネル（1921-1994）は、山村 M での調査を終えた後に同村を題材にした博士論文を作成して 1953 年にミシガン大学より博士号を取得し、1955 年から退職するまでテキサス大学オースティン校に文化人類学の教授として勤務した。

6）　研究等の目的で写真を使用する場合には、当該資料館に利用申請をする必要がある。

7）　研究成果は、共著 Village Japan（Beardsley, Hall and Ward, 1959, The University of Chicago Press）として発表されている。

8）　マッカーサー元帥の正式な許可の下に開始された文民の米国人研究者による研究プロジェクトではあったが、ただし、実際にフィールドステーションに滞在して岡山のむらで調査した研究者たちは、戦時中に陸軍や海軍日本語学校で学んだ経歴を持つ。

9）　占領軍は、米国、中国、英国、ソ連、オーストラリア、カナダ、フランス、オランダ、ニュージーランド、インド、フィリピン軍から派遣された。

10）　その一か月前には、CJS の岡山側の受け入れ担当機関として「瀬戸内海総合研究会」が発足した。会長には 1950 年当時岡山県知事であった西岡廣吉が就任し、メンバーは、岡山県庁、岡山の財界、岡山大学を中心とする人文関係、および自然関係の研究者から成った。CJS に倣って、岡山県内の農山漁村を一か所ずつ選定して総合調査を実施し、その成果は会誌『瀬戸内海総合研究』（1950-1955）として発刊された（谷口 2022：p.141）。

11）　ロバート・J.スミス　1996『現代日本の祖先崇拝―文化人類学からのアプローチ』御茶の水書房

### 引用・参考文献

コーネル、J. B.　1977「馬繋―山村の生活と社会」（篠原徹・川中健二訳）『岡山理科大学蒜山研究所研究報告』3：81-207、（原本：John Cornell, 1956, "Matsunagi: the life and social organization of a Japanese mountain

佐藤洋一　2006『図説占領下の東京』河出書房新社

佐藤洋一　2021「米国における占領期日本の写真資料をどう捉えるのか：現状・全体像・日本への還元における課題」『カレントアウェアネス』347、pp.10-16

谷口陽子　2010「第 6 章　米国人人類学者が見た戦後日本のむら――コーネルと馬繋」『シ

リーズ岡山学8 高梁川を科学する Part 1』岡山理科大学「岡山学」研究会編、pp.92-109

谷口陽子　2022「ミシガン大学日本研究所の米国人研究者における占領期日本の「衛生環境」への関心と日本へのまなざし」『武蔵野美術大学研究紀要』52

Tonomura H. 2014 "The First Non-Military Americans in Postwar Japan"『社会情報研究』11

中生勝美　2014「アメリカにおける戦前の日本研究：ミシガン大学の陸軍日本語学校と日本地域研究」『社会情報研究』11、pp.21-33

Beardsley, R. K. J. W. Hall & R. E. Ward　1959 Village Japan, University of Chicago Press.

蓬郷　巌　1976『岡山の県政史』岡山文庫69、日本文教出版株式会社

Hall, R., B., 9 June 1950. Box 1, Center for Japanese Studies (University of Michigan) records, 1945-2008 (bulk 1950-2000), Bentley Historical Library, University of Michigan.

# 3次元データ
## ―博物館の新しいメディア―

三阪一徳

## はじめに

　博物館資料には、有形、無形を含むさまざまな分野の資料（史料、試料）が存在し、そこには形、重さ、文字、色、音、動き、材質、構成元素などの多様な情報が含まれている。近年までに、これらの情報を記録するさまざまな方法、技術、機器が開発され、記録可能な情報の幅は広がっている。このうち、立体形状に関しては、これまでテキストによる記録や、図面・画像による2次元化した情報の記録が中心であったが、現在は3次元[1]形状をそのまま3次元データとして記録する技術が普及している。さらに、3次元データを用いた新しい博物館資料の活用方法も登場してきた。そして、これらの博物館資料に関する情報は、デジタルデータ[2]で記録・活用される機会が急速に増えつつある。

　さて、国立国会図書館は図書館所蔵の実物資料（原資料）を、画像としてデジタル化する目的として、つぎの5項目を掲げた。「(1) 原資料の代わりにデジタル化した資料を提供することにより、原資料をより良い状態のまま保存すること。(2) 遠隔利用を含めた、所蔵資料のデジタル化データが閲覧できる電子図書館サービスを実現すること。(3) デジタル化に伴うメタデータの充実等を通じて、資料の発見可能性を高めること。(4) 作成されたデジタル化データをオープンに提供する場合は、教育、観光、ビジネスの現場において利活用することができ、新しいコンテンツやサービスの創出につながること。(5) 大規模災害の発生により原資料が散逸・破損するおそれに備え、デジタル化データを複数箇所で保存することによって、災害対策の一環としての役割を果たすこと。」(国立国会図書館関西館電子図書館課編 2017)。これらはデジタル化されたデータだけではなく、近年増加しつつある、当初からデジタルデータで作成されたボーンデジタル（ボーン・デジタル、born digital）データを含む、博物館資料に関

連する多様なデジタルデータ、そしてここで検討する 3 次元データにも当てはまる部分が多い。

　小稿では、3 次元データの取得、3 次元データの利用、デジタルアーカイブと 3 次元データ、ユニバーサルミュージアムと 3 次元データという 4 つの項目を取り上げ、それぞれの概要と博物館資料に関連する事例を概観することにより、博物館における 3 次元データのあり方について考えたい。

# 1　3 次元データの取得

## (1) 主要な 3 次元計測の方法と原理

　3 次元データの取得や活用に際し、3 次元計測の方法や原理を理解しておく必要があろう。先行研究（佐藤・横矢 1995、村上 2004、吉澤 2006b・2008・2011、石原 2008、梅崎ほか 2016）を参照し、表 1 のように 3 次元計測の方法や原理を整理した。ただし、さまざまな分類基準があり、表 1 とは異なる分類や未提示の方法もある。以下に、主要な原理や分類基準について概観する。

　**接触式と非接触式**　計測装置が対象物に接触するか否かによって、接触式と非接触式に区分される。接触式は、接触式プローブ（タッチプローブ、touch prove）を対象物に接触させてその 3 次元座標を取得する（接触式）3 次元座標測定機（CMM、Coordinate Measuring Machine）を用いた方法が代表的である。なお、プローブは探針や測定子を意味する。高精度な計測ができる点と、複数回計測を行う際の値のバラつきが少ない点が、接触式の特徴といわれる。一方で、対象物に触れて計測するため、変形してしまう柔らかいもの、薄いもの、脆弱なものの計測には不向きである。また、全ての計測点に接触する必要があるため、多数の計測点を取得する必要がある場合は計測時間を要する。上記の接触式の短所を克服する、カメラやレーザなどを用いた非接触式の計測方法が注目されてきた（吉澤 2008、宮城県産業技術総合センター online: 3dmeasurement）。

　**光学式と非光学式**　非接触式の計測法は、光学式と、X 線、超音波、磁気などを利用した非光学式に区分される（吉澤 2008）。

　**計測原理**　光学式の計測原理はさまざまな分類基準が存在するが、ここでは石原満宏の分類案に従った（石原 2008）。石原は光学式の計測方法を三角測量法、焦点法、光干渉法、ToF（Time of Flight、飛行時間、光レーダ）法の 4 つに分類する。焦点法は「レンズのピントを合わせることで物体表面の位置を計測する」

表 1　主要な三次元計測の方法と原理

| 接触式 / 非接触式 | 光学式 / 非光学式 | 測量原理 | 能動型 / 受動型 | 方　　法 | | |
|---|---|---|---|---|---|---|
| 接触式 | | | | 接触式プローブ式 | | |
| 非接触式 | 光学式 | 三角測量法 | 受動型 | ステレオ法 | 二眼ステレオ法 | |
| | | | | | 多眼ステレオ法 | |
| | | | | 単眼視法 | Shape from Motion /Structure from Motion（SfM）[移動するカメラから得られる画像からの形状抽出] | |
| | | | | | Shape form Shading [陰影情報からの形状抽出] | |
| | | | 能動型 | アクティブステレオ法 / 光投影法 | スポット光投影法 | |
| | | | | | スリット光投影法 / 光切断法 | |
| | | | | | パターン光投影法 | |
| | | | | モアレ法 | | |
| | | 焦点法 | 能動型 | 共焦点法 | | |
| | | | 受動型 | Shape from Focus（Defocus）/Depth from Focus（Defocus）[焦点情報からの形状復元] | | |
| | | 光波干渉法 | 能動型 | 位相シフト法 | | |
| | | | | 白色光干渉法 | | |
| | | ToF 法 / 飛行時間法 / 光レーダ法 | 能動型 | 光時間差法 / 直接飛行時間法 | | |
| | | | | 光位相差法 / 間接飛行時間法 | | |
| | 非光学式 | | | X 線方式 | X 線 CT | |
| | | | | 超音波方式 | | |
| | | | | 磁気方式 | | |

方法、光干渉法は光がもつ波動性を利用した方法である。三角測量法と ToF 法については後述する。

　**受動型と能動型**　光学式の計測方法は受動型（パッシブ）と能動型（アクティブ）に区分される。受動型は、計測装置が対象物から得られる光のエネルギーパターンを受けとり、その形状や位置などの情報を取得する方法である。一方、能動型は、計測装置が対象物に光のエネルギーを照射し、その反応や反射から対象物の形状や位置などの情報を取得する方法である。なお、この区分は非光学式の 3 次元計測方法にも適応されることがある（佐藤・横矢 1995、梅崎ほか 2016）。

## (2) 博物館資料と主要な 3 次元計測方法

　博物館資料に採用されることが多い、いくつかの 3 次元計測の方法について詳しくみておく。

### ①写真測量（フォトグラメトリ）と SfM

　ISPRS（The International Society for Photogrammetry and Remote Sensing、国際写真測量リモートセンシング学会）によると、写真測量（photogrammetry、フォトグラメトリ）という用語は 19 世紀中頃にはじめて使用されたとされる。過去 80 年間、写真測量の主な用途は航空写真からの地図作成であったが、最近 10 年間は写真測量とリモートセンシングが地理情報システムの主要なソースデータとなっている。そして、近年は工学、建築学、考古学、医学、工業品質管理、ロボット工学などの多様な分野で写真測量が応用され、発展している（ISPRS online: history.aspx）。ISPRS は「写真測量は、画像データとレンジデータに基づき、対象物やシーンのもつ信頼できる 3 次元の幾何学的・主題的情報を、多くの場合、時間経過とともに抽出する科学技術である」と定義している（ISPRS online: Default.aspx）。

　写真測量は、基本的にはステレオ（画像）法に基づき、その計測原理は三角測量法である（徐 2006）。三角測量法とは、三角形の一辺の長さ（点 A、点 B 間の距離、基線長 $\ell$）と、この辺の両端に位置する内角（$\angle a$、$\angle \beta$）がわかれば、点 P の位置（座標）を求めることができるというものである（図 1-1、石原 2008、坂本 2022、国土地理院 online: 000233835.pdf）。もっとも基本的なステレオ法である二眼ステレオ法は、2 つのカメラの間の距離（B）、焦点距離（f）、視差（d）に基づいて、対象物上の点（P）の座標（X、Y、Z）を算出する方法である（図 1-2）。

　さて、写真測量のひとつに SfM（SFM、Structure from Motion）と呼ばれる方法がある。SfM はコンピュータービジョン（Computer Vision、CV）やロボットビジョン（Robot Vision、RV）の分野から登場した方法であり、「あるシーンをカメラの視点を変えながら撮影した複数枚の画像から、そのシーンの三次元形状とカメラの位置を同時に復元する手法」などと定義される（満上 2011）。SfM では、SIFT（Scale-Invariant Feature Transformation）などのアルゴリズムを採用することにより、複数のステレオペア画像を用いて、特徴点の抽出とその対応づけを自動化し、画像撮影位置や対象物の 3 次元形状を容易に復元することができる。さらに、カメラのレンズ特性などの各種パラメータを画像から自動的に補正し、厳密なレンズキャリブレーションなどを自動化できる点が特徴である（早川ほか 2016）。このように、SfM は「コンピュータやロボットの視覚として利用できるよう、極力処理が自動化されていることが本質的である」といわれる

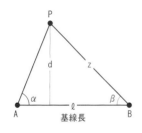

$$基線長 \quad \ell = \frac{d}{\tan \alpha} + \frac{d}{\tan \beta}$$

$$点Pと基線の距離 \quad d = \frac{\ell}{\frac{1}{\tan \alpha} + \frac{1}{\tan \beta}}$$

$$点Pと点Bの距離 \quad z = \frac{\tan \alpha \, \tan \beta}{\tan \alpha + \tan \beta} \, \ell$$

1. 三角測量法

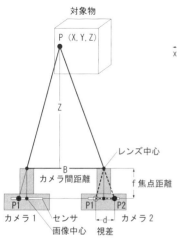

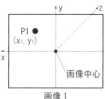 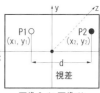

左図の太線で描かれた実線と破線の三角形は相似形

➡ カメラから対象物までの距離（Z、PのZ座標）を
カメラ間距離（B）・焦点距離（f）・視差（d）に
基づいて算出できる

$$Z = \frac{f}{d}B = \frac{f}{x_1 - x_2}B \qquad 視差 \; d = x_1 - x_2$$

➡ さらに、点PのX・Y座標も同様に、画像1・2の
P1・P2の座標などに基づいて算出できる

$$X = \frac{x_1}{d}B = \frac{x_1}{x_1 - x_2}B \qquad Y = \frac{y_1}{d}B = \frac{y_1}{x_1 - x_2}B$$

2. ステレオ法（二眼ステレオ法）

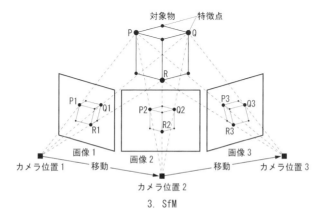

3. SfM

図1　写真測量とSfMの原理

（織田 2016）。

　3 次元計測には Shape from X と呼ばれる方法があり、そのひとつに Shape from Motion がある（表1）。これは移動するカメラから得られる画像に基づき形状を復元する方法である。その別称として Structure from Motion が用いられることもあるが、後者は「画像に映った対象物の幾何学形状とカメラの動きを同時に復元する方法という意味合いが強くなる」（織田 2016）。なお、ロボットビジョンでは周囲の 3 次元構造と自分の位置を推定する技術を SLAM（Simultaneous Localization and Mapping）という。SLAM にはレーザや画像などを用いたいくつかの計測方法があるが、画像を利用したものを Visual SLAM と呼び、その計測原理は SfM と同様とされる（織田 2016）。

　山口欧志は SfM の基本的な手順をつぎのように整理している。「ある対象を撮影した画像群から、①特徴点を検出し、②画像間で共通する特徴点を一致させ、③その対応関係から画像を撮影したカメラの位置や姿勢などを算出し、④画像中の特徴点から疎らな三次元点を生成、⑤バンドル調整により結果を洗練する」（図1-3）。つぎに、MVS（Multi-View Stereo、多視点ステレオ）という方法を用い、「SfM で推定した画像特徴点と多数のステレオペア画像の組み合わせから高密度な点群モデルなどを構築し、写実的な三次元モデルを構築する」（山口 2023）。この一連の手順を SfM-MVS（SfM/MVS）という場合と、MVS までの手順を含めて SfM という場合がある。

　コンピュータービジョンの分野で開発された「SfM は外乱やノイズがあっても処理が完了することを優先」するのに対し、測量分野では「精度の確保を第一優先」とする。そのため、測量分野の写真測量では SfM のような方法が登場しなかったという指摘がある。近年、測量分野においても SfM が採用されるようになったが、やはりその原理に由来する精度の課題は解決されておらず、注意が必要であるという見解もある（津留・村井 2020）。

　文化財分野では、金田明大や山口らによって、SfM を用いた 3 次元計測や、3 次元データと GIS との連携など、その有効性や具体的な手順が示されたことがひとつの契機となり（金田 2016a・b、山口 2016a・b など）、現在、SfM を用いた 3 次元計測が普及している。文化財以外にも、動物標本（森 2019）をはじめ、さまざまな分野の博物館資料を対象に SfM が活用されている。近年はいくつかの書籍、ウェブサイト、動画共有プラットフォームで、SfM の手順や設定

が詳しく解説されており（鳥海 2022、ラング online: pg68.html、中村 online: videos）、SfM 導入の障壁は低くなっている。

② ToF と LiDAR

ToF（法）は光源から射出された光（レーザなど）が、対象物に当たってセンサに戻るまでの飛行時間を計測することにより、対象物までの距離を算出する方法である（図 2-1）。ToF は 2 種の方法に区分される。光時間差法（直接飛行時間法）は、瞬間的な光パルスを用いて飛行時間を計測することにより、直接距離を求める方法である（図 2-2）。光位相差法（間接飛行時間法）は、振幅変調や強度変調をかけた光を射出し、その反射光との位相差を計測する方法である（図 2-3、佐藤・横矢 1995、吉澤 2006a・2008、石原 2008、坂本 2022）。

ToF に基づく 3 次元計測方法のひとつに、LiDAR（Light Detection And Ranging、光の検出と測距法）があり、「周波数が非常に高い電磁波であるレーザ光を使って、接触することなく物体の形状や距離を測定する技術」などと定義される（坂本 2022）。ToF や LiDAR は 3 次元測量機器（レーザスキャナなど）に採用される主要な計測原理のひとつである。ただし、機器ごとに計測範囲や解像度が決まっており、地形、建造物、大型・小型の標本など、対象物の種類、サイズ、要求する解像度に応じて、適した機器を選択する必要がある（寺村 2017）。

文化財分野では、2010 年、金田らが ToF に基づく 3 次元測量機器を用いて、対象物のサイズや材質に応じた具体的な計測方法や事例を示したが（金田ほか 2010）、これは現在につながる先駆的な成果といえよう。近年は LiDAR が搭載されたスマートフォンやタブレット端末（Apple 社 iPhone、iPad など）および 3

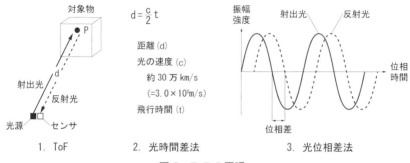

図 2　ToF の原理

次元計測用のアプリケーション（Niantic 社 Scaniverse など）が開発され、ToF や LiDAR を用いた3次元計測がより身近になっている。奈良文化財研究所の『デジタル技術による文化財情報の記録と利活用 5』では、「LiDAR・3D を活用した文化財調査」という章が設けられ、LiDAR の概要、具体的な計測方法、文化財を対象とした活用事例などが示された（奈良文化財研究所 2023）。

### ③ X 線 CT

　1968 年にイギリスで医療用の X 線 CT（X-ray Computed Tomography）が発明された。その後、X 線 CT は 1970 年代前半に商品化され、1970 年代中頃に日本に導入されたという。また、医療用よりも透過能力が高い出力の X 線を照射可能な工業用 X 線 CT も開発され、主に自動車・航空機工業で利用されてきた。文化財分野では、1970 年代後半に医療用、1980 年代後半に工業用の X 線 CT が博物館や研究機関で導入されている（今津 2010）。

　X 線 CT は「コンピュータ断層撮影（Computed Tomography）の一種であり、X 線管球と検出器を対向して配置してその間に被写体を置き、回転走査して得られた X 線減弱係数からコンピュータ処理することで物体の内部断面画像を構成する装置」などと定義される（今津 2010）。計測原理はつぎの通りである。①X 線源で発生した X 線を対象物（被検体）に向かって放射し、対象物を透過した後の X 線量を検出器で検出することにより、2 次元の X 線投影像を取得する。②複数方向から得られた 360°分の X 線投影像の再構成計算を行い、3 次元再構成像を取得する。③単位空間内の X 線減弱係数に対応づけられた CT 値に基づいて、密度の異なる物質間の境界面を決定した 3 次元の表面形状データを取得する（図 3-1、松﨑 2017）。

　上述のように、X 線 CT は医療用と工業用に大別される。医療用 X 線 CT は、対象物を中心に対向して配置された X 線源と X 線検出器が、被写体の回りを回転する仕組みのものが主である（図 3-2）。他方、工業用 X 線 CT は、X 線源と X 線検出器が固定されており、回転テーブルで対象物を回転させるものが一般的である。そして、拡大率を変えるために、X 線源と対象物の距離を移動させる機構を有する（図 3-3）。先述のように、工業用 X 線 CT は医療用 X 線 CT に比べ、高出力の X 線を照射することができる。文化財分野では、横倒しすることが難しい資料や、X 線吸収の大きな土や金属で構成される資料が多い点から、主に工業用 X 線 CT が用いられる（今津 2010）。また、焦点サイ

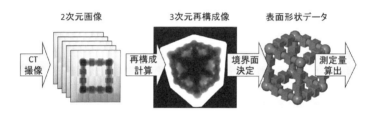

1. 三次元モデルの構築過程（松崎 2017 より引用）

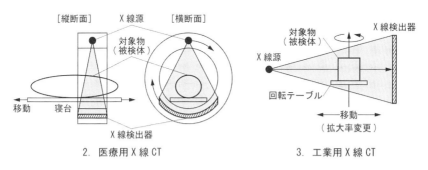

2. 医療用 X 線 CT　　　　　　　　3. 工業用 X 線 CT

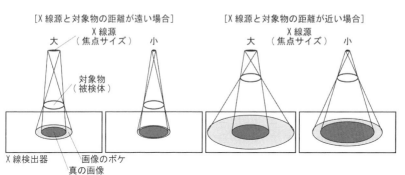

4. 焦点サイズと X 線源・対象物の距離

図 3　X 線 CT の原理

ズが小さい X 線源を使用することで、対象物を X 線源に近づけた際の画像の
ボケを抑え、拡大率が高い画像を取得することができるマイクロフォーカス X
線 CT がある（図 3-4、今津 2010、高橋 2015）。

　X 線 CT の博物館資料への活用事例として、蒙古襲来絵詞に記録がある元
軍の爆裂弾である「てつはう」や陶磁器、青銅器などの内部構造の分析（今津
2010）、土器の素地に内包された種実や昆虫の圧痕の分析（小畑 2019）などがあ

る。このように、X線CTは対象物の外部形状に加え内部構造を把握可能であり、また土器・陶磁器、金属器、有機物など多様な材質の博物館資料に適応可能な3次元計測方法として注目が高まっている。

## 2　3次元データの利用

### (1) 3次元データと3次元レプリカ

　3次元データは、2次元データに変換した図面や画像として利用される場合もあるが、近年は3次元データそのものを公開・活用する技術が進展している。その代表的なものとしてSketchfabがあげられる。Sketchfabはパリで2012年に開始された、3Dコンテンツを公開、共有、売買するためのプラットフォームである（Sketchfab online: about）。2022年現在、日本では独立行政法人、地方公共団体、大学、任意団体、それらの博物館を含む付属施設など、少なくとも26機関でSketchfabが利用されているという（高田2023）。また、Sketchfabで3次元データを効果的に公開するための手順や方法についても検討されている（仲林2023）。

　3次元データをアウトプットする手段のひとつに、3次元プリンティングがある。現在、3次元プリンタは、産業用に加え、民生用のものもかなり普及しており、3次元レプリカ作成が身近になっている。博物館資料のレプリカ作成においても、3次元データや3次元プリンタの利用が選択肢として追加され、時間的・費用的コストの削減が期待される。実際、博物館で文化財や動物標本の3次元レプリカが作製されており（森2019など）、後述するユニバーサルミュージアムにおいても重要な役割を果たす可能性がある。

### (2) XR（VR、AR、MR）

　VR、AR、MRは1980年代後半から1990年代前半頃に生み出された造語とされ、これらを総称してXR（Cross Reality、クロスリアリティ）と呼ばれる場合もある（清川2018）。近年、博物館分野を含むさまざまな分野で、XRの技術を介した3次元データの活用が進んでいる。そこで、これらの技術の概要と博物館資料に関連する活用事例について概観したい。

　VR（Virtual Reality、バーチャルリアリティ）　日本バーチャルリアリティ学会は、『The American Heritage Dictionary』における「バーチャル（virtual）」の定

義を参照し、VR を「みかけや形は原物そのものではないが、本質的あるいは効果としては現実であり原物であること」と定義している。なお、日本ではVR を「仮想現実」と訳す場合も多いが、バーチャルを仮想・虚構・擬似と訳すのは誤りであるとの指摘もある（日本バーチャルリアリティ学会 2012）。

AR（Augmented Reality、オーグメンテッドリアリティ、拡張現実、拡張現実感） ARは「周囲を取り巻く現実環境に情報を付加・強調、あるいは削除・減衰させ、文字通り人間から見た現実世界を拡張する技術である」などと定義される。「具体的にはカメラ付きの PC やスマートフォンなどで専用のシステムやアプリを通して登録されている画像を認識させたり、位置情報を取得したりして、それを手がかりとして、エフェクト（画像や動画、音声など）を表示する仕組みがよく用いられる」という（神保ほか 2014）。

MR（Mixed Reality、ミックスドリアリティ、複合現実、複合現実感） MR は「現実の世界と計算機で生成した仮想世界を継ぎ目なく融合する技術」などと定義される。なお、「近年は MR が AR とほぼ同義で使われ始め、まとめて AR/MRと記すことも増えて」いるようである（柴田 2020）。

これらの用語に唯一統一された定義があるわけではなく、また時代とともにそれらの定義や内容が変化することもある。

国立科学博物館は 2020 年、新型コロナウイルスの感染が拡大する状況のなか、「おうちで体験！かはく VR」を公開した。同コンテンツでは、同館の日本館と地球館の外観、展示室、展示品の大部分を 3D ビューと VR 映像で閲覧することができる（国立科学博物館 online: VR）。また、凸版印刷社の「現地体験型XR 観光アプリ」と銘打たれた「ストリートミュージアム」は、スマートフォンやタブレットを介して、城や遺跡などの史跡を当時の姿に復元した VR・AR と音声ガイドを視聴することができる。また、一部のコンテンツでは、現在の地図と古地図を重ね、その上に現位置を表示させる機能がある（凸版印刷online: about）。地方公共団体などでは、ストリートミュージアムや独自に開発したアプリケーションを用いて、VR・AR 上で文化財や博物館資料の 3 次元データを公開する取り組みが行われている。

## 3 デジタルアーカイブと3次元データ

### (1) デジタルアーカイブ

　デジタルアーカイブ（デジタル・アーカイブ、digital archives）は、1990年代中頃、月尾嘉男によって日本で提唱された造語である（鈴木2007、森本2011、古賀2017など）。月尾はデジタルアーカイブの内容を「有形・無形の文化資産をデジタル情報の形で記録し、その情報をデータベース化して保管し、随時閲覧・鑑賞、情報ネットワークを利用して情報発信」するものとしている（影山2015、古賀2017）。以降、デジタルアーカイブは「図書・出版物、公文書、美術品・博物品・歴史資料等公共的な知的資産をデジタル化し、インターネット上で電子情報として共有・利用できる仕組み」（総務省）や、「何らかの方針に基づき、デジタルコンテンツを選択、収集、組織化、蓄積し、長期にわたって保存するとともに利用に供するシステム又はサービス」（総務省「知のデジタルアーカイブに関する研究会」）などと定義されている（総務省2012）。日本ではこのような意味でデジタルアーカイブという用語が用いられることが多い。

　ただし、日本におけるデジタルアーカイブの「アーカイブ」は、アーカイブ学あるいは欧米における「アーカイブズ（archives）」とは異なる意味をもつという指摘がある。具体的には、ミュージアム（博物館）、ライブラリー（図書館）、アーカイブズ（文書館）がそれぞれ独立した領域であるのにもかかわらず、日本では媒体がデジタルになると、それらの資料の集合体すべてをデジタルアーカイブと称している点である（森本2011）。欧米ではデジタルアーカイブの土台は、やはりアーカイブズにあるという。アーカイブズは行政文書や歴史文書の管理・保管を行う機関、すなわち「歴史を記録する機関」であり、「個人の権利を守るための公的な記録を司る機関」として「民主主義を維持するための重要な社会的装置」として認知されている（鈴木2007）。また、アーカイブ学では、アーカイブズは「個人または組織がその活動の中で作成または収受し蓄積した記録のうち、組織運営上、研究上、その他さまざまな利用価値のゆえに永続的に保存されるもの」などと定義されている（小川ほか編2003、森本2011）。

　日本のデジタルアーカイブという用語は、「アーカイブズを単なる「情報が蓄積された施設」としか捉えていない」という指摘（森本2011）や、デジタル化された博物館資料・図書館資料・文書館資料などの文化資産という広い範

囲の資料を含んでいるという指摘がある（古賀2017）。これ以外にも日本では、ボーンデジタル記録の作成過程への関心が低い点、アーカイブズの概念やその基礎を成す記録（records）の概念が希薄である点などが懸念されている（古賀2017）[3]。このように、日本のデジタルアーカイブは、アーカイブ学や欧米のアーカイブズとは意味が異なっており、誤解を避けるためにも、デジタルアーカイブとは別の用語を用いた方がよいとの見解もある（森本2011）。古賀崇はこれらの議論をふまえつつ、「図書館・文書館・博物館等の取り組みをつなぐ「最大公約数」として「アーカイブ」を捉え、それを基盤としてデジタル形式で（図書館・文書館・博物館等における）資料を作成・構築・発信するしくみを「デジタル・アーカイブ」」と定義した（古賀2015・2017）。

　以上をふまえ、ここでは仮に、アーカイブ学におけるデジタルアーカイブを「狭義のデジタルアーカイブ」、古賀の定義するデジタルアーカイブを「広義のデジタルアーカイブ」と表現しておきたい。さて、これまで博物館・図書館・文書館をはじめ、多様な機関・分野で保有・管理されてきた資料は異なる種類のものが多く、また同種の資料であっても、資料化する項目や方法などにおいて異なる部分が少なくなかった。広義のデジタルアーカイブにおいては、資料情報のデジタル化に伴うデータの標準化や連携の促進により、その公開や活用の活性化が期待されている。

## （2）デジタルアーカイブと３次元データ

　博物館資料が対象に含まれる、日本における代表的な広義のデジタルアーカイブの事例を表２に示した。日本では、1990年代からデジタルアーカイブの開発が本格化し、2000年代には一般公開が進められた。近年は、新たなデジタルアーカイブの公開に加え、既存のデジタルアーカイブ間の連携やユーザビリティの改善などが精力的に進められている。

　これらのデジタルアーカイブのうち、３次元データを扱ったものをみておく。2020年、内閣府主導のもと公開が開始された「ジャパンサーチ」は、日本の多様な機関・分野のデジタルアーカイブを連携させ、統合検索を可能とした新たなコンテンツである。ジャパンサーチに含まれるいくつかのデジタルアーカイブでは、３次元データが公開されている。また、奈良文化財研究所と産業技術総合研究所の運営のもと、2022年に公開された「全国文化財情報デジタル

## 表2　博物館資料に関連する代表的なデジタルアーカイブ

| 名称 | 運営 | 公開(年) | URL | コンテンツの概要 | テキスト | 画像 | 動画 | GIS | 三次元 | 多言語対応 |
|---|---|---|---|---|---|---|---|---|---|---|
| e国宝 | （独）国立文化財機構 | 2001 | https://emuseum.nich.go.jp/top?lang.ld=ja&webView= | ・国立博物館4館（東京国立博物館、京都国立博物館、奈良国立博物館、九州国立博物館）と奈良文化財研究所が所蔵する国宝・重要文化財に関する情報 | + | +高精細画像 | | | | 英、中、韓 |
| サイエンスミュージアムネット(S-Net) | 国立科学博物館 | 2005 | https://science-net.kahaku.go.jp/ | ・全国の自然史系博物館等が所蔵する「自然史標本」の情報・各機関の標本が種類ごとにまとめられている「コレクション（データセット）」の情報・自然史系の博物館・研究機関の「研究員・学芸員」の情報 | + | + | | + | | 英 |
| 所蔵作品総合目録検索システム | （独）国立美術館 | 2006 | https://search.artmuseums.go.jp/ | ・国立美術館5館（東京国立近代美術館、国立工芸館、京都国立近代美術館、国立西洋美術館、国立国際美術館）の所蔵作品の総合目録に関する情報 | + | + | | | | 英 |
| 文化遺産オンライン | 文化庁（国立情報学研究所の技術的協力） | 2008 | https://bunka.nii.ac.jp/ | ・国が指定・選定・登録した文化財に関する情報・登録した国立・公立・私立博物館・美術館等が所蔵する文化遺産に関する情報 | + | + | | | | 英 |
| 標本・資料統合データベース | 国立科学博物館 | 2009 | https://db.kahaku.go.jp/webmuseum/ | ・国立科学博物館が所有する標本・資料に関する情報 | + | + | | | | 英 |
| 全国遺跡報告総覧 | 奈良文化財研究所 | 2015 | https://sitereports.nabunken.go.jp/ja | ・埋蔵文化財の発掘調査報告書に関する情報（全文を電子化したデータを公開）・2020年より「文化財動画ライブラリー」を公開 | + | + | + | | | 英 |
| ColBase（コルベース、国立文化財機構所蔵品統合検索データベース） | 文化財活用センター | 2017 | https://colbase.nich.go.jp/?locale=ja | ・国立文化財機構の4国立博物館（東京国立博物館、京都国立博物館、奈良国立博物館、九州国立博物館）と1研究所（奈良文化財研究所）の所蔵品、皇居三の丸尚蔵館の収蔵品に関する情報 | + | + | | | | 英、中、韓 |
| ジャパンサーチ | デジタルアーカイブジャパン推進委員会・実務者検討委員会の方針のもと、国立国会図書館がシステムを運用 | 2020 | https://jpsearch.go.jp/ | ・日本の多様な機関（図書館、博物館、美術館、公文書館、大学、研究機関、官庁、地方自治体など）と分野（書籍、公文書、文化財、美術、人文学、自然史/理工学、学術資産、放送番組、映画など）のデジタルアーカイブと連携し、多様なコンテンツの情報を検索可能 | + | + | + | + | + | 英 |
| 文化財総覧WebGIS | 奈良文化財研究所 | 2021 | https://heritagemap.nabunken.go.jp/ | ・全国の文化財（遺跡や建造物など）に関するGISデータを含む情報 | + | | | + | | |
| 全国文化財情報デジタルツインプラットフォーム | 奈良文化財研究所、産業技術総合研究所 | 2022 | https://sitereports.nabunken.go.jp/3ddb | ・奈文研の「文化財総覧WebGIS」と産総研の「3次元地理空間情報データベース（3DDB）」との連携によるもの・日本全国の文化財のGISデータおよびいくつかの文化財の三次元データを「3DDBViewer」上で閲覧可能 | + | | | + | + | |
| みんぱくカレイドスコープ「フォーラム型情報ミュージアム標本資料統合データベース」 | 国立民族学博物館 | 2022 | https://ifm.ks.minpaku.ac.jp/ | ・「フォーラム型情報ミュージアム」によるプロジェクトが構築し公開する標本資料情報 | + | + | | | | 英 |
| 国立美術館サーチ［試験公開版］ | （独）国立美術館 | 2023［試験公開］ | https://crosssearch.artmuseums.go.jp/ | ・「（独）国立美術館所蔵作品総合目録検索システム」、「国立映画アーカイブ所蔵映画フィルム検索システム」、国立美術館各館の蔵書検索システム（OPAC）、調査研究成果を収録した機関リポジトリ、その他のデータベース群などに関する情報 | + | + | | | | 英 |

ツインプラットフォーム」では、「3次元地理空間情報データベース（3DDB）」上で、日本全国の文化財の GIS 情報に加え、現時点でまだ数は少ないが、遺跡や建造物をはじめとする文化財の3次元データが公開されている。

このように、デジタルアーカイブや上述の Sketchfab 上で、3次元データの公開がはじまっている。また、多数の機関で保管された未公開の3次元データの存在を勘案すると、近い将来、多様な3次元データがデジタルアーカイブ上で公開されていくと予測される。

## 4　ユニバーサルミュージアムと3次元データ

### (1) ユニバーサルミュージアム

ユニバーサルミュージアム（ユニバーサル・ミュージアム、universal museum）は、1999年に神奈川県立生命の星・地球博物館が開催したシンポジウム「ユニバーサル・ミュージアムをめざして―視覚障害者と博物館―」およびその準備段階において、当時、同館館長であった濱田隆士らが提唱した造語である（田口ほか1998、神奈川県立生命の星・地球博物館編1999）。濱田らは、ロナルド（ロン）・メイス（Ronald L. Mace）によるユニバーサルデザイン（universal design）[4]を博物館分野に取り入れ、ユニバーサルミュージアムという用語を提唱した。その内容をつぎのように述べている。「博物館の場合、その商品力は、よくいわれるように資料の収集・保存、調査・研究、展示、学習・普及の四つの柱が機能する包括的な力といえます。すべての人にやさしく、それぞれの機能が全体としても充実するようにデザインされた博物館づくりが「ユニバーサル・ミュージアム」理想の姿といえましょう」（神奈川県立生命の星・地球博物館編1999）。

ユニバーサルミュージアムは、上述の濱田らの提唱以降、「誰もが楽しめる博物館」（広瀬2021）や、「誰もが楽しめる、安心して利用できるミュージアム」（吉田2021）などといった意味でも使用され、定着が進んでいる。ただし、ユニバーサルミュージアムという用語は、英語圏では「世界をカヴァーする総合博物館・美術館をさす言葉」であるため、日本のユニバーサルミュージアムの内容をさし、かつ英語圏においても通用する用語として、「インクルーシブミュージアム（inclusive museum）」がより適しているという見解もある（吉田2021）。

## （2）ユニバーサルミュージアムと3次元データ

　濱田らの提唱以降、日本ではユニバーサルミュージアムという考え方が受け入れられ、近年はさまざまな博物館でその取り組みを目にする機会も増えた。なかでも、さわる展示や触察など、触覚に焦点をあてた展示は、3次元データに基づいて作成されたレプリカとの親和性が高いと考えられる[5]。

　2021年、国立民族学博物館では、全盲の視覚障害者である同館学芸員の広瀬浩二郎らが中心となり、「視覚以外の感覚、とくに触覚で楽しめる展示の可能性を模索し」、その成果に基づいて「ユニバーサル・ミュージアム―さわる！"触"の大博覧会―」と題した特別展が開催された（広瀬2021）。そこには、3次元データに基づいて作成されたレプリカを用いた展示がいくつか存在する。たとえば、「0. 試触コーナー―なぜさわるのか、どうさわるのか―」では、NASAや国土地理院が公開している標高データに基づいて作成された「立体世界地図」と「富士山立体地図」が展示された。また、「4. 歴史にさわる」の「埼玉県北本市デーノタメ遺跡出土縄文時代の漆塗腕輪の「さわれる複製資料」」では、漆塗腕輪の実物資料は「漆塗りで乾燥による破損の恐れがあるため、現在水漬けで保管されている」ことから、3次元データから作成した「実物大の複製」や「拡大模型」が展示された（広瀬編2021）。

## おわりに

　博物館資料に関する3次元データの現状を捉えるため、3次元データの取得、3次元データの利用、デジタルアーカイブと3次元データ、ユニバーサルミュージアムと3次元データという4項目について、それらの概要と活用事例について整理した。近年、博物館資料の立体形状または内部構造に関する情報を記録・活用する選択肢として、3次元データが加わった。もちろん、3次元データは、これまで一般的であった2次元情報（図面や画像）やテキスト情報などに比べ、すべての側面において優れているわけではない。博物館や学芸員に求められているのは、3次元データに関するリテラシーを身につけ、改めてより有効な博物館資料の記録・活用方法を検討し議論することであろう。

## 註

1) 文化財・測量・工学分野等の文献を確認すると、「三次元」「3 次元」の二種の表記が存在する。本稿の引用文献には「三次元」が多く、またこれまで筆者も基本的に「三次元」を用いてきた。ただし、本稿では本書の編集方針に従い、引用部や引用文献を除く本文中では「3 次元」という表記を用いることとした。

2) 『広辞苑』では、「デジタル（digital）」という言葉は、「ある量またはデータを、有限桁の数字列（例えば 2 進数）として表現すること」と定義され、対義語・反対語として「アナログ」が提示されている（新村編 2018）。

3) 2020 年度から、日本の国立公文書館による「認証アーキビスト（Archivist Certified）」制度が開始された。国立公文書館は、アーキビストを「公文書館をはじめとするアーカイブズで働く専門職員」と定義している（国立公文書館 online: index. html）。

4) ロナルド・メイスが所長を務めた、ノースカロライナ州立大学のユニバーサルデザインセンターは、ユニバーサルデザインを「調整や特別なデザインを必要とせず、可能な限りすべての人々にとって利用可能な製品や環境のデザイン」と定義している。そして、つぎの 7 つの原則を提示している。「①公平に使えること（多様な能力をもつ人々にとって有用であり、市場価値があるデザイン）、②柔軟に使えること（個人の嗜好や能力に幅広く対応するデザイン）、③単純で直感的に使えること（使い手の経験、知識、語学力、現在の集中力に関係なく、使い方が理解しやすいデザイン）、④知覚可能な情報（周囲の状況や使い手の感覚的能力に関係なく、必要な情報を効果的に伝えるデザイン）、⑤エラーに対する許容度（偶発的または意図しない行為による危険や悪影響を最小限に抑えるデザイン）、⑥身体的負担が少ないこと（疲労を最小限に抑えたうえで、効率的かつ快適に使用できるデザイン）、⑦アプローチしやすく使いやすいサイズとスペース（利用者の体格、姿勢、運動能力にかかわらず、アプローチしたり、手をのばしたり、操作したり、使ったりするために適切なサイズとスペースが提供される）」（North Carolina State University online: center-for-universal-design）。

5) 触覚に注目した展示に関しては、実物資料を用いた試みもある。南山大学人類学博物館の常設展では、観覧者がさわる機会がほとんどないであろう、考古資料や民族誌資料、昭和の生活資料といった実物資料を、実際に手にとってさわることができる（黒澤 2021）。このような取り組みは大変興味深いものである。ただし、博物館資料にはさわることが難しい脆弱な実物資料も少なくなく、また防犯上の対策など、クリアしなければならない課題もある。

### 引用・参考文献

石原満宏　2008「高速三次元計測」吉澤　徹編『光三次元・産業への応用』アドコム・メディア、pp.73-118

今津節生　2010「X 線 CT スキャナー分析法（X-ray Computed Tomography）」『必携考古資料の自然科学調査法』ニューサイエンス社、pp.32-37

梅崎太造・服部公央亮・鷲見典克　2016「三次元計測」アドコム・メディア https://

www.adcom-media.co.jp/sp-iss/2016/05/09/23305/（2023年7月29日閲覧）

小川千代子・高橋　実・大西　愛編　2003『アーカイブ事典』大阪大学出版会

織田和夫　2016「解説：Structure from Motion（SfM）　第一回　SfM の概要とバンドル調整」『写真測量とリモートセンシング』55-3、pp.206-209

小畑弘己　2019『縄文時代の植物利用と家屋害虫―圧痕法のイノベーション―』吉川弘文館

影山幸一　2015「忘れ得ぬ日本列島―国立デジタルアーカイブセンター―」岡本　真・柳与志夫編『デジタル・アーカイブとは何か―理論と実践―』勉誠出版、pp.3-25

神奈川県立生命の星・地球博物館編　1999『ユニバーサル・ミュージアムをめざして―視覚障害者と博物館　生命の星・地球博物館開館三周年記念論集―』

金田明大　2016a「SfM/MVS による遺構の計測」『文化財の壺』4、pp.4-7

金田明大　2016b「PhotoScan を用いた三次元モデル生成とその後―ジオレファレンスを中心に―」『文化財の壺』4、pp.32-34

金田明大・木本挙周・川口武彦・佐々木淑美・三井　猛　2010『文化財のための三次元計測』岩田書院

清川　清　2018「XR で実現する視覚拡張と未来の人類」『計測と制御』57-7、pp.529-532

黒澤　浩　2021「「さわる展示」の意義と苦悩―南山大学人類学博物館の実践から―」広瀬浩二郎編『ユニバーサル・ミュージアム―さわる！"触"の大博覧会―』国立民族学博物館、pp.194-197

古賀　崇　2015「デジタル・アーカイブの可能性と課題」岡本　真・柳与志夫編『デジタル・アーカイブとは何か―理論と実践―』勉誠出版、pp.49-69

古賀　崇　2017「「デジタル・アーカイブ」の多様化をめぐる動向―日本と海外の概念を比較して―」『アート・ドキュメンテーション研究』24、pp.70-84

国土地理院「一等三角点物語（その2）」https://www.gsi.go.jp/common/000233835.pdf（2023年7月29日閲覧）

国立科学博物館「おうちで体験！かはく VR」https://www.kahaku.go.jp/VR/（2023年7月29日閲覧）

国立公文書館「認証アーキビストについて」https://www.archives.go.jp/ninsho/aboutCAJ/index.html（2023年7月29日閲覧）

国立国会図書館関西館電子図書館課編　2017『国立国会図書館資料デジタル化の手引2017年版』国立国会図書館

坂本静生　2022『ゼロからわかる3次元計測―3D スキャナ、LiDAR の原理と実践―』オーム社

佐藤宏介・横矢直和　1995「計測手法の種類と基本原理―能動的手法を中心として―」『計測と制御』34-6、pp.435-439

柴田史久　2020「複合現実感技術の歴史と今後の展望」『システム／制御／情報』64-9、pp.343-348

徐　　剛　2006「ステレオ方式」吉澤　徹編『最新光三次元計測』朝倉書店、pp.32-37

新村　出編　2018『広辞苑　第七版』岩波書店

神保　英・安斉賢三・齋藤佑樹・中村雅子　2014「博物館での学習における拡張現実（AR）技術の可能性」『東京都市大学横浜キャンパス情報メディアジャーナル』15、pp.16-22

鈴木卓治　2007「「デジタルアーカイブ」とは何か」『日本色彩学会誌』31-4、pp.280-285

総務省　2012『知のデジタルアーカイブ─社会の知識インフラの拡充に向けて─　デジタルアーカイブの構築・連携のためのガイドライン　知のデジタルアーカイブに関する研究会「提言」』

高田祐一　2023「文化財 3D モデルをインターネットで公開する─歴史系博物館・埋蔵文化財センター等の sketchfab 解説状況─」高田祐一編『デジタル技術による文化財情報の記録と利活用 5』奈良文化財研究所研究報告 37、pp.54-57

高橋　亮　2015「マイクロフォーカス X 線 CT の撮像原理と解析例」『表面技術』66-12、pp.594-597

田口公則・鈴木智明・奥野花代子・濱田隆士　1998「ユニバーサル・ミュージアムをめざして」『自然科学のとびら』4-1、神奈川県立生命の星・地球博物館、p.3

津留宏介・村井俊治　2020『デジタル写真測量の基礎─デジカメで三次元測定をするには─』改訂第 2 版、日本測量協会

寺村裕史　2017「情報考古学的手法を用いた文化資源情報のデジタル化とその活用」『国立民族学博物館研究報告』42-1、pp.1-47

凸版印刷「ストリートミュージアムとは」https://www.streetmuseum.jp/about/（2023年 7 月 29 日閲覧）

鳥海幸一　2022『フォトグラメトリの教科書』インプレス R&D

仲林篤史　2023「Sketchfab に公開する 3D モデルの魅力的な見せ方」高田祐一編『デジタル技術による文化財情報の記録と利活用 5』奈良文化財研究所研究報告 37、pp.58-69

中村亜希子「SfM の中村さん」https://www.youtube.com/@Gatousai/videos（2023 年 7 月 29 日閲覧）

奈良文化財研究所　2023 高田祐一編『デジタル技術による文化財情報の記録と利活用 5』奈良文化財研究所研究報告 37

日本バーチャルリアリティ学会　2012「バーチャルリアリティとは」https://vrsj.org/about/virtualreality/（2023 年 7 月 29 日閲覧）

早川裕弌・小花和宏之・齋藤　仁・内山庄一郎　2016「SfM 多視点ステレオ写真測量の地形学的応用」『地形』37-3、pp.321-343

広瀬浩二郎　2021「総論」広瀬浩二郎編『ユニバーサル・ミュージアム─さわる！"触"の大博覧会─』国立民族学博物館、pp.10-23

広瀬浩二郎編　2021『ユニバーサル・ミュージアム─さわる！"触"の大博覧会─』国立民族学博物館

松崎和也　2017「計測用 X 線 CT の高精度化に関する調査研究」『計測と制御』56-9、pp.709-716

宮城県産業技術総合センター「三次元測定機による支援について」https://www.mit.pref.miyagi.jp/equipment/3dmeasurement/（2023 年 7 月 29 日閲覧）

村上伸一　2004『画像処理工学』第2版、東京電気大学出版局

森　健人　2019「フォトグラメトリーによる哺乳類標本の3Dモデル化と3Dプリントによる活用」『考古学・文化財のためのデータサイエンス・サロン―考古学・文化財のためのデータサイエンス・サロン予稿集第4回―』考古形態測定学研究会、pp.12-17

森本祥子　2011「伝統的アーカイブズとデジタルアーカイブ―発展的議論を進めるために―」『アーカイブズ学研究』15、pp.55-60

満上育久　2011「私の研究開発ツール（第46回）Bundler：Structure from Motion for Unordered Image Collections」『映像情報メディア学会誌』65-4、pp.479-482

山口欧志　2016a「考古遺物の三次元モデル作成」『文化財の壺』4、pp.8-17

山口欧志　2016b「SfM-MVSによる文化遺産の計測」『文化財写真研究』7、pp.14-17

山口欧志　2023「国内におけるフォトグラメトリの応用」『月刊文化財』719、pp.21-25

吉澤　徹　2006a「レンジファインダ方式」吉澤　徹編『最新光三次元計測』朝倉書店、p.10-12

吉澤　徹　2006b「エリア計測方式による三次元計測」吉澤　徹編『最新光三次元計測』朝倉書店、p.31

吉澤　徹　2008「光三次元計測技術」吉澤　徹編『光三次元・産業への応用』アドコム・メディア、pp.1-33

吉澤　徹　2011「光による三次元形状計測技術の最新動向」『計測と制御』50-2、pp.80-88

吉田憲二　2021「ごあいさつ」『ユニバーサル・ミュージアム―さわる！"触"の大博覧会―』国立民族学博物館、pp.3-5

ラング「考古学のためのSfM土器撮影システマティックマニュアル」http://www.lang-co.jp/corner20/pg68.html（2023年7月29日閲覧）

ISPRS. "ISPRS - Historical Background". https://www.isprs.org/society/history.aspx,（accessed 2023-7-29）.

ISPRS. "The Society". https://www.isprs.org/society/Default.aspx,（accessed 2023-7-29）.

North Carolina State University. "Center for Universal Design". https://design.ncsu.edu/research/center-for-universal-design/,（accessed 2023-7-29）.

Sketchfab. "About Sketchfab". https://sketchfab.com/about,（accessed 2023-7-29）.

# おわりに

　本書では、博物館で取り扱う資料・標本、文化財・遺産などについて、有形や無形などの多様な構成要素からなる複合的な物件、近世から近現代にかけての比較的新しい時代の文化財・遺産、あるいは、多面的な価値を有する資料・標本など、これまで注目されてこなかった側面を掘り下げ、時代が下るほどに難しくなるこれらの具体的な取り扱いを仄聞することができました。また、これらを新旧メディアで体現する複製の価値やこれらの保存・活用における有用性をあらためて認識することができました。

　なお、本書には、博物館資料、文化財、文化遺産、そして、博物館の施設設備、そして、そこでの活動や地域に暮らす住民との協働の様子等の写真を掲載しています。執筆者、そして、写真等の資料をご提供いただいた諸氏・諸機関に厚くお礼申し上げます。

　また、本書の出版には、2023年度岡山理科大学学長裁量経費からの補助を受けるとともに、株式会社雄山閣代表取締役社長宮田哲男氏、同編集部桑門智亜紀氏に多大なご支援をいただきました。記して深くお礼申し上げます。

　2024 年 2 月

富 岡 直 人
松 岡 智 子
德 澤 啓 一

## 著者紹介 (掲載順)

中尾 智行 (なかお・ともゆき)
文化庁 博物館振興室

松岡 智子 (まつおか・ともこ) *編者紹介参照

石川 由希 (いしかわ・ゆき)
犬養木堂記念館 学芸員

德澤 啓一 (とくさわ・けいいち) *編者紹介参照

吉田 公子 (よしだ・きみこ)
九州産業大学 美術館 准教授

北野 博司 (きたの・ひろし)
東北芸術工科大学 芸術学部 歴史遺産学科 教授

川内野 篤 (かわちの・あつし)
佐世保市観光商工部観光課

平野 裕子 (ひらの・ゆうこ)
上智大学 アジア文化研究所 客員所員

太田 謙 (おおた・けん)
岡山理科大学 研究・社会連携部

沖田 絵麻 (おきた・えま)
土井ヶ浜遺跡・人類学ミュージアム 学芸員

足立 望 (あだち・のぞみ)
尼崎市立歴史博物館 田能資料館 学芸員

富岡 直人 (とみおか・なおと) *編者紹介参照

松崎 哲也 (まつざき・てつや)
奥松島縄文村歴史資料館 学芸員

村野 正景 (むらの・まさかげ)
京都文化博物館 学芸員

谷口 陽子 (たにぐち・ようこ)
明治学院大学 非常勤講師

三阪 一徳 (みさか・かずのり)
岡山理科大学 教育推進機構 学芸員教育センター 講師

●編者紹介

**富岡 直人**（とみおか・なおと）

岡山理科大学生物地球学部 教授
東北大学大学院文学研究科考古学専攻中途退学。
主な著書に、『講座 考古学と関連科学』（共著、2022）、『入門 欧米考古学』（単著、2022）などがある。

**松岡 智子**（まつおか・ともこ）

倉敷芸術科学大学芸術学部 教授
東京大学大学院人文社会系研究科博士課程（美術史専攻）修了。博士（文学）。
主な著書に、『児島虎次郎研究』（単著、2004）、『美術館は生まれ変わる 21世紀の現代美術館』（共編著、2008）、『美術館とは何か』（訳書、1993）などがある。

**德澤 啓一**（とくさわ・けいいち）

岡山理科大学 教育推進機構学芸員教育センター 教授
國學院大學大学院文学研究科史学専攻博士課程満期修了退学。
主な著書に、『東南アジアの文化遺産とミュージアム』（共編著、2023）、『東南アジアの洞窟遺跡』（共編著、2023）などがある。

2024年2月25日 初版発行　　　　　　　　　　　　　　　　　　　《検印省略》

# 拡大する文化財・文化遺産
## ―博物館資料新論―

| | |
|---|---|
| 編　者 | 富岡 直人・松岡 智子・德澤 啓一 |
| 発行者 | 宮田哲男 |
| 発行所 | 株式会社 雄山閣 |
| | 〒102-0071　東京都千代田区富士見2-6-9 |
| | TEL　03-3262-3231代／FAX 03-3262-6938 |
| | URL　https://www.yuzankaku.co.jp |
| | e-mail　info@yuzankaku.co.jp |
| | 振替：00130-5-1685 |
| 印刷・製本 | 株式会社ティーケー出版印刷 |

ISBN978-4-639-02971-7 C0030
N.D.C.069 224p 21cm